COLLECTION

DES

MEILLEURS OUVRAGES

DE LA LANGUE FRANÇAISE

EN PROSE ET EN VERS.

LETTRES
PERSANES.

PARIS. — DE L'IMPRIMERIE DE RIGNOUX,
rue des Francs-Bourgeois-S.-Michel, n° 8.

LETTRES
PERSANES

DE MONTESQUIEU

PRÉCÉDÉES

DE SON ÉLOGE PAR D'ALEMBERT.

PARIS.
BAUDOUIN FRÈRES, ÉDITEURS,
RUE DE VAUGIRARD, N° 17.

M DCCC XXVIII.

AVERTISSEMENT

DU NOUVEL ÉDITEUR,

SUR

LES OEUVRES COMPLÈTES DE MONTESQUIEU.

Montesquieu est du petit nombre des écrivains qu'on ne se lasse point de réimprimer, parce que ses ouvrages essentiellement instructifs, et pour ainsi dire pratiques, conviennent aux esprits les plus divers, et ont le rare avantage, après plus d'un demi-siècle, rempli d'événements et de révolutions de toute espèce, d'être restés à la hauteur des connoissances et de la civilisation. Les *Lettres persanes* sont encore aujourd'hui la satire politique la plus ingénieuse et la plus hardie que nous possédions; les *Considérations sur les causes de la grandeur des Romains et de leur décadence*, et l'*Esprit des lois*, n'ont point cessé d'être les guides indispensables de l'homme d'état; et si ces nobles productions ne sont pas exemptes de défauts, si l'auteur a subi, comme tous les hommes de génie, la condition de l'humanité, par un singulier privilége il attache encore quand il se trompe; il intéresse alors

même qu'il s'égare ; et, comme on l'a fort bien dit, ses erreurs font penser.

L'*Esprit des lois*, si fécond en aperçus élevés, en maximes profondes, en lumineuses théories, est le livre le plus rempli de faits qui existe. Cet ouvrage, s'il n'étoit pas l'une des créations les plus importantes de l'esprit humain, seroit encore un trésor d'érudition. A l'aspect d'un si beau traité, où le génie semble avoir lutté d'efforts avec la patience, où l'inspiration et le travail se sont pour ainsi dire mutuellement aidés et secourus, on ne peut se défendre de la plus vive admiration ; on est contraint d'avouer que cette réunion de qualités si différentes font de Montesquieu un homme à part, qui restera sans rivaux comme il fut sans modèle.

L'édition que nous présentons au public offre une division nouvelle. Jusqu'ici la série des œuvres de Montesquieu commençoit par l'*Esprit des lois*, et finissoit par ses productions d'une moindre étendue. Cette distribution nous a paru offrir plusieurs inconvénients ; et particulièrement celui de rompre l'enchaînement des travaux de l'écrivain ; d'intervertir la progression de ses idées, et les diverses périodes de son talent. C'est un spectacle plein d'intérêt et d'instruction, de voir un homme de génie se manifester, essayer ses forces, croître et

s'agrandir; d'étudier la marche de son esprit, de surprendre les diverses transformations et modifications que ses opinions et ses pensées subissent en mûrissant. Ainsi l'on aime à voir la jeunesse pleine d'audace de Montesquieu se répandre et déborder dans les *Lettres persanes*, et, déja plus modérée dans la *Grandeur des Romains*, se régler enfin dans l'*Esprit des lois*. C'est toujours la même élévation de génie; mais, en avançant dans la vie, l'écrivain a changé de point de vue; l'étude a éclairé ses opinions, l'observation les a mûries, et après avoir dans ses premiers écrits reculé les limites de l'esprit réformateur, revenu à des idées moins absolues, il déclare enfin, dans l'*Esprit des lois*, que « l'excès de la raison n'est pas toujours désirable, et que les hommes s'accommodent presque toujours mieux des milieux que des extrémités. »

Nous rétablissons les divers ouvrages de Montesquieu dans l'ordre où ils ont été composés. Les *Lettres persanes* forment le premier volume; les *Considérations sur les causes de la grandeur des Romains et de leur décadence*, et quelques opuscules politiques forment le second. Vient ensuite l'*Esprit des lois*, qui, avec la *Défense* et la table des matières, se compose de trois volumes; le sixième contient le recueil des œuvres diverses de Montesquieu. Les *Lettres persanes* sont

précédées de l'*Éloge* de l'auteur par d'Alembert, et l'*Esprit des lois* de l'*Analyse* de cet ouvrage par le même académicien. C'est ainsi que, fidèles à l'ordre chronologique, nous sommes parvenus à comprendre toutes les productions de Montesquieu dans six tomes seulement, contre l'exemple de la plupart des éditeurs, qui ont cru devoir multiplier les volumes par l'adjonction d'un foule de morceaux étrangers à l'écrivain dont ils portent le nom.

Accoutumés à ne négliger aucune espèce de recherches pour obtenir le mérite indispensable de la correction typographique, nous n'avons pas besoin de dire que cette édition nouvelle a été entourée de tous les soins dont nous sommes capables. Son texte a été collationné sur un grand nombre d'éditions anciennes; et nous avons rétabli non seulement des mots, mais des phrases entières qui manquent dans le plus grand nombre des éditions modernes. Quoique purement matériel, et n'exigeant qu'une attention soutenue, ce travail est d'une importance qui sera comprise par tous les amis des lettres; et dans les arides et minutieux détails qu'il entraîne, nous avons été soutenus par la conscience de son utilité.

L. Thiessé.

ÉLOGE DE MONTESQUIEU,

MIS A LA TÊTE DU CINQUIÈME VOLUME DE L'ENCYCLOPÉDIE,

PAR D'ALEMBERT.

L'intérêt que les bons citoyens prennent à l'*Encyclopédie*, et le grand nombre de gens de lettres qui lui consacrent leurs travaux, semblent nous permettre de la regarder comme un des monuments les plus propres à être dépositaires des sentiments de la patrie, et des hommages qu'elle doit aux hommes célèbres qui l'ont honorée. Persuadés néanmoins que M. de Montesquieu étoit en droit d'attendre d'autres panégyristes que nous, et que la douleur publique eût mérité des interprètes plus éloquents, nous eussions renfermé au dedans de nous-mêmes nos justes regrets et notre respect pour sa mémoire; mais l'aveu de ce que nous lui devons nous est trop précieux pour en laisser le soin à d'autres. Bienfaiteur de l'humanité par ses écrits, il a daigné l'être aussi de cet ouvrage : et notre reconnoissance ne veut que tracer quelques lignes au pied de sa statue.

Charles de Secondat, baron de la Brède et de Montesquieu, ancien président à mortier au parlement de Bordeaux, de l'Académie françoise, de l'Académie royale des sciences et des belles lettres de Prusse, et de la Société royale de Londres, naquit au

château de la Brède, près de Bordeaux, le 18 janvier 1689, d'une famille noble de Guienne. Son trisaïeul, Jean de Secondat, maître-d'hôtel de Henri II, roi de Navarre, et ensuite de Jeanne, fille de ce roi, qui épousa Antoine de Bourbon, acquit la terre de Montesquieu d'une somme de 10,000 livres, que cette princesse lui donna par un acte authentique, en récompense de sa probité et de ses services. Henri III, roi de Navarre, depuis Henri IV, roi de France, érigea en baronnie la terre de Montesquieu en faveur de Jacob de Secondat, fils de Jean, d'abord gentilhomme ordinaire de la chambre de ce prince, et ensuite mestre-de-camp du régiment de Châtillon. Jean Gaston de Secondat, son second fils, ayant épousé la fille du premier président du parlement de Bordeaux, acquit dans cette compagnie une charge de président à mortier. Il eut plusieurs enfants, dont un entra dans le service, s'y distingua, et le quitta de fort bonne heure : ce fut le père de Charles de Secondat, auteur de l'*Esprit des Lois*. Ces détails paroîtront peut-être déplacés à la tête de l'éloge d'un philosophe dont le nom a si peu besoin d'ancêtres ; mais n'envions point à leur mémoire l'éclat que ce nom répand sur elle.

Les succès de l'enfance, présage quelquefois si trompeur, ne le furent point dans Charles de Secondat : il annonça de bonne heure ce qu'il devoit être, et son père donna tous ses soins à cultiver ce génie naissant, objet de son espérance et de sa tendresse. Dès l'âge de vingt ans, le jeune Montesquieu

préparoit déja les matériaux de l'*Esprit des Lois*, par un extrait raisonné des immenses volumes qui composent le corps du droit civil : ainsi autrefois Newton avoit jeté dès sa première jeunesse les fondements des ouvrages qui l'ont rendu immortel. Cependant l'étude de la jurisprudence, quoique moins aride pour M. de Montesquieu que pour la plupart de ceux qui s'y livrent, parce qu'il la cultivoit en philosophe, ne suffisoit pas à l'étendue et à l'activité de son génie : il approfondissoit dans le même temps des matières encore plus importantes et plus délicates[1], et les discutoit dans le silence avec la sagesse, la décence et l'équité qu'il a depuis montrées dans ses ouvrages.

Un oncle paternel, président à mortier au parlement de Bordeaux, juge éclairé et citoyen vertueux, l'oracle de sa compagnie et de sa province, ayant perdu un fils unique, et voulant conserver dans son corps l'esprit d'élévation qu'il avoit tâché d'y répandre, laissa ses biens et sa charge à M. de Montesquieu. Il étoit conseiller au parlement de Bordeaux depuis le 24 février 1714, et fut reçu président à mortier le 13 juillet 1716. Quelques années après, en 1722, pendant la minorité du roi, sa compagnie le chargea de présenter des remontrances à l'occasion du nouvel impôt. Placé entre le trône et le peuple, il remplit, en sujet respectueux, et en magistrat plein

[1] C'étoit un ouvrage en forme de lettres, dont le but étoit de prouver que l'idolâtrie de la plupart des païens ne paroissoit pas mériter une damnation éternelle. (*Note de d'Alembert.*)

de courage, l'emploi si noble et si peu envié de faire parvenir au souverain le cri des malheureux ; et la misère publique, représentée avec autant d'habileté que de force, obtint la justice qu'elle demandoit. Ce succès, il est vrai, par malheur pour l'état bien plus que pour lui, fut aussi passager que s'il eût été injuste ; à peine la voix des peuples eut-elle cessé de se faire entendre, que l'impôt supprimé fut remplacé par un autre : mais le citoyen avoit fait son devoir.

Il fut reçu le 3 avril 1716 dans l'académie de Bordeaux, qui ne faisoit que de naître. Le goût pour la musique et pour les ouvrages de pur agrément avoit d'abord rassemblé les membres qui la formoient. M. de Montesquieu crut avec raison que l'ardeur naissante et les talents de ses confrères pourroient s'exercer avec encore plus d'avantage sur les objets de la physique. Il étoit persuadé que la nature, si digne d'être observée partout, trouvoit aussi partout des yeux dignes de la voir ; qu'au contraire les ouvrages de goût ne souffrant point de médiocrité, et la capitale étant en ce genre le centre des lumières et des secours, il étoit trop difficile de rassembler loin d'elle un assez grand nombre d'écrivains distingués. Il regardoit les sociétés de bel esprit, si étrangement multipliées dans nos provinces, comme une espèce, ou plutôt comme une ombre de luxe littéraire, qui nuit à l'opulence réelle, sans même en offrir l'apparence. Heureusement M. le duc de la Force, par un prix qu'il venoit de fonder à Bordeaux, avoit secondé des vues si éclairées et si justes. On jugea qu'une expé-

rience bien faite seroit préférable à un discours foible ou à un mauvais poëme; et Bordeaux eut une académie des sciences.

M. de Montesquieu, nullement empressé de se montrer au public, sembloit attendre, selon l'expression d'un grand génie, un âge mûr pour écrire. Ce ne fut qu'en 1721, c'est-à-dire âgé de trente-deux ans, qu'il mit au jour les *Lettres persanes*. Le *Siamois* des *Amusements sérieux et comiques* pouvoit lui en avoir fourni l'idée : mais il surpassa son modèle. La peinture des mœurs orientales, réelles ou supposées, de l'orgueil et du flegme de l'amour asiatique, n'est que le moindre objet de ces lettres; elle n'y sert pour ainsi dire que de prétexte à une satire fine de nos mœurs, et à des matières importantes que l'auteur approfondit en paroissant glisser sur elles. Dans cette espèce de tableau mouvant Usbek expose surtout avec autant de légèreté que d'énergie ce qui a le plus frappé parmi nous ses yeux pénétrants; notre habitude de traiter sérieusement les choses les plus futiles, et de tourner les plus importantes en plaisanterie; nos conversations si bruyantes et si frivoles; notre ennui dans le sein du plaisir même; nos préjugés et nos actions en contradiction continuelle avec nos lumières; tant d'amour pour la gloire joint à tant de respect pour l'idole de la faveur; nos courtisans si rampants et si vains; notre politesse extérieure, et notre mépris réel pour les étrangers, ou notre prédilection affectée pour eux; la bizarrerie de nos goûts, qui n'a rien au dessous d'elle que l'empressement de

toute l'Europe à les adopter ; notre dédain barbare pour deux des plus respectables occupations d'un citoyen, le commerce et la magistrature; nos disputes littéraires, si vives et si inutiles; notre fureur d'écrire avant que de penser, et de juger avant que de connoître. A cette peinture vive, mais sans fiel, il oppose, dans l'apologue des Troglodytes, le tableau d'un peuple vertueux, devenu sage par le malheur; morceau digne du portique. Ailleurs il montre la philosophie, long-temps étouffée, reparoissant tout à coup, regagnant par ses progrès le temps qu'elle a perdu, pénétrant jusque chez les Russes à la voix d'un génie qui l'appelle, tandis que chez d'autres peuples de l'Europe la superstition, semblable à une atmosphère épaisse, empêche la lumière qui les environne de toutes parts d'arriver jusqu'à eux. Enfin, par les principes qu'il établit sur la nature des gouvernements anciens et modernes, il présente le germe de ses idées lumineuses, développées depuis par l'auteur dans son grand ouvrage.

Ces différents sujets, privés aujourd'hui des graces de la nouveauté qu'ils avoient dans la naissance des *Lettres persanes*, y conserveront toujours le mérite du caractère original qu'on a su leur donner : mérite d'autant plus réel qu'il vient ici du génie seul de l'écrivain, et non du voile étranger dont il s'est couvert; car Usbek a pris durant son séjour en France non seulement une connoissance si parfaite de nos mœurs, mais une si forte teinture de nos manières mêmes, que son style fait souvent oublier son pays.

Ce léger défaut de vraisemblance peut n'être pas sans dessein et sans adresse : en relevant nos ridicules et nos vices, il a voulu sans doute aussi rendre justice à nos avantages. Il a senti toute la fadeur d'un éloge direct; et il nous a plus finement loués, en prenant si souvent notre ton pour médire plus agréablement de nous.

Malgré le succès de cet ouvrage, M. de Montesquieu ne s'en étoit point déclaré ouvertement l'auteur. Peut-être croyoit-il échapper plus aisément par ce moyen à la satire littéraire qui épargne plus volontiers les écrits anonymes, parce que c'est toujours la personne, et non l'ouvrage, qui est le but de ses traits. Peut-être craignoit-il d'être attaqué sur le prétendu contraste des *Lettres persanes* avec l'austérité de sa place : espèce de reproche, disoit-il, que les critiques ne manquent jamais, parce qu'il ne demande aucun effort d'esprit. Mais son secret étoit découvert, et déja le public le montroit à l'Académie françoise. L'événement fit voir combien le silence de M. de Montesquieu avoit été sage. Usbek s'exprime quelquefois assez librement, non sur le fond du christianisme, mais sur des matières que trop de personnes affectent de confondre avec le christianisme même; sur l'esprit de persécution dont tant de chrétiens ont été animés; sur les usurpations temporelles de la puissance ecclésiastique; sur la multiplication excessive des monastères, qui enlèvent des sujets à l'état sans donner à Dieu des adorateurs; sur quelques opinions qu'on a vainement tenté d'ériger en dogmes;

sur nos disputes de religion, toujours violentes, et souvent funestes. S'il paroît toucher ailleurs à des questions plus délicates et qui intéressent de plus près la religion chrétienne, ses réflexions, appréciées avec justice, sont en effet très favorables à la révélation, puisqu'il se borne à montrer combien la raison humaine abandonnée à elle-même est peu éclairée sur ces objets. Enfin, parmi les véritables lettres de M. de Montesquieu, l'imprimeur étranger en avoit inséré quelques unes d'une autre main, et il eût fallu du moins, avant que de condamner l'auteur, démêler ce qui lui appartenoit en propre. Sans égard à ces considérations, d'un côté la haine sous le nom de zèle, de l'autre le zèle sans discernement ou sans lumières, se soulevèrent et se réunirent contre les *Lettres persanes*. Des délateurs, espèce d'hommes dangereuse et lâche, que même dans un gouvernement sage on a quelquefois le malheur d'écouter, alarmèrent, par un extrait infidèle, la piété du ministère. M. de Montesquieu, par le conseil de ses amis, soutenu de la voix publique, s'étant présenté pour la place de l'Académie française vacante par la mort de M. de Sacy, le ministre [1] écrivit à cette compagnie que sa majesté ne donneroit jamais son agrément à l'auteur des *Lettres persanes*; qu'il n'avoit point lu ce livre, mais que des personnes en qui il avoit confiance lui en avoient fait connoître le poison et le danger. M. de Montesquieu sentit le coup qu'une pareille accusation pouvoit porter à sa personne, à sa

[1] M. le cardinal de Fleury.

famille, à la tranquillité de sa vie. Il n'attachoit pas assez de prix aux honneurs littéraires ni pour les rechercher avec avidité, ni pour affecter de les dédaigner quand ils se présentoient à lui, ni enfin pour en regarder la simple privation comme un malheur; mais l'exclusion perpétuelle, et surtout les motifs de l'exclusion, lui paroissoient une injure. Il vit le ministre, lui déclara que, par des raisons particulières, il n'avouoit point les *Lettres persanes*, mais qu'il étoit encore plus éloigné de désavouer un ouvrage dont il croyoit n'avoir point à rougir, et qu'il devoit être jugé d'après une lecture, et non sur une délation. Le ministre prit enfin le parti par où il auroit dû commencer; il lut le livre, aima l'auteur, et apprit à mieux placer sa confiance. L'Académie françoise ne fut point privée d'un de ses plus beaux ornements: et la France eut le bonheur de conserver un sujet que la superstition ou la calomnie étoient prêtes à lui faire perdre; car M. de Montesquieu avoit déclaré au gouvernement qu'après l'espèce d'outrage qu'on alloit lui faire, il iroit chercher chez les étrangers, qui lui tendoient les bras, la sûreté, le repos, et peut-être les récompenses qu'il auroit dû espérer dans son pays. La nation eût déploré cette perte, et la honte en fût pourtant retombée sur elle.

Feu M. le maréchal d'Estrées, alors directeur de l'Académie françoise, se conduisit dans cette circonstance en courtisan vertueux et d'une ame vraiment élevée: il ne craignit ni d'abuser de son crédit, ni de le compromettre; il soutint son ami, et justifia

Socrate. Ce trait de courage, si précieux aux lettres, si digne d'avoir aujourd'hui des imitateurs, et si honorable à la mémoire de M. le maréchal d'Estrées, n'auroit pas dû être oublié dans son éloge.

M. de Montesquieu fut reçu le 24 janvier 1728. Son discours est un des meilleurs qu'on ait prononcés dans une pareille occasion : le mérite en est d'autant plus grand que les récipiendaires, gênés jusqu'alors par ces formules et ces éloges d'usage auxquels une espèce de prescription les assujettit, n'avoient encore osé franchir ce cercle pour traiter d'autres sujets, ou n'avoient point pensé du moins à les y renfermer. Dans cet état même de contrainte il eut l'avantage de réussir. Entre plusieurs traits dont brille son discours[1] on reconnoîtroit l'écrivain qui pense, au seul portrait du cardinal de Richelieu, *qui apprit à la France le secret de ses forces, et à l'Espagne celui de sa foiblesse ; qui ôta à l'Allemagne ses chaînes, et lui en donna de nouvelles.* Il faut admirer M. de Montesquieu d'avoir su vaincre la difficulté de son sujet, et pardonner à ceux qui n'ont pas eu le même succès.

Le nouvel académicien étoit d'autant plus digne de ce titre qu'il avoit peu de temps auparavant renoncé à tout autre travail pour se livrer entièrement à son génie et à son goût. Quelque importante que fût la place qu'il occupoit, avec quelques lumières et quelque intégrité qu'il en eût rempli les devoirs, il sentoit qu'il y avoit des objets plus dignes d'occuper

[1] Il se trouve dans les *OEuvres diverses*.

ses talents, qu'un citoyen est redevable à sa nation et à l'humanité de tout le bien qu'il peut leur faire, et qu'il seroit plus utile à l'une et à l'autre en les éclairant par ses écrits, qu'il ne pouvoit l'être en discutant quelques contestations particulières dans l'obscurité. Toutes ces réflexions le déterminèrent à vendre sa charge. Il cessa d'être magistrat, et ne fut plus qu'homme de lettres.

Mais, pour se rendre utile par ses ouvrages aux différentes nations, il étoit nécessaire qu'il les connût. Ce fut dans cette vue qu'il entreprit de voyager. Son but étoit d'examiner partout le physique et le moral ; d'étudier les lois et la constitution de chaque pays ; de visiter les savants, les écrivains, les artistes célèbres ; de chercher surtout ces hommes rares et singuliers dont le commerce supplée quelquefois à plusieurs années d'observations et de séjour. M. de Montesquieu eût pu dire comme Démocrite : « Je n'ai rien « oublié pour m'instruire ; j'ai quitté mon pays et « couru l'univers pour mieux connoître la vérité ; j'ai « vu tous les personnages illustres de mon temps. » Mais il y eut cette différence entre le Démocrite françois et celui d'Abdère, que le premier voyageoit pour instruire les hommes, et le second pour s'en moquer.

Il alla d'abord à Vienne, où il vit souvent le célèbre prince Eugène. Ce héros, si funeste à la France (à laquelle il auroit pu être si utile), après avoir balancé la fortune de Louis XIV et humilié la fierté ottomane, vivoit sans faste durant la paix, aimant et cultivant les lettres dans une cour où elles sont peu

en honneur[1], et donnant à ses maîtres l'exemple de les protéger. M. de Montesquieu crut entrevoir dans ses discours quelques restes d'intérêt pour son ancienne patrie. Le prince Eugène[2] en laissoit voir surtout autant que le peut faire un ennemi sur les suites funestes de cette division intestine qui trouble depuis si long-temps l'église de France : l'homme d'état en prévoyoit la durée et les effets, et les prédit au philosophe.

M. de Montesquieu partit de Vienne pour voir la Hongrie, contrée opulente et fertile, habitée par une nation fière et généreuse, le fléau de ses tyrans et l'appui de ses souverains. Comme peu de personnes connoissent bien ce pays, il a écrit avec soin cette partie de ses voyages.

D'Allemagne il passa en Italie. Il vit à Venise le fameux Law, à qui il ne restoit de sa grandeur passée que des projets heureusement destinés à mourir dans sa tête, et un diamant qu'il engageoit pour jouer aux jeux de hasard. Un jour la conversation rouloit sur le fameux système que Law avoit inventé, époque de tant de malheurs et de fortunes, et surtout d'une dé-

[1] Quelques Allemands ont pris très mal à propos ces paroles pour une injure. L'amour des hommes est un devoir dans les princes : l'amour des lettres est un goût qu'il leur est permis de ne pas avoir. (*Note de d'Alembert.*)

[2] Le prince Eugène lui demanda un jour en quel état étoient les affaires de la constitution en France. M. de Montesquieu lui répondit que le ministère prenoit des mesures pour éteindre peu à peu le jansénisme, et que dans quelques années il n'en seroit plus question. « Vous n'en sortirez jamais, dit le prince : le feu roi s'est laissé en-« gager dans une affaire dont son arrière-petit-fils ne verra pas la fin. » (*Éloge manuscrit de M. de Montesquieu, par M. de Secondat, son fils.*)

pravation remarquable dans nos mœurs. Comme le parlement de Paris, dépositaire immédiat des lois dans les temps de minorité, avoit fait éprouver au ministre écossois quelque résistance dans cette occasion, M. de Montesquieu lui demanda pourquoi on n'avoit pas essayé de vaincre cette résistance par un moyen presque toujours infaillible en Angleterre, par le grand mobile des actions des hommes, en un mot par l'argent. « Ce ne sont pas, répondit Law, des gé- « nies aussi ardents et aussi généreux que mes com- « patriotes; mais ils sont beaucoup plus incorrup- « tibles. » Nous ajouterons, sans aucun préjugé de vanité nationale, qu'un corps libre pour quelques instants doit mieux résister à la corruption que celui qui l'est toujours; le premier, en vendant sa liberté, la perd; le second ne fait pour ainsi dire que la prêter, et l'exerce même en l'engageant. Ainsi les circonstances et la nature du gouvernement font les vices et les vertus des nations.

Un autre personnage non moins fameux, que M. de Montesquieu vit encore plus souvent à Venise, fut le comte de Bonneval. Cet homme, si connu par ses aventures, qui n'étoient par encore à leur terme, et flatté de converser avec un juge digne de l'entendre, lui faisoit avec plaisir le détail singulier de sa vie, le récit des actions militaires où il s'étoit trouvé, le portrait des généraux et des ministres qu'il avoit connus. M. de Montesquieu se rappeloit souvent ces conversations, et en racontoit différents traits à ses amis.

Il alla de Venise à Rome. Dans cette ancienne

capitale du monde, qui l'est encore à certains égards, il s'appliqua surtout à examiner ce qui la distingue aujourd'hui le plus; les ouvrages des Raphaël, des Titien et des Michel-Ange. Il n'avoit point fait une étude particulière des beaux arts; mais l'expression dont brillent les chefs-d'œuvre en ce genre saisit infailliblement tout homme de génie. Accoutumé à étudier la nature, il la reconnoît quand elle est imitée, comme un portrait ressemblant frappe tous ceux à qui l'original est familier. Malheur aux productions de l'art dont toute la beauté n'est que pour les artistes!

Après avoir parcouru l'Italie, M. de Montesquieu vint en Suisse. Il examina soigneusement les vastes pays arrosés par le Rhin. Et il ne lui resta plus rien à voir en Allemagne, car Frédéric ne régnoit pas encore. Il s'arrêta ensuite quelque temps dans les Provinces-Unies, monument admirable de ce que peut l'industrie humaine animée par l'amour de la liberté. Enfin il se rendit en Angleterre, où il demeura deux ans. Digne de voir et d'entretenir les plus grands hommes, il n'eut à regretter que de n'avoir pas fait plus tôt ce voyage. Locke et Newton étoient morts. Mais il eut souvent l'honneur de faire sa cour à leur protectrice, la célèbre reine d'Angleterre, qui cultivoit la philosophie sur le trône, et qui goûta, comme elle le devoit, M. de Montesquieu. Il ne fut pas moins accueilli par la nation, qui n'avoit pas besoin sur cela de prendre le ton de ses maîtres. Il forma à Londres des liaisons intimes avec des hommes exercés à méditer et à se préparer aux grandes choses par des études

profondes. Il s'instruisit avec eux de la nature du gouvernement, et parvint à le bien connoître. Nous parlons ici d'après les témoignages publics que lui en ont rendus les Anglois eux-mêmes, si jaloux de nos avantages, et si peu disposés à reconnoître en nous aucune supériorité.

Comme il n'avoit rien examiné ni avec la prévention d'un enthousiaste ni avec l'austérité d'un cynique, il n'avoit remporté de ses voyages ni un dédain outrageant pour les étrangers, ni un mépris encore plus déplacé pour son propre pays. Il résultoit de ses observations que l'Allemagne étoit faite pour y voyager, l'Italie pour y séjourner, l'Angleterre pour y penser, et la France pour y vivre.

De retour enfin dans sa patrie, M. de Montesquieu se retira pendant deux ans à sa terre de la Brède. Il y jouit en paix de cette solitude que le spectacle et le tumulte du monde servent à rendre plus agréable : il vécut avec lui-même, après en être sorti si long-temps ; et, ce qui nous intéresse le plus, il mit la dernière main à son ouvrage *sur les Causes de la grandeur et de la décadence des Romains*, qui parut en 1734.

Les empires, ainsi que les hommes, doivent croître, dépérir et s'éteindre. Mais cette révolution nécessaire a souvent des causes cachées que la nuit des temps nous dérobe, et que le mystère ou leur petitesse apparente a même quelquefois voilées aux yeux des contemporains. Rien ne ressemble plus sur ce point à l'histoire moderne que l'histoire ancienne. Celle des Romains mérite néanmoins à cet égard quelque

exception : elle présente une politique raisonnée, un système suivi d'agrandissement qui ne permet pas d'attribuer la fortune de ce peuple à des ressorts obscurs et subalternes. Les causes de la grandeur romaine se trouvent donc dans l'histoire; et c'est au philosophe à les y découvrir. D'ailleurs il n'en est pas des systèmes dans cette étude comme dans celle de la physique. Ceux-ci sont presque toujours précipités, parce qu'une observation nouvelle et imprévue peut les renverser en un instant; au contraire, quand on recueille avec soin les faits que nous transmet l'histoire ancienne d'un pays, si on ne rassemble pas toujours tous les matériaux qu'on peut désirer, on ne sauroit du moins espérer d'en avoir un jour davantage. L'étude réfléchie de l'histoire, étude si importante et si difficile, consiste à combiner de la manière la plus parfaite ces matériaux défectueux : tel seroit le mérite d'un architecte qui, sur des ruines savantes, traceroit de la manière la plus vraisemblable le plan d'un édifice antique en suppléant par le génie et par d'heureuses conjectures à des restes informes et tronqués.

C'est sous ce point de vue qu'il faut envisager l'ouvrage de M. de Montesquieu. Il trouve les causes de la grandeur des Romains dans l'amour de la liberté, du travail et de la patrie, qu'on leur inspiroit dès l'enfance; dans la sévérité de la discipline militaire; dans ces dissensions intestines qui donnoient du ressort aux esprits, et qui cessoient tout à coup à la vue de l'ennemi; dans cette constance après le malheur, qui ne désespéroit jamais de la république; dans le prin-

cipe où ils furent toujours de ne jamais faire la paix qu'après des victoires; dans l'honneur du triomphe, sujet d'émulation pour les généraux; dans la protection qu'ils accordoient aux peuples révoltés contre leurs rois; dans l'excellente politique de laisser aux vaincus leurs dieux et leurs coutumes; dans celle de n'avoir jamais deux puissants ennemis sur les bras, et de tout souffrir de l'un jusqu'à ce qu'ils eussent anéanti l'autre. Il trouve les causes de leur décadence dans l'agrandissement même de l'état, qui changea en guerres civiles les tumultes populaires; dans les guerres éloignées, qui, forçant les citoyens à une trop longue absence, leur faisoient perdre insensiblement l'esprit républicain; dans le droit de bourgeoisie accordé à tant de nations, et qui ne fit plus du peuple romain qu'une espèce de monstre à plusieurs têtes; dans la corruption introduite par le luxe de l'Asie; dans les proscriptions de Sylla, qui avilirent l'esprit de la nation et la préparèrent à l'esclavage; dans la nécessité où les Romains se trouvèrent de souffrir des maîtres lorsque leur liberté leur fut devenue à charge; dans l'obligation où ils furent de changer de maximes en changeant de gouvernement; dans cette suite de monstres qui régnèrent, presque sans interruption, depuis Tibère jusqu'à Nerva, et depuis Commode jusqu'à Constantin; enfin dans la translation et le partage de l'empire, qui périt d'abord en Occident par la puissance des Barbares, et qui, après avoir langui plusieurs siècles en Orient sous des empereurs imbécilles ou féroces, s'anéantit insensiblement,

comme ces fleuves qui disparoissent dans des sables.

Un assez petit volume a suffi à M. de Montesquieu pour développer un tableau si intéressant et si vaste. Comme l'auteur ne s'appesantit point sur les détails et ne saisit que les branches fécondes de son sujet, il a su renfermer en très peu d'espace un grand nombre d'objets distinctement aperçus et rapidement présentés, sans fatigue pour le lecteur. En laissant beaucoup voir, il laisse encore plus à penser; et il auroit pu intituler son livre, *Histoire romaine à l'usage des hommes d'état et des philosophes.*

Quelque réputation que M. de Montesquieu se fût acquise par ce dernier ouvrage et par ceux qui l'avoient précédé, il n'avoit fait que se frayer le chemin à une plus grande entreprise, à celle qui doit immortaliser son nom et le rendre respectable aux siècles futurs. Il en avoit dès long-temps formé le dessein : il en médita pendant vingt ans l'exécution; ou, pour parler plus exactement, toute sa vie en avoit été la méditation continuelle. D'abord il s'étoit fait en quelque façon étranger dans son propre pays, afin de le mieux connoître; il avoit ensuite parcouru toute l'Europe et profondément étudié les différents peuples qui l'habitent. L'île fameuse qui se glorifie tant de ses lois et qui en profite si mal, avoit été pour lui, dans ce long voyage, ce que l'île de Crète fut autrefois pour Lycurgue, une école où il avoit su s'instruire sans tout approuver. Enfin il avoit, si on peut parler ainsi, interrogé et jugé les nations et les hommes célèbres qui n'existent plus aujourd'hui que dans les annales du

monde. Ce fut ainsi qu'il s'éleva par degrés au plus beau titre qu'un sage puisse mériter, celui de législateur des nations.

S'il étoit animé par l'importance de la matière, il étoit effrayé en même temps par son étendue : il l'abandonna, et y revint à plusieurs reprises. Il sentit plus d'une fois, comme il l'avoue lui-même, tomber les mains paternelles. Encouragé enfin par ses amis, il ramassa toutes ses forces, et donna l'*Esprit des lois*.

Dans cet important ouvrage, M. de Montesquieu, sans s'appesantir, à l'exemple de ceux qui l'ont précédé, sur des discussions métaphysiques relatives à l'homme supposé dans un état d'abstraction, sans se borner comme d'autres à considérer certains peuples dans quelques relations ou circonstances particulières, envisage les habitants de l'univers dans l'état réel où ils sont et dans tous les rapports qu'ils peuvent avoir entre eux. La plupart des autres écrivains en ce genre sont presque toujours ou de simples moralistes, ou de simples jurisconsultes, ou même quelquefois de simples théologiens. Pour lui, l'homme de tous les pays et de toutes les nations, il s'occupe moins de ce que le devoir exige de nous que des moyens par lesquels on peut nous obliger de le remplir; de la perfection métaphysique des lois, que de celle dont la nature humaine les rend susceptibles; des lois qu'on a faites, que de celles qu'on a dû faire; des lois d'un peuple particulier, que de celles de tous les peuples. Ainsi, en se comparant lui-même à ceux qui ont couru avant lui cette grande et noble carrière, il a pu dire, comme

le Corrège, quand il eut vu les ouvrages de ses rivaux, *Et moi aussi, je suis peintre*[1].

Rempli et pénétré de son objet, l'auteur de l'*Esprit des lois* y embrasse un si grand nombre de matières, et les traite avec tant de brièveté et de profondeur, qu'une lecture assidue et méditée peut seule faire sentir le mérite de ce livre. Elle servira surtout, nous osons le dire, à faire disparoître le prétendu défaut de méthode dont quelques lecteurs ont accusé M. de Montesquieu; avantage qu'ils n'auroient pas dû le taxer légèrement d'avoir négligé dans une matière philosophique, et dans un ouvrage de vingt années. Il faut distinguer le désordre réel de celui qui n'est qu'apparent. Le désordre est réel quand l'analogie et la suite des idées ne sont point observées; quand les conclusions sont érigées en principes, ou les précèdent; quand le lecteur, après des détours sans nombre, se retrouve au point d'où il est parti. Le désordre n'est qu'apparent, quand l'auteur, mettant à leur véritable place les idées dont il fait usage, laisse à suppléer aux lecteurs les idées intermédiaires. Et c'est ainsi que M. de Montesquieu a cru pouvoir et devoir en user dans un livre destiné à des hommes qui pensent, dont le génie doit suppléer à des omissions volontaires et raisonnées.

L'ordre qui se fait apercevoir dans les grandes parties de l'*Esprit des lois* ne règne pas moins dans les détails : nous croyons que plus on approfondira

[1] On trouvera en tête de l'*Esprit des lois* l'analyse de cet ouvrage par d'Alembert.

l'ouvrage, plus on en sera convaincu. Fidèle à ses divisions générales, l'auteur rapporte à chacune les objets qui lui appartiennent exclusivement; et à l'égard de ceux qui par différentes branches appartiennent à plusieurs divisions à la fois, il a placé sous chaque division la branche qui lui appartient en propre. Par là on aperçoit aisément et sans confusion l'influence que les différentes parties du sujet ont les unes sur les autres, comme dans un arbre ou système bien entendu des connoissances humaines on peut voir le rapport mutuel des sciences et des arts. Cette comparaison d'ailleurs est d'autant plus juste qu'il en est du plan qu'on peut se faire dans l'examen philosophique des lois comme de l'ordre qu'on peut observer dans un arbre encyclopédique des sciences : il y restera toujours de l'arbitraire; et tout ce qu'on peut exiger de l'auteur, c'est qu'il suive sans détour et sans écart le système qu'il s'est une fois formé.

Nous dirons de l'obscurité, que l'on peut se permettre dans un tel ouvrage la même chose que du défaut d'ordre. Ce qui seroit obscur pour les lecteurs vulgaires ne l'est pas pour ceux que l'auteur a eus en vue. D'ailleurs l'obscurité volontaire n'en est pas une. M. de Montesquieu, ayant à présenter quelquefois des vérités importantes dont l'énoncé absolu et direct auroit pu blesser sans fruit, a eu la prudence louable de les envelopper, et, par cet innocent artifice, les a voilées à ceux à qui elles seroient nuisibles, sans qu'elles fussent perdues pour les sages.

Parmi les ouvrages qui lui ont fourni des secours,

et quelquefois des vues pour le sien, on voit qu'il a surtout profité des deux historiens qui ont pensé le plus, Tacite et Plutarque. Mais, quoiqu'un philosophe qui a fait ces deux lectures soit dispensé de beaucoup d'autres, il n'avoit pas cru devoir en ce genre rien négliger ni dédaigner de ce qui pouvoit être utile à son objet. La lecture que suppose l'*Esprit des lois* est immense; et l'usage raisonné que l'auteur a fait de cette multitude prodigieuse de matériaux paroîtra encore plus surprenant quand on saura qu'il étoit presque entièrement privé de la vue et obligé d'avoir recours à des yeux étrangers. Cette vaste lecture contribue non seulement à l'utilité, mais à l'agrément de l'ouvrage. Sans déroger à la majesté de son sujet, M. de Montesquieu sait en tempérer l'austérité, et procurer aux lecteurs des moments de repos, soit par des faits singuliers et peu connus, soit par des allusions délicates, soit par ces coups de pinceau énergiques et brillants qui peignent d'un seul trait les peuples et les hommes.

Enfin, car nous ne voulons pas jouer ici le rôle des commentateurs d'Homère, il y a sans doute des fautes dans l'*Esprit des lois*, comme il y en a dans tout ouvrage de génie dont l'auteur a le premier osé se frayer des routes nouvelles. M. de Montesquieu a été parmi nous pour l'étude des lois ce que Descartes a été pour la philosophie : il éclaire souvent, et se trompe quelquefois; et en se trompant même il instruit ceux qui savent lire. Cette nouvelle édition montrera, par les additions et corrections qu'il y a faites, que,

s'il est tombé de temps en temps, il a su le reconnoître et se relever. Par là il acquerra du moins le droit à un nouvel examen dans les endroits où il n'aura pas été de l'avis de ses censeurs ; peut-être même ce qu'il aura jugé le plus digne de correction leur a-t-il absolument échappé, tant l'envie de nuire est ordinairement aveugle !

Mais ce qui est à la portée de tout le monde dans l'*Esprit des lois*, ce qui doit rendre l'auteur cher à toutes les nations, ce qui serviroit même à couvrir des fautes plus grandes que les siennes, c'est l'esprit de citoyen qui l'a dicté : l'amour du bien public, le désir de voir des hommes heureux, s'y montrent de toutes parts ; et, n'eût-il que ce mérite si rare et si précieux, il seroit digne, par cet endroit seul, d'être la lecture des peuples et des rois. Nous voyons déja par une heureuse expérience que les fruits de cet ouvrage ne se bornent pas dans ses lecteurs à des sentiments stériles. Quoique M. de Montesquieu ait peu survécu à la publication de l'*Esprit des lois*, il a eu la satisfaction d'entrevoir les effets qu'il commence à produire parmi nous ; l'amour naturel des François pour leur patrie tourné vers son véritable objet ; ce goût pour le commerce, pour l'agriculture et pour les arts utiles, qui se répand insensiblement dans notre nation ; cette lumière générale sur les principes du gouvernement qui rend les peuples plus attachés à ce qu'ils doivent aimer. Ceux qui ont si indécemment attaqué cet ouvrage lui doivent peut-être plus qu'ils ne s'imaginent. L'ingratitude au reste est

le moindre reproche qu'on ait à leur faire. Ce n'est pas sans regret et sans honte pour notre siècle que nous allons les dévoiler : mais cette histoire importe trop à la gloire de M. de Montesquieu et à l'avantage de la philosophie pour être passée sous silence. Puisse l'opprobre qui couvre enfin ses ennemis leur devenir salutaire !

A peine l'*Esprit des lois* parut-il, qu'il fut recherché avec empressement sur la réputation de l'auteur : mais, quoique M. de Montesquieu eût écrit pour le bien du peuple, il ne devoit pas avoir le peuple pour juge ; la profondeur de l'objet étoit une suite de son importance même. Cependant les traits qui étoient répandus dans l'ouvrage, et qui auroient été déplacés s'ils n'étoient pas nés du fond du sujet, persuadèrent à trop de personnes qu'il étoit écrit pour elles. On cherchoit un livre agréable, et on ne trouvoit qu'un livre utile, dont on ne pouvoit d'ailleurs sans quelque attention saisir l'ensemble et les détails. On traita légèrement l'*Esprit des lois* ; le titre même fut un sujet de plaisanterie [1] ; enfin l'un des plus beaux monuments littéraires qui soient sortis de notre nation, fut regardé d'abord par elle avec assez d'indifférence. Il fallut que les véritables juges eussent eu le temps de lire : bientôt ils ramenèrent la multitude toujours prompte à changer d'avis. La partie du public qui enseigne dicta à la partie qui écoute ce qu'elle devoit penser et dire ; et le suffrage des hommes éclairés,

[1] M. de Montesquieu, disoit-on, devoit intituler son livre, de l'*Esprit sur les lois*.

joint aux échos qui le répétèrent, ne forma plus qu'une voix dans toute l'Europe.

Ce fut alors que les ennemis publics et secrets des lettres et de la philosophie (car elles en ont de ces deux espèces) réunirent leurs traits contre l'ouvrage. De là cette foule de brochures qui lui furent lancées de toutes parts, et que nous ne tirerons pas de l'oubli où elles sont déjà plongées. Si leurs auteurs n'avoient pris de bonnes mesures pour être inconnus à la postérité, elle croiroit que l'*Esprit des lois* a été écrit au milieu d'un peuple de barbares.

M. de Montesquieu méprisa sans peine les critiques ténébreuses de ces auteurs sans talent, qui, soit par une jalousie qu'ils n'ont pas droit d'avoir, soit pour satisfaire la malignité du public, qui aime la satire et la méprise, outragent ce qu'ils ne peuvent atteindre, et, plus odieux par le mal qu'ils veulent faire que redoutables par celui qu'ils font, ne réussissent pas même dans un genre d'écrire que sa facilité et son objet rendent également vil. Il mettoit les ouvrages de cette espèce sur la même ligne que ces nouvelles hebdomadaires de l'Europe, dont les éloges sont sans autorité et les traits sans effet, que des lecteurs oisifs parcourent sans y ajouter foi, et dans lesquelles les souverains sont insultés sans le savoir, ou sans daigner s'en venger. Il ne fut pas aussi indifférent sur les principes d'irréligion qu'on l'accusa d'avoir semés dans l'*Esprit des lois*. En méprisant de pareils reproches il auroit cru les mériter, et l'importance de l'objet lui ferma les yeux sur la valeur de ses adversaires. Ces

hommes, également dépourvus de zèle, et également empressés d'en faire paroître, effrayés de la lumière que les lettres répandent, non au préjudice de la religion, mais à leur désavantage, avoient pris différentes formes pour lui porter atteinte. Les uns, par un stratagème aussi puéril que pusillanime, s'étoient écrit à eux-mêmes; les autres, après l'avoir déchiré sous le masque de l'anonyme, s'étoient ensuite déchirés entre eux à son occasion. M. de Montesquieu, quoique jaloux de les confondre, ne jugea pas à propos de perdre un temps précieux à les combattre les uns après les autres; il se contenta de faire un exemple sur celui qui s'étoit le plus signalé par ses excès.

C'étoit l'auteur d'une feuille anonyme et périodique, qui croit avoir succédé à Pascal parce qu'il a succédé à ses opinions; panégyriste d'ouvrages que personne ne lit, et apologiste de miracles que l'autorité séculière a fait cesser dès qu'elle l'a voulu; qui appelle impiété et scandale le peu d'intérêt que les gens de lettres prennent à ses querelles, et s'est aliéné, par une adresse digne de lui, la partie de la nation qu'il avoit le plus d'intérêt de ménager. Les coups de ce redoutable athlète furent dignes des vues qui l'inspirèrent : il accusa M. de Montesquieu de spinosisme et de déisme (deux imputations incompatibles); d'avoir suivi le système de Pope (dont il n'y avoit pas un mot dans l'ouvrage); d'avoir cité Plutarque, qui n'est pas un auteur chrétien; de n'avoir point parlé du péché originel et de la grace. Il prétendit enfin que l'*Esprit des lois* étoit une production de la cons-

titution *Unigenitus*, idée qu'on nous soupçonnera peut-être de prêter par dérision au critique. Ceux qui ont connu M. de Montesquieu, l'ouvrage de Clément XI et le sien, peuvent juger, par cette accusation, de toutes les autres.

Le malheur de cet écrivain dut bien le décourager : il vouloit perdre un sage par l'endroit le plus sensible à tout citoyen ; il ne fit que lui procurer une nouvelle gloire, comme homme de lettres. La *Défense de l'Esprit des lois* parut. Cet ouvrage, par la modération, la vérité, la finesse de plaisanterie qui y règnent, doit être regardé comme un modèle en ce genre. M. de Montesquieu, chargé par son adversaire d'imputations atroces, pouvoit le rendre odieux sans peine : il fit mieux, il le rendit ridicule. S'il faut tenir compte à l'agresseur d'un bien qu'il a fait sans le vouloir, nous lui devons une éternelle reconnoissance de nous avoir procuré ce chef-d'œuvre. Mais ce qui ajoute encore au mérite de ce morceau précieux, c'est que l'auteur s'y est peint lui-même sans y penser ; ceux qui l'ont connu croient l'entendre ; et la postérité s'assurera, en lisant sa *Défense*, que sa conversation n'étoit pas inférieure à ses écrits ; éloge que bien peu de grands hommes ont mérité.

Une autre circonstance lui assure pleinement l'avantage dans cette dispute. Le critique, qui, pour preuve de son attachement à la religion, en déchire les ministres, accusoit hautement le clergé de France, et surtout la faculté de théologie, d'indifférence pour la cause de Dieu, en ce qu'ils ne proscrivoient pas

authentiquement un si pernicieux ouvrage. La faculté étoit en droit de mépriser le reproche d'un écrivain sans aveu : mais il s'agissoit de la religion ; une délicatesse louable lui a fait prendre le parti d'examiner l'*Esprit des lois*. Quoiqu'elle s'en occupe depuis plusieurs années, elle n'a rien prononcé jusqu'ici ; et, fût-il échappé à M. de Montesquieu quelques inadvertances légères, presque inévitables dans une carrière si vaste, l'attention longue et scrupuleuse qu'elles auroient demandée de la part du corps le plus éclairé de l'église prouveroit au moins combien elles seroient excusables. Mais ce corps plein de prudence ne précipitera rien dans une si importante matière. Il connoît les bornes de la raison et de la foi : il sait que l'ouvrage d'un homme de lettres ne doit point être examiné comme celui d'un théologien ; que les mauvaises conséquences auxquelles une proposition peut donner lieu par des interprétations odieuses, ne rendent point blâmable la proposition en elle-même ; que d'ailleurs nous vivons dans un siècle malheureux où les intérêts de la religion ont besoin d'être ménagés, et qu'on peut lui nuire auprès des simples en répandant mal à propos sur des génies du premier ordre le soupçon d'incrédulité ; qu'enfin, malgré cette accusation injuste, M. de Montesquieu fut toujours estimé, recherché et accueilli, par tout ce que l'église a de plus respectable et de plus grand. Eût-il conservé auprès des gens de bien la considération dont il jouissoit s'ils l'eussent regardé comme un écrivain dangereux ?

Pendant que les insectes le tourmentoient dans

son propre pays, l'Angleterre élevoit un monument à sa gloire. En 1752, M. Dassier, célèbre par les médailles qu'il a frappées à l'honneur de plusieurs hommes illustres, vint de Londres à Paris pour frapper la sienne. M. de la Tour, cet artiste supérieur par son talent, et si estimable par son désintéressement et l'élévation de son ame, avoit ardemment désiré de donner un nouveau lustre à son pinceau en transmettant à la postérité le portrait de l'auteur de l'*Esprit des lois*; il ne vouloit que la satisfaction de le peindre; il méritoit comme Apelles, que cet honneur lui fût réservé : mais M. de Montesquieu, d'autant plus avare du temps de M. de la Tour que celui-ci en étoit plus prodigue, se refusa constamment et poliment à ses pressantes sollicitations. M. Dassier essuya d'abord des difficultés semblables. « Croyez-« vous, dit-il enfin à M. de Montesquieu, qu'il n'y ait « pas autant d'orgueil à refuser ma proposition qu'à « l'accepter?» Désarmé par cette plaisanterie, il laissa faire à M. Dassier tout ce qu'il voulut.

L'auteur de l'*Esprit des lois* jouissoit enfin paisiblement de sa gloire, lorsqu'il tomba malade au commencement de février. Sa santé, naturellement délicate, commençoit à s'altérer depuis long-temps par l'effet lent et presque infaillible des études profondes, par les chagrins qu'on avoit cherché à lui susciter sur son ouvrage, enfin par le genre de vie qu'on le forçoit de mener à Paris, et qu'il sentoit lui être funeste. Mais l'empressement avec lequel on recherchoit sa société étoit trop vif pour n'être pas quelquefois indiscret;

on vouloit sans s'en apercevoir jouir de lui aux dépens de lui-même. A peine la nouvelle du danger où il étoit se fut-elle répandue, qu'elle devint l'objet des conversations et de l'inquiétude publique. Sa maison ne désemplissoit point de personnes de tout rang qui venoient s'informer de son état, les unes par un intérêt véritable, les autres pour s'en donner l'apparence ou pour suivre la foule. Sa Majesté, pénétrée de la perte que son royaume alloit faire, en demanda plusieurs fois des nouvelles : témoignage de bonté et de justice qui n'honore pas moins le monarque que le sujet. La fin de M. de Montesquieu ne fut point indigne de sa vie. Accablé de douleurs cruelles, éloigné d'une famille à qui il étoit cher, et qui n'a pas eu la consolation de lui fermer les yeux, entouré de quelques amis et d'un plus grand nombre de spectateurs, il conserva jusqu'au dernier moment la paix et l'égalité de son ame. Enfin, après avoir satisfait avec décence à tous ses devoirs, plein de confiance en l'Être éternel auquel il alloit se rejoindre, il mourut avec la tranquillité d'un homme de bien qui n'avoit jamais consacré ses talents qu'à l'avantage de la vertu et de l'humanité. La France et l'Europe le perdirent le 10 février 1755, à l'âge de soixante-six ans révolus.

Toutes les nouvelles publiques ont annoncé cet événement comme une calamité. On pourroit appliquer à M. de Montesquieu ce qui a été dit autrefois d'un illustre Romain, que personne, en apprenant sa mort, n'en témoigna de joie, que personne même ne l'oublia dès qu'il ne fut plus. Les étrangers s'empressèrent de

faire éclater leurs regrets; et milord Chesterfield, qu'il suffit de nommer, fit imprimer dans un des papiers publics de Londres un article en son honneur, article digne de l'un et de l'autre : c'est le portrait d'Anaxagore tracé par Périclès[1]. L'académie royale des sciences et

[1] Voici cet éloge en anglois, tel qu'on le lit dans la gazette appelée *Evening Post*, ou Poste du soir :

On the 10th of this month, died at Paris, universally and sincerely regretted, Charles Secondat, baron of Montesquieu, and président à mortier of the parliament of Bordeaux. His virtues did honour to human nature, his writings to justice. A friend to mankind, he asserted, their undoubted and inalienable rights, with freedom, even in his own country, whose prejudices in matters of religion and government he had long lamented, and endeavoured (not without some success) to remove. He well knew and justly admired, the happy constitution of this country, where fixed and known laws equally restrain monarchy from tyranny, and liberty from licentiousness. His works will illustrate his name, and survive him as long as right reason, moral obligations, and the true spirit of laws, shall be understood, respected, and maintained. C'est-à-dire :

« Le 10 de février est mort à Paris, universellement et sincèrement regretté, Charles de Secondat, baron de Montesquieu, président à mortier au parlement de Bordeaux. Ses vertus ont fait honneur à la nature humaine, et ses écrits à la législation. Ami de l'humanité, il en soutint avec force et avec vérité les droits indubitables et inaliénables; et il l'osa dans son propre pays, dont les préjugés, en matière de religion et de gouvernement, ont excité pendant longtemps ses gémissements. Il entreprit de les détruire; et ses efforts ont eu quelques succès. (Il faut se ressouvenir que c'est un Anglois qui parle.) Il connoissoit parfaitement bien et admiroit avec justice l'heureux gouvernement de ce pays, dont les lois, fixes et connues, sont un frein contre la monarchie qui tendroit à la tyrannie, et contre la liberté qui dégénéreroit en licence. Ses ouvrages rendront son nom célèbre, et lui survivront aussi long-temps que la droite raison, les obligations morales, et le vrai esprit des lois, seront entendus, respectés et conservés. » (*Note de d'Alembert.*)

belles lettres de Prusse, quoiqu'on n'y soit point dans l'usage de prononcer l'éloge des associés étrangers, a cru devoir lui faire cet honneur qu'elle n'a fait encore qu'à l'illustre Jean Bernoulli. M. de Maupertuis, tout malade qu'il étoit, a rendu lui-même à son ami ce dernier devoir, et n'a voulu se reposer sur personne d'un soin si cher et si triste. A tant de suffrages éclatants en faveur de M. de Montesquieu nous croyons pouvoir joindre sans indiscrétion les éloges que lui a donnés en présence de l'un de nous le monarque même auquel cette académie célèbre doit son lustre; prince fait pour sentir les pertes de la philosophie et pour l'en consoler.

Le 17 février, l'Académie françoise lui fit selon l'usage un service solennel, auquel, malgré la rigueur de la saison, presque tous les gens de lettres de ce corps qui n'étoient point absents de Paris se firent un devoir d'assister. On auroit dû dans cette triste cérémonie placer l'*Esprit des lois* sur son cercueil, comme on exposa autrefois vis-à-vis du cercueil de Raphaël son dernier tableau de la Transfiguration. Cet appareil simple et touchant eût été une belle oraison funèbre.

Jusqu'ici nous n'avons considéré M. de Montesquieu que comme écrivain et philosophe : ce seroit lui dérober la moitié de sa gloire que de passer sous silence ses agréments et ses qualités personnelles.

Il étoit, dans le commerce, d'une douceur et d'une gaieté toujours égales. Sa conversation étoit légère, agréable et instructive, par le grand nombre d'hommes et de peuples qu'il avoit connus; elle étoit coupée

comme son style, pleine de sel et de saillies, sans amertume et sans satire. Personne ne racontoit plus vivement, plus promptement, avec plus de grace et moins d'apprêt. Il savoit que la fin d'une histoire plaisante en est toujours le but ; il se hâtoit donc d'y arriver, et produisoit l'effet sans l'avoir promis.

Ses fréquentes distractions ne le rendoient que plus aimable ; il en sortoit toujours par quelque trait inattendu qui réveilloit la conversation languissante : d'ailleurs elles n'étoient jamais ni jouées, ni choquantes, ni importunes. Le feu de son esprit, le grand nombre d'idées dont il étoit plein, les faisoient naître : mais il n'y tomboit jamais au milieu d'un entretien intéressant ou sérieux ; le désir de plaire à ceux avec qui il se trouvoit le rendoit alors à eux sans affectation et sans effort.

Les agréments de son commerce tenoient non seulement à son caractère et à son esprit, mais à l'espèce de régime qu'il observoit dans l'étude. Quoique capable d'une méditation profonde et long-temps soutenue, il n'épuisoit jamais ses forces ; il quittoit toujours le travail avant que d'en ressentir la moindre impression de fatigue [1].

[1] L'auteur de la feuille anonyme et périodique dont nous avons parlé ci-dessus prétend trouver une contradiction manifeste entre ce que nous disons ici et ce que nous avons dit un peu plus haut, que la santé de M. de Montesquieu s'étoit altérée par l'effet lent et presque infaillible des études profondes. Mais pourquoi, en rapprochant les deux endroits, a-t-il supprimé les mots LENT ET PRESQUE INFAILLIBLE qu'il avoit sous les yeux ? C'est évidemment parce qu'il a senti qu'un effet lent n'est pas moins réel pour n'être pas ressenti sur-le-champ, et que par conséquent ces mots détrui-

Il étoit sensible à la gloire; mais il ne vouloit y parvenir qu'en la méritant. Jamais il n'a cherché à augmenter la sienne par ces manœuvres sourdes, par ces voies obscures et honteuses, qui déshonorent la personne sans ajouter au nom de l'auteur.

Digne de toutes les distinctions et de toutes les récompenses, il ne demandoit rien et ne s'étonnoit point d'être oublié : mais il a osé, même dans des circonstances délicates, protéger à la cour des hommes de lettres persécutés, célèbres, et malheureux, et leur a obtenu des graces.

Quoiqu'il vécût avec les grands, soit par nécessité, soit par convenance, soit par goût, leur société n'étoit pas nécessaire à son bonheur. Il fuyoit dès qu'il le pouvoit à sa terre : il y retrouvoit avec joie sa philosophie, ses livres, et le repos. Entouré de gens de la campagne, dans ses heures de loisir, après avoir étudié l'homme dans le commerce du monde et dans l'histoire des nations, il l'étudioit encore dans ces ames simples que la nature seule a instruites, et il y trouvoit à apprendre : il conversoit gaiement avec eux; il leur cherchoit de l'esprit, comme Socrate; il paroissoit se plaire autant dans leur entretien que dans les sociétés les plus brillantes, surtout quand il terminoit leurs différents, et soulageoit leurs peines par ses bienfaits.

soient l'apparence de la contradiction qu'on prétendoit faire remarquer. Telle est la bonne foi de cet auteur dans des bagatelles, et à plus forte raison dans des matières plus sérieuses. (*Note tirée de l'avertissement du sixième volume de l'*Encyclopédie.)

Rien n'honore plus sa mémoire que l'économie avec laquelle il vivoit, et qu'on a osé trouver excessive dans un monde avare et fastueux, peu fait pour en pénétrer les motifs et encore moins pour les sentir. Bienfaisant et par conséquent juste, M. de Montesquieu ne vouloit rien prendre sur sa famille, ni des secours qu'il donnoit aux malheureux, ni des dépenses considérables auxquelles ses longs voyages, la foiblesse de sa vue, et l'impression de ses ouvrages, l'avoient obligé. Il a transmis à ses enfants, sans diminution ni augmentation, l'héritage qu'il avoit reçu de ses pères; il n'y a rien ajouté que la gloire de son nom et l'exemple de sa vie. Il avoit épousé en 1715 demoiselle Jeanne de Lartigue, fille de Pierre de Lartigue, lieutenant-colonel au régiment de Maulévrier. Il en a eu deux filles, et un fils qui, par son caractère, ses mœurs et ses ouvrages, s'est montré digne d'un tel père.

Ceux qui aiment la vérité et la patrie ne seront pas fâchés de trouver ici quelques unes de ses maximes. Il pensoit

Que chaque portion de l'état doit être également soumise aux lois, mais que les priviléges de chaque portion de l'état doivent être respectés lorsque leurs effets n'ont rien de contraire au droit naturel qui oblige tous les citoyens à concourir également au bien public : que la possession ancienne étoit en ce genre le premier des titres et le plus inviolable des droits, qu'il étoit toujours injuste et quelquefois dangereux de vouloir ébranler;

Que les magistrats, dans quelque circonstance et

pour quelque grand intérêt de corps que ce puisse être, ne doivent jamais être que magistrats, sans parti et sans passion, comme les lois, qui absolvent et punissent sans aimer ni haïr.

Il disoit enfin, à l'occasion des disputes ecclésiastiques qui ont tant occupé les empereurs et les chrétiens grecs, que les querelles théologiques, lorsqu'elles cessent d'être renfermées dans les écoles, déshonorent infailliblement une nation aux yeux des autres. En effet, le mépris même des sages pour ces querelles ne la justifie pas, parce que les sages faisant partout le moindre bruit et le plus petit nombre, ce n'est jamais sur eux qu'une nation est jugée. Il disoit qu'il y avoit très peu de choses vraies dans le livre de l'abbé du Bos sur l'*établissement de la monarchie françoise dans les Gaules*, et qu'il en auroit fait une réfutation suivie s'il ne lui avoit fallu le relire une troisième ou une quatrième fois, ce qu'il regardoit comme le plus grand des supplices.

L'importance des ouvrages dont nous avons eu à parler dans cet éloge nous en a fait passer sous silence de moins considérables, qui servoient à l'auteur comme de délassement, et qui auroient suffi pour l'éloge d'un autre. Le plus remarquable est *le Temple de Gnide*, qui suivit d'assez près les *Lettres persanes*. M. de Montesquieu, après avoir été dans celles-ci Horace, Théophraste, et Lucien, fut Ovide et Anacréon dans ce nouvel essai. Ce n'est plus l'amour despotique de l'Orient qu'il se propose de peindre, c'est la délicatesse et la naïveté de l'amour pastoral, tel qu'il est

dans une ame neuve que le commerce des hommes n'a point encore corrompue. L'auteur, craignant peut-être qu'un tableau si étranger à nos mœurs ne parût trop languissant et trop uniforme, a cherché à l'animer par les peintures les plus riantes. Il transporte le lecteur dans des lieux enchantés, dont à la vérité le spectacle intéresse peu l'amant heureux, mais dont la description flatte encore l'imagination quand les désirs sont satisfaits. Emporté par son sujet, il a répandu dans sa prose ce style animé, figuré et poétique, dont le roman de *Télémaque* a fourni parmi nous le premier modèle. Nous ignorons pourquoi quelques censeurs du *Temple de Gnide* ont dit à cette occasion qu'il auroit eu besoin d'être en vers. Le style poétique, si on entend comme on le doit par ce mot un style plein de chaleur et d'images, n'a pas besoin, pour être agréable, de la marche uniforme et cadencée de la versification; mais si on ne fait consister ce style que dans une diction chargée d'épithètes oisives, dans les peintures froides et triviales des ailes et du carquois de l'Amour, et de semblables objets, la versification n'ajoutera presque aucun mérite à ces ornements usés; on y cherchera toujours en vain l'ame et la vie. Quoi qu'il en soit, *le Temple de Gnide* étant une espèce de poëme en prose, c'est à nos écrivains les plus célèbres en ce genre à fixer le rang qu'il doit occuper : il mérite de pareils juges. Nous croyons du moins que les peintures de cet ouvrage soutiendroient avec succès une des principales épreuves des descriptions poétiques, celle de les représenter sur la toile.

Mais ce qu'on doit surtout remarquer dans le *Temple de Gnide*, c'est qu'Anacréon même y est toujours observateur et philosophe. Dans le quatrième chant il paroît décrire les mœurs des Sybarites, et on s'aperçoit aisément que ces mœurs sont les nôtres. La préface porte surtout l'empreinte de l'auteur des *Lettres persanes*. En présentant *le Temple de Gnide* comme la traduction d'un manuscrit grec, plaisanterie défigurée depuis par tant de mauvais copistes, il en prend occasion de peindre d'un trait de plume l'ineptie des critiques et le pédantisme des traducteurs, et finit par ces paroles dignes d'être rapportées : « Si les gens « graves désiroient de moi quelque ouvrage moins « frivole, je suis en état de les satisfaire. Il y a trente « ans que je travaille à un livre de douze pages, qui « doit contenir tout ce que nous savons sur la méta- « physique, la politique et la morale, et tout ce que « de très grands auteurs ont oublié dans les volumes « qu'ils ont donnés sur ces sciences-là. »

Nous regardons comme une des plus honorables récompenses de notre travail l'intérêt particulier que M. de Montesquieu prenoit à l'*Encyclopédie*, dont toutes les ressources ont été jusqu'à présent dans le courage et l'émulation de ses auteurs. Tous les gens de lettres, selon lui, devoient s'empresser de concourir à l'exécution de cette entreprise utile. Il en a donné l'exemple avec M. de Voltaire et plusieurs autres écrivains célèbres. Peut-être les traverses que cet ouvrage a essuyées, et qui lui rappeloient les siennes propres, l'intéressoient-elles en notre faveur. Peut-être étoit-il

sensible, sans s'en apercevoir, à la justice que nous avions osé lui rendre dans le premier volume de l'*Encyclopédie*, lorsque personne n'osoit encore élever sa voix pour le défendre. Il nous destinoit un article sur le *Goût*, qui a été trouvé imparfait dans ses papiers. Nous le donnerons en cet état au public, et nous le traiterons avec le même respect que l'antiquité témoigna autrefois pour les dernières paroles de Sénèque. La mort l'a empêché d'étendre plus loin ses bienfaits à notre égard; et, en joignant nos propres regrets à ceux de l'Europe entière, nous pourrions écrire sur son tombeau :

Finis vitæ ejus nobis luctuosus, *patriæ* tristis, extraneis etiam ignotisque non sine cura fuit.

Tacit., in Agricol., cap. xliii.

LETTRES PERSANES.

LETTRE PREMIÈRE.

USBEK A SON AMI RUSTAN.

A Ispahan.

Nous n'avons séjourné qu'un jour à Com; lorsque nous eûmes fait nos dévotions sur le tombeau de la vierge qui a mis au monde douze prophètes, nous nous remîmes en chemin; et hier, vingt-cinquième jour de notre départ d'Ispahan, nous arrivâmes à Tauris.

Rica et moi sommes peut-être les premiers parmi les Persans que l'envie de savoir ait fait sortir de leur pays, et qui aient renoncé aux douceurs d'une vie tranquille pour aller chercher laborieusement la sagesse.

Nous sommes nés dans un royaume florissant; mais nous n'avons pas cru que ses bornes fussent celles de nos connoissances, et que la lumière orientale dût seule nous éclairer.

Mande-moi ce que l'on dit de notre voyage; ne me flatte point : je ne compte pas sur un grand nombre d'approbateurs. Adresse ta lettre à Erzeron, où je séjournerai quelque temps. Adieu, mon

cher Rustan. Sois assuré qu'en quelque lieu du monde où je sois, tu as un ami fidèle.

<div style="text-align: right">De Tauris, le 15 de la lune de Saphar 1711.</div>

LETTRE II.

USBEK AU PREMIER EUNUQUE NOIR.

A son sérail d'Ispahan.

Tu es le gardien fidèle des plus belles femmes de Perse; je t'ai confié ce que j'avois dans le monde de plus cher : tu tiens en tes mains les clefs de ces portes fatales qui ne s'ouvrent que pour moi. Tandis que tu veilles sur ce dépôt précieux de mon cœur, il se repose et jouit d'une sécurité entière. Tu fais la garde dans le silence de la nuit comme dans le tumulte du jour. Tes soins infatigables soutiennent la vertu lorsqu'elle chancelle. Si les femmes que tu gardes vouloient sortir de leur devoir, tu leur en ferois perdre l'espérance. Tu es le fléau du vice et la colonne de la fidélité.

Tu leur commandes et leur obéis. Tu exécutes aveuglément toutes leurs volontés, et leur fais exécuter de même les lois du sérail; tu trouves de la gloire à leur rendre les services les plus vils; tu te soumets avec respect et avec crainte à leurs ordres légitimes; tu les sers comme l'esclave de

leurs esclaves. Mais, par un retour d'empire, tu commandes en maître, comme moi-même, quand tu crains le relâchement des lois de la pudeur et de la modestie.

Souviens-toi toujours du néant d'où je t'ai fait sortir, lorsque tu étois le dernier de mes esclaves, pour te mettre en cette place et te confier les délices de mon cœur. Tiens-toi dans un profond abaissement auprès de celles qui partagent mon amour; mais fais-leur en même temps sentir leur extrême dépendance. Procure-leur tous les plaisirs qui peuvent être innocents; trompe leurs inquiétudes; amuse-les par la musique, les danses, les boissons délicieuses; persuade-leur de s'assembler souvent. Si elles veulent aller à la campagne, tu peux les y mener; mais fais faire main-basse sur tous les hommes qui se présenteront devant elles. Exhorte-les à la propreté, qui est l'image de la netteté de l'ame : parle-leur quelquefois de moi. Je voudrois les revoir dans ce lieu charmant qu'elles embellissent. Adieu.

De Tauris, le 18 de la lune de Saphar 1711.

LETTRE III.

ZACHI A USBEK.

A Tauris.

Nous avons ordonné au chef des eunuques de nous mener à la campagne; il te dira qu'aucun accident ne nous est arrivé. Quand il fallut traverser la rivière et quitter nos litières, nous nous mîmes, selon la coutume, dans des boîtes; deux esclaves nous portèrent sur leurs épaules, et nous échappâmes à tous les regards.

Comment aurois-je pu vivre, cher Usbek, dans ton sérail d'Ispahan, dans ces lieux qui, me rappelant sans cesse mes plaisirs passés, irritoient tous les jours mes désirs avec une nouvelle violence? J'errois d'appartements en appartements, te cherchant toujours et ne te trouvant jamais, mais rencontrant partout un cruel souvenir de ma félicité passée. Tantôt je me voyois en ce lieu où, pour la première fois de ma vie, je te reçus dans mes bras; tantôt dans ce lieu où tu décidas cette fameuse querelle entre tes femmes: chacune de nous se prétendoit supérieure aux autres en beauté. Nous nous présentâmes devant toi après avoir épuisé tout ce que l'imagination peut fournir de

parures et d'ornements : tu vis avec plaisir les miracles de notre art; tu admiras jusqu'où nous avoit emportées l'ardeur de te plaire. Mais tu fis bientôt céder ces charmes empruntés à des graces plus naturelles; tu détruisis tout notre ouvrage; il fallut nous dépouiller de ces ornements qui t'étoient devenus incommodes; il fallut paroître à ta vue dans la simplicité de la nature. Je comptai pour rien la pudeur; je ne pensai qu'à ma gloire. Heureux Usbek! que de charmes furent étalés à tes yeux! Nous te vîmes long-temps errer d'enchantements en enchantements : ton ame incertaine demeura long-temps sans se fixer : chaque grace nouvelle te demandoit un tribut : nous fûmes en un moment toutes couvertes de tes baisers : tu portas tes curieux regards dans les lieux les plus secrets : tu nous fis passer en un instant dans mille situations différentes : toujours de nouveaux commandements, et une obéissance toujours nouvelle. Je te l'avoue, Usbek, une passion encore plus vive que l'ambition me fit souhaiter de te plaire. Je me vis insensiblement devenir la maîtresse de ton cœur : tu me pris, tu me quittas; tu revins à moi, et je sus te retenir : le triomphe fut tout pour moi et le désespoir pour mes rivales. Il nous sembla que nous fussions seuls dans le monde; tout ce qui nous entouroit ne fut plus digne de nous occuper. Plût au ciel que mes rivales

eussent eu le courage de rester témoins de toutes les marques d'amour que je reçus de toi! Si elles avoient bien vu mes transports, elles auroient senti la différence qu'il y a de mon amour au leur; elles auroient vu que, si elles pouvoient disputer avec moi de charmes, elles ne pouvoient pas disputer de sensibilité.... Mais où suis-je! où m'emmène ce vain récit! C'est un malheur de n'être point aimée; mais c'est un affront de ne l'être plus. Tu nous quittes, Usbek, pour aller errer dans des climats barbares. Quoi! tu comptes pour rien l'avantage d'être aimé! Hélas! tu ne sais pas même ce que tu perds! Je pousse des soupirs qui ne sont point entendus! mes larmes coulent, et tu n'en jouis pas! il semble que l'amour respire dans le sérail, et ton insensibilité t'en éloigne sans cesse! Ah! mon cher Usbek, si tu savois être heureux!

<div style="text-align:center">Du sérail de Fatmé, le 21 de la lune de Maharram 1711.</div>

LETTRE IV.

ZÉPHIS A USBEK.

A Erzeron.

Enfin ce monstre noir a résolu de me désespérer. Il veut à toute force m'ôter mon esclave Zélide, Zélide qui me sert avec tant d'affection, et dont les adroites mains portent partout les ornements

et les graces. Il ne lui suffit pas que cette séparation soit douloureuse, il veut encore qu'elle soit déshonorante. Le traître veut regarder comme criminels les motifs de ma confiance; et parce qu'il s'ennuie derrière la porte où je le renvoie toujours, il ose supposer qu'il a entendu ou vu des choses que je ne sais pas même imaginer. Je suis bien malheureuse! ma retraite ni ma vertu ne sauroient me mettre à l'abri de ses soupçons extravagants: un vil esclave vient m'attaquer jusque dans ton cœur, et il faut que je m'y défende! Non, j'ai trop de respect pour moi-même pour descendre jusqu'à des justifications: je ne veux d'autre garant de ma conduite que toi-même, que ton amour, que le mien, et s'il faut te le dire, cher Usbek, que mes larmes.

Du sérail de Fatmé, le 27 de la lune de Maharram 1711.

LETTRE V.

RUSTAN A USBEK.

A Erzeron.

Tu es le sujet de toutes les conversations d'Ispahan; on ne parle que de ton départ. Les uns l'attribuent à une légèreté d'esprit, les autres à quelque chagrin: tes amis seuls te défendent, et

ils ne persuadent personne. On ne peut comprendre que tu puisses quitter tes femmes, tes parents, tes amis, ta patrie, pour aller dans des climats inconnus aux Persans. La mère de Rica est inconsolable; elle te demande son fils que tu lui as, dit-elle, enlevé. Pour moi, mon cher Usbek, je me sens naturellement porté à approuver tout ce que tu fais : mais je ne saurois te pardonner ton absence, et, quelques raisons que tu m'en puisses donner, mon cœur ne les goûtera jamais. Adieu. Aime-moi toujours.

<div style="text-align:center">D'Ispahan, le 28 de la lune de Rebiab, 1, 1711.</div>

LETTRE VI.

USBEK A SON AMI NESSIR.

A Ispahan.

A une journée d'Erivan, nous quittâmes la Perse pour entrer dans les terres de l'obéissance des Turcs. Douze jours après, nous arrivâmes à Erzeron, où nous séjournerons trois ou quatre mois.

Il faut que je te l'avoue, Nessir; j'ai senti une douleur secrète quand j'ai perdu la Perse de vue, et que je me suis trouvé au milieu des perfides Osmanlins. A mesure que j'entrois dans les pays de ces profanes, il me sembloit que je devenois profane moi-même.

Ma patrie, ma famille, mes amis, se sont présentés à mon esprit; ma tendresse s'est réveillée; une certaine inquiétude a achevé de me troubler, et m'a fait connoître que, pour mon repos, j'avois trop entrepris.

Mais ce qui afflige le plus mon cœur, ce sont mes femmes. Je ne puis penser à elles que je ne sois dévoré de chagrins.

Ce n'est pas, Nessir, que je les aime; je me trouve à cet égard dans une insensibilité qui ne me laisse point de désirs. Dans le nombreux sérail où j'ai vécu, j'ai prévenu l'amour et l'ai détruit par lui-même; mais de la froideur même il sort une jalousie secrète qui me dévore. Je vois une troupe de femmes laissées presque à elles-mêmes; je n'ai que des ames lâches qui m'en répondent. J'aurois peine à être en sûreté si mes esclaves étoient fidèles: que sera-ce s'ils ne le sont pas! Quelles tristes nouvelles peuvent m'en venir dans les pays éloignés que je vais parcourir! C'est un mal où mes amis ne peuvent porter de remède; c'est un lieu dont ils doivent ignorer les tristes secrets: et qu'y pourroient-ils faire? N'aimerois-je pas mille fois mieux une obscure impunité qu'une correction éclatante? Je dépose en ton cœur tous mes chagrins, mon cher Nessir; c'est la seule consolation qui me reste dans l'état où je suis.

D'Erzeron, le 10 de la lune de Rebiab, 2, 1711.

LETTRE VII.

FATMÉ A USBEK.

A Erzeron.

Il y a deux mois que tu es parti, mon cher Usbek, et, dans l'abattement où je suis, je ne puis pas me le persuader encore. Je cours tout le sérail comme si tu y étois; je ne suis point désabusée. Que veux-tu que devienne une femme qui t'aime, qui étoit accoutumée à te tenir dans ses bras, qui n'étoit occupée que du soin de te donner des preuves de sa tendresse, libre par l'avantage de sa naissance, esclave par la violence de son amour?

Quand je t'épousai, mes yeux n'avoient pas encore vu le visage d'un homme: tu es le seul encore dont la vue m'ait été permise [1]; car je ne mets pas au rang des hommes ces eunuques affreux dont la moindre imperfection est de n'être point hommes. Quand je compare la beauté de ton visage avec la difformité du leur, je ne puis m'empêcher de m'estimer heureuse. Mon imagination ne me fournit point d'idée plus ravissante que les charmes enchanteurs de ta personne. Je te le jure, Usbek;

[1] Les femmes persanes sont beaucoup plus étroitement gardées que les femmes turques et les femmes indiennes.

quand il me seroit permis de sortir de ce lieu où je suis enfermée par la nécessité de ma condition; quand je pourrois me dérober à la garde qui m'environne; quand il me seroit permis de choisir parmi tous les hommes qui vivent dans cette capitale des nations, Usbek, je te le jure, je ne choisirois que toi. Il ne peut y avoir que toi dans le monde qui mérites d'être aimé.

Ne pense pas que ton absence m'ait fait négliger une beauté qui t'est chère. Quoique je ne doive être vue de personne, et que les ornements dont je me pare soient inutiles à ton bonheur, je cherche cependant à m'entretenir dans l'habitude de plaire : je ne me couche point que je ne me sois parfumée des essences les plus délicieuses. Je me rappelle ce temps heureux où tu venois dans mes bras; un songe flatteur qui me séduit me montre ce cher objet de mon amour; mon imagination se perd dans ses désirs comme elle se flatte dans ses espérances. Je pense quelquefois que, dégoûté d'un pénible voyage, tu vas revenir à nous : la nuit se passe dans des songes qui n'appartiennent ni à la veille ni au sommeil : je te cherche à mes côtés, et il me semble que tu me fuis : enfin le feu qui me dévore dissipe lui-même ces enchantements et rappelle mes esprits. Je me trouve pour lors si animée..... Tu ne le croirois pas, Usbek; il est impossible de vivre dans cet

état ; le feu coule dans mes veines. Que ne puis-je t'exprimer ce que je sens si bien! et comment sens-je si bien ce que je ne puis t'exprimer? Dans ces moments, Usbek, je donnerois l'empire du monde pour un seul de tes baisers. Qu'une femme est malheureuse d'avoir des désirs si violents lorsqu'elle est privée de celui qui peut seul les satisfaire ; que, livrée à elle-même, n'ayant rien qui puisse la distraire, il faut qu'elle vive dans l'habitude des soupirs et dans la fureur d'une passion irritée ; que, bien loin d'être heureuse, elle n'a pas même l'avantage de servir à la félicité d'un autre! ornement inutile d'un sérail! gardée pour l'honneur et non pas pour le bonheur de son époux!

Vous êtes bien cruels, vous autres hommes! Vous êtes charmés que nous ayons des passions que nous ne puissions pas satisfaire : vous nous traitez comme si nous étions insensibles, et vous seriez bien fâchés que nous le fussions : vous croyez que nos désirs, si long temps mortifiés, seront irrités à votre vue. Il y a de la peine à se faire aimer ; il est plus court d'obtenir du désespoir de nos sens ce que vous n'osez attendre de votre mérite.

Adieu, mon cher Usbek, adieu. Compte que je ne vis que pour t'adorer : mon ame est toute pleine de toi ; et ton absence, bien loin de te faire oublier,

animeroit mon amour s'il pouvoit devenir plus violent.

<div style="text-align:right;">Du sérail d'Ispahan, le 12 de la lune de Rebiab, 1, 1711.</div>

LETTRE VIII.

USBEK A SON AMI RUSTAN.

A Ispahan.

Ta lettre m'a été rendue à Erzeron, où je suis. Je m'étois bien douté que mon départ feroit du bruit; je ne m'en suis pas mis en peine. Que veux-tu que je suive? la prudence de mes ennemis, ou la mienne?

Je parus à la cour dès ma plus tendre jeunesse : je le puis dire, mon cœur ne s'y corrompit point ; je formai même un grand dessein, j'osai y être vertueux. Dès que je connus le vice, je m'en éloignai, mais je m'en approchai ensuite pour le démasquer. Je portai la vérité jusques aux pieds du trône; j'y parlai un langage jusqu'alors inconnu; je déconcertai la flatterie, et j'étonnai en même temps les adorateurs et l'idole.

Mais quand je vis que ma sincérité m'avoit fait des ennemis; que je m'étois attiré la jalousie des ministres sans avoir la faveur du prince; que, dans une cour corrompue, je ne me soutenois

plus que par une foible vertu, je résolus de la quitter. Je feignis un grand attachement pour les sciences ; et à force de le feindre, il me vint réellement. Je ne me mêlai plus d'aucunes affaires, et je me retirai dans une maison de campagne. Mais ce parti même avoit ses inconvénients. Je restois exposé à la malice de mes ennemis, et je m'étois presque ôté les moyens de m'en garantir. Quelques avis secrets me firent penser à moi sérieusement : je résolus de m'exiler de ma patrie ; et ma retraite même de la cour m'en fournit un prétexte plausible. J'allai au roi ; je lui marquai l'envie que j'avois de m'instruire dans les sciences de l'Occident ; je lui insinuai qu'il pourroit tirer de l'utilité de mes voyages. Je trouvai grace devant ses yeux : je partis, et je dérobai une victime à mes ennemis.

Voilà, Rustan, le véritable motif de mon voyage. Laisse parler Ispahan ; ne me défends que devant ceux qui m'aiment. Laisse à mes ennemis leurs interprétations malignes ; je suis trop heureux que ce soit le seul mal qu'ils me puissent faire.

On parle de moi à présent : peut-être ne serai-je que trop oublié, et que mes amis... Non, Rustan, je ne veux point me livrer à cette triste pensée : je leur serai toujours cher ; je compte sur leur fidélité comme sur la tienne.

D'Erzeron, le 20 de la lune de Gemmadi, 2, 1711.

LETTRE IX.

LE PREMIER EUNUQUE A IBBI.

A Erzeron.

Tu suis ton ancien maître dans ses voyages; tu parcours les provinces et les royaumes; les chagrins ne sauroient faire d'impression sur toi; chaque instant te montre des choses nouvelles; tout ce que tu vois te récrée et te fait passer le temps sans le sentir.

Il n'en est pas de même de moi, qui, enfermé dans une affreuse prison, suis toujours environné des mêmes objets et dévoré des mêmes chagrins. Je gémis accablé sous le poids des soins et des inquiétudes de cinquante années; et, dans le cours d'une longue vie, je ne puis pas dire avoir eu un jour serein et un moment tranquille.

Lorsque mon premier maître eut formé le cruel projet de me confier ses femmes, et m'eut obligé, par des séductions soutenues de mille menaces, de me séparer pour jamais de moi-même, las de servir dans les emplois les plus pénibles, je comptai sacrifier mes passions à mon repos et à ma fortune. Malheureux que j'étois! mon esprit préoccupé me faisoit voir le dédommagement, et

non pas la perte; j'espérois que je serois délivré des atteintes de l'amour par l'impuissance de le satisfaire. Hélas! on éteignit en moi l'effet des passions, sans en éteindre la cause; et, bien loin d'en être soulagé, je me trouvai environné d'objets qui les irritoient sans cesse. J'entrai dans le sérail, où tout m'inspiroit le regret de ce que j'avois perdu; je me sentois animé à chaque instant; mille graces naturelles sembloient ne se découvrir à ma vue que pour me désoler : pour comble de malheur, j'avois toujours devant les yeux un homme heureux. Dans ce temps de trouble, je n'ai jamais conduit une femme dans le lit de mon maître, je ne l'ai jamais déshabillée, que je ne sois rentré chez moi la rage dans le cœur, et un affreux désespoir dans l'ame.

Voilà comme j'ai passé ma misérable jeunesse. Je n'avois de confident que moi-même : chargé d'ennuis et de chagrins, il me les falloit dévorer. Et ces mêmes femmes que j'étois tenté de regarder avec des yeux si tendres, je ne les envisageois qu'avec des regards sévères : j'étois perdu si elles m'avoient pénétré : quel avantage n'en auroient-elles pas pris!

Je me souviens qu'un jour que je mettois une femme dans le bain, je me sentis si transporté que je perdis entièrement la raison, et que j'osai porter ma main dans un lieu redoutable. Je crus,

à la première réflexion, que ce jour étoit le dernier de mes jours; je fus pourtant assez heureux pour échapper à mille morts : mais la beauté que j'avois faite confidente de ma foiblesse me vendit bien cher son silence : je perdis entièrement mon autorité sur elle; et elle m'a obligé depuis à des condescendances qui m'ont exposé mille fois à perdre la vie.

Enfin les feux de la jeunesse ont passé; je suis vieux, et je me trouve à cet égard dans un état tranquille. Je regarde les femmes avec indifférence, et je leur rends bien tous leurs mépris et tous les tourments qu'elles m'ont fait souffrir. Je me souviens toujours que j'étois né pour les commander; et il me semble que je redeviens homme dans les occasions où je leur commande encore. Je les hais depuis que je les envisage de sang froid, et que ma raison me laisse voir toutes leurs foiblesses. Quoique je les garde pour un autre, le plaisir de me faire obéir me donne une joie secrète : quand je les prive de tout, il me semble que c'est pour moi, et il m'en revient toujours une satisfaction indirecte : je me trouve dans le sérail comme dans un petit empire; et mon ambition, la seule passion qui me reste, se satisfait un peu. Je vois avec plaisir que tout roule sur moi, et qu'à tous les instants je suis nécessaire : je me charge volontiers de la haine de toutes ces femmes, qui m'affermit dans le poste où je suis. Aussi n'ont-elles pas affaire à un ingrat;

elles me trouvent au devant de tous leurs plaisirs les plus innocents : je me présente toujours à elles comme une barrière inébranlable : elles forment des projets, et je les arrête soudain : je m'arme de refus ; je me hérisse de scrupules ; je n'ai jamais dans la bouche que les mots de devoir, de vertu, de pudeur, de modestie. Je les désespère en leur parlant sans cesse de la foiblesse de leur sexe et de l'autorité du maître : je me plains ensuite d'être obligé à tant de sévérité, et je semble vouloir leur faire entendre que je n'ai d'autre motif que leur propre intérêt, et un grand attachement pour elles.

Ce n'est pas qu'à mon tour je n'aie un nombre infini de désagréments, et que tous les jours ces femmes vindicatives ne cherchent à renchérir sur ceux que je leur donne. Elles ont des revers terribles. Il y a entre nous comme un flux et un reflux d'empire et de soumission : elles font toujours tomber sur moi les emplois les plus humiliants : elles affectent un mépris qui n'a point d'exemple ; et, sans égard pour ma vieillesse, elles me font lever la nuit dix fois pour la moindre bagatelle : je suis accablé sans cesse d'ordres, de commandements, d'emplois, de caprices : il semble qu'elles se relaient pour m'exercer, et que leurs fantaisies se succèdent. Souvent elles se plaisent à me faire redoubler de soins ; elles me font faire de fausses confidences : tantôt on vient me dire qu'il a paru un jeune homme autour

de ces murs; une autre fois, qu'on a entendu du bruit, ou bien qu'on doit rendre une lettre. Tout ceci me trouble; et elles rient de ce trouble, elles sont charmées de me voir ainsi me tourmenter moi-même. Une autre fois elles m'attachent derrière leur porte, et m'y enchaînent nuit et jour. Elles savent bien feindre des maladies, des défaillances, des frayeurs : elles ne manquent pas de prétextes pour me mener au point où elles veulent. Il faut dans ces occasions une obéissance aveugle et une complaisance sans bornes : un refus dans la bouche d'un homme comme moi seroit une chose inouïe; et si je balançois à leur obéir, elles seroient en droit de me châtier. J'aimerois autant perdre la vie, mon cher Ibbi, que de descendre à cette humiliation.

Ce n'est pas tout : je ne suis jamais sûr d'être un instant dans la faveur de mon maître : j'ai autant d'ennemis dans son cœur qui ne songent qu'à me perdre : elles ont des quarts d'heure où je ne suis point écouté, des quarts d'heure où l'on ne refuse rien, des quarts d'heure où j'ai toujours tort. Je mène dans le lit de mon maître des femmes irritées: crois-tu que l'on y travaille pour moi, et que mon parti soit le plus fort? J'ai tout à craindre de leurs larmes, de leurs soupirs, de leurs embrassements et de leurs plaisirs même : elles sont dans le lieu de leurs triomphes : leurs charmes me deviennent terribles; les services présents effacent dans un

moment tous mes services passés; rien ne peut me répondre d'un maître qui n'est plus à lui-même.

Combien de fois m'est-il arrivé de me coucher dans la faveur et de me lever dans la disgrace! Le jour que je fus fouetté si indignement autour du sérail, qu'avois-je fait? Je laissai une femme dans les bras de mon maître; dès qu'elle le vit enflammé, elle versa un torrent de larmes; elle se plaignit, et ménagea si bien ses plaintes qu'elles augmentoient à mesure de l'amour qu'elle faisoit naître. Comment aurois-je pu me soutenir dans un moment si critique? Je fus perdu lorsque je m'y attendois le moins; je fus la victime d'une négociation amoureuse, et d'un traité que les soupirs avoient fait. Voilà, cher Ibbi, l'état cruel dans lequel j'ai toujours vécu.

Que tu es heureux! tes soins se bornent uniquement à la personne d'Usbek; il t'est facile de lui plaire et de te maintenir dans sa faveur jusqu'au dernier de tes jours.

<div style="text-align:center">Du sérail d'Ispahan, le dernier de la lune de Saphar 1711.</div>

LETTRE X.

MIRZA A SON AMI USBEK.

A Erzeron.

Tu étois le seul qui pût me dédommager de l'absence de Rica, et il n'y avoit que Rica qui pût me consoler de la tienne. Tu nous manques, Usbek; tu étois l'ame de notre société. Qu'il faut de violence pour rompre les engagements que le cœur et l'esprit ont formés !

Nous disputons ici beaucoup : nos disputes roulent ordinairement sur la morale. Hier on mit en question si les hommes étoient heureux par les plaisirs et les satisfactions des sens, ou par la pratique de la vertu. Je t'ai souvent ouï dire que les hommes étoient nés pour être vertueux, et que la justice est une qualité qui leur est aussi propre que l'existence. Explique-moi, je te prie, ce que tu veux dire.

J'ai parlé à des mollaks, qui me désespèrent avec leurs passages de l'Alcoran; car je ne leur parle pas comme vrai croyant, mais comme homme, comme citoyen, comme père de famille. Adieu.

<p style="text-align:center;">D'Ispahan, le dernier de la lune de Saphar, 1711.</p>

LETTRE XI.

USBEK A MIRZA.

A Ispahan.

Tu renonces à ta raison pour essayer la mienne : tu descends jusqu'à me consulter; tu me crois capable de t'instruire. Mon cher Mirza, il y a une chose qui me flatte encore plus que la bonne opinion que tu as conçue de moi; c'est ton amitié qui me la procure.

Pour remplir ce que tu me prescris, je n'ai pas cru devoir employer des raisonnements fort abstraits. Il y a de certaines vérités qu'il ne suffit pas de persuader, mais qu'il faut encore faire sentir : telles sont les vérités de morale. Peut-être que ce morceau d'histoire te touchera plus qu'une philosophie subtile.

Il y avoit en Arabie un petit peuple appelé Troglodyte, qui descendoit de ces anciens Troglodytes qui, si nous en croyons les historiens, ressembloient plus à des bêtes qu'à des hommes. Ceux-ci n'étoient point si contrefaits, ils n'étoient point velus comme des ours, ils ne siffloient point, ils avoient deux yeux; mais ils étoient si méchants et si féroces qu'il n'y avoit parmi eux aucun principe d'équité ni de justice.

Ils avoient un roi d'une origine étrangère, qui, voulant corriger la méchanceté de leur naturel, les traitoit sévèrement : mais ils conjurèrent contre lui, le tuèrent, et exterminèrent toute la famille royale.

Le coup étant fait, ils s'assemblèrent pour choisir un gouvernement; et, après bien des dissensions, ils créèrent des magistrats. Mais à peine les eurent-ils élus qu'ils leur devinrent insupportables, et ils les massacrèrent encore.

Ce peuple, libre de ce nouveau joug, ne consulta plus que son naturel sauvage. Tous les particuliers convinrent qu'ils n'obéiroient plus à personne, que chacun veilleroit uniquement à ses intérêts, sans consulter ceux des autres.

Cette résolution unanime flattoit extrêmement tous les particuliers. Ils disoient : Qu'ai-je affaire d'aller me tuer à travailler pour des gens dont je ne me soucie point? Je penserai uniquement à moi; je vivrai heureux : que m'importe que les autres le soient? Je me procurerai tous mes besoins; et, pourvu que je les aie, je ne me soucie point que tous les autres Troglodytes soient misérables.

On étoit dans le mois où l'on ensemence les terres; chacun dit : Je ne labourerai mon champ que pour qu'il me fournisse le blé qu'il me faut pour me nourrir; une plus grande quantité me

seroit inutile : je ne prendrai point de la peine pour rien.

Les terres de ce petit royaume n'étoient pas de même nature : il y en avoit d'arides et de montagneuses ; et d'autres qui, dans un terrain bas, étoient arrosées de plusieurs ruisseaux. Cette année, la sécheresse fut très grande ; de manière que les terres qui étoient dans les lieux élevés manquèrent absolument, tandis que celles qui purent être arrosées furent très fertiles : ainsi les peuples des montagnes périrent presque tous de faim par la dureté des autres, qui leur refusèrent de partager la récolte.

L'année d'ensuite fut très pluvieuse ; les lieux élevés se trouvèrent d'une fertilité extraordinaire, et les terres basses furent submergées. La moitié du peuple cria une seconde fois famine ; mais ces misérables trouvèrent des gens aussi durs qu'ils l'avoient été eux-mêmes.

Un des principaux habitants avoit une femme fort belle ; son voisin en devint amoureux et l'enleva : il s'émut une grande querelle ; et après bien des injures et des coups, ils convinrent de s'en remettre à la décision d'un Troglodyte qui pendant que la république subsistoit avoit eu quelque crédit. Ils allèrent à lui et voulurent lui dire leurs raisons. Que m'importe, dit cet homme, que cette femme soit à vous, ou à vous ? j'ai mon champ à

labourer; je n'irai peut-être pas employer mon temps à terminer vos différents, et à travailler à vos affaires, tandis que je négligerai les miennes. Je vous prie de me laisser en repos et de ne m'importuner plus de vos querelles. Là dessus il les quitta, et s'en alla travailler sa terre. Le ravisseur, qui étoit le plus fort, jura qu'il mourroit plutôt que de rendre cette femme; et l'autre, pénétré de l'injustice de son voisin et de la dureté du juge, s'en retournoit désespéré, lorsqu'il trouva dans son chemin une femme jeune et belle qui revenoit de la fontaine. Il n'avoit plus de femme; celle-là lui plut: elle lui plut bien davantage lorsqu'il apprit que c'étoit la femme de celui qu'il avoit voulu prendre pour juge et qui avoit été si peu sensible à son malheur. Il l'enleva, et l'emmena dans sa maison.

Il y avoit un homme qui possédoit un champ assez fertile qu'il cultivoit avec grand soin: deux de ses voisins s'unirent ensemble, le chassèrent de sa maison, occupèrent son champ: ils firent entre eux une union pour se défendre contre tous ceux qui voudroient l'usurper; et effectivement ils se soutinrent par là pendant plusieurs mois. Mais un des deux, ennuyé de partager ce qu'il pouvoit avoir tout seul, tua l'autre, et devint seul maître du champ. Son empire ne fut pas long: deux autres Troglodytes vinrent l'attaquer; il

se trouva trop foible pour se défendre, et il fut massacré.

Un Troglodyte presque tout nu vit de la laine qui étoit à vendre; il en demanda le prix. Le marchand dit en lui-même : Naturellement je ne devrois espérer de ma laine qu'autant d'argent qu'il en faut pour acheter deux mesures de blé, mais je la vais vendre quatre fois davantage, afin d'avoir huit mesures. Il fallut en passer par là et payer le prix demandé. Je suis bien aise, dit le marchand; j'aurai du blé à présent. Que dites-vous? reprit l'acheteur : vous avez besoin de blé? j'en ai à vendre : il n'y a que le prix qui vous étonnera peut-être, car vous saurez que le blé est extrêmement cher et que la famine règne presque partout; mais rendez-moi mon argent, et je vous donnerai une mesure de blé, car je ne veux pas m'en défaire autrement, dussiez-vous crever de faim.

Cependant une maladie cruelle ravageoit la contrée. Un médecin habile y arriva du pays voisin, et donna ses remèdes si à propos qu'il guérit tous ceux qui se mirent dans ses mains. Quand la maladie eut cessé, il alla chez tous ceux qu'il avoit traités demander son salaire; mais il ne trouva que des refus : il retourna dans son pays, et il y arriva accablé des fatigues d'un si long voyage. Mais bientôt après il apprit que la même maladie se

faisoit sentir de nouveau, et affligeoit plus que jamais cette terre ingrate. Ils allèrent à lui cette fois, et n'attendirent pas qu'il vînt chez eux. Allez, leur dit-il, hommes injustes, vous avez dans l'ame un poison plus mortel que celui dont vous voulez guérir; vous ne méritez pas d'occuper une place sur la terre, parce que vous n'avez point d'humanité, et que les règles de l'équité vous sont inconnues : je croirois offenser les dieux qui vous punissent, si je m'opposois à la justice de leur colère.

<p style="text-align:center">D'Erzeron, le 3 de la lune de Gemmadi, 2, 1711.</p>

LETTRE XII.

USBEK A MIRZA.

<p style="text-align:center">A Ispahan.</p>

Tu as vu, mon cher Mirza, comment les Troglodytes périrent par leur méchanceté même, et furent les victimes de leurs propres injustices. De tant de familles il n'en resta que deux qui échappèrent aux malheurs de la nation. Il y avoit dans ce pays deux hommes bien singuliers : ils avoient de l'humanité, ils connoissoient la justice, ils aimoient la vertu ; autant liés par la droiture de leur cœur que par la corruption de celui des autres, ils voyoient la désolation générale, et ne la ressen-

toient que par la pitié : c'étoit le motif d'une union nouvelle. Ils travailloient avec une sollicitude commune pour l'intérêt commun ; ils n'avoient de différents que ceux qu'une douce et tendre amitié faisoit naître ; et, dans l'endroit du pays le plus écarté, séparés de leurs compatriotes indignes de leur présence, ils menoient une vie heureuse et tranquille : la terre sembloit produire d'elle-même, cultivée par ces vertueuses mains.

Ils aimoient leurs femmes et ils en étoient tendrement chéris. Toute leur attention étoit d'élever leurs enfants à la vertu. Ils leur représentoient sans cesse les malheurs de leurs compatriotes, et leur mettoient devant les yeux cet exemple si triste : ils leur faisoient surtout sentir que l'intérêt des particuliers se trouve toujours dans l'intérêt commun ; que vouloir s'en séparer c'est vouloir se perdre ; que la vertu n'est point une chose qui doive nous coûter, qu'il ne faut point la regarder comme un exercice pénible ; et que la justice pour autrui est une charité pour nous.

Ils eurent bientôt la consolation des pères vertueux, qui est d'avoir des enfants qui leur ressemblent. Le jeune peuple qui s'éleva sous leurs yeux s'accrut par d'heureux mariages : le nombre augmenta, l'union fut toujours la même ; et la vertu, bien loin de s'affoiblir dans la multitude,

fut fortifiée au contraire par un plus grand nombre d'exemples.

Qui pourroit représenter ici le bonheur de ces Troglodytes? Un peuple si juste devoit être chéri des dieux. Dès qu'il ouvrit les yeux pour les connoître, il apprit à les craindre; et la religion vint adoucir dans les mœurs ce que la nature y avoit laissé de trop rude.

Ils instituèrent des fêtes en l'honneur des dieux. Les jeunes filles, ornées de fleurs, et les jeunes garçons, les célébroient par leurs danses et par les accords d'une musique champêtre; on faisoit ensuite des festins où la joie ne régnoit pas moins que la frugalité. C'étoit dans ces assemblées que parloit la nature naïve; c'est là qu'on apprenoit à donner le cœur et à le recevoir; c'est là que la pudeur virginale faisoit en rougissant un aveu surpris, mais bientôt confirmé par le consentement des pères; et c'est là que les tendres mères se plaisoient à prévoir de loin une union douce et fidèle.

On alloit au temple pour demander les faveurs des dieux. Ce n'étoit pas les richesses et une onéreuse abondance; de pareils souhaits étoient indignes des heureux Troglodytes; ils ne savoient les désirer que pour leurs compatriotes : ils n'étoient aux pieds des autels que pour demander la santé de leurs pères, l'union de leurs frères, la tendresse de leurs femmes, l'amour et l'obéissance de leurs

enfants. Les filles y venoient apporter le tendre sacrifice de leur cœur, et ne leur demandoient d'autre grace que celle de pouvoir rendre un Troglodyte heureux.

 Le soir, lorsque les troupeaux quittoient les prairies et que les bœufs fatigués avoient ramené la charrue, ils s'assembloient; et, dans un repas frugal, ils chantoient les injustices des premiers Troglodytes et leurs malheurs; la vertu renaissant avec un nouveau peuple, et sa félicité: ils célébroient les grandeurs des dieux, leurs faveurs toujours présentes aux hommes qui les implorent, et leur colère inévitable à ceux qui ne les craignent pas: ils décrivoient ensuite les délices de la vie champêtre et le bonheur d'une condition toujours parée de l'innocence. Bientôt ils s'abandonnoient à un sommeil que les soins et les chagrins n'interrompoient jamais.

 La nature ne fournissoit pas moins à leurs désirs qu'à leurs besoins. Dans ce pays heureux la cupidité étoit étrangère: ils se faisoient des présents, où celui qui donnoit croyoit toujours avoir l'avantage. Le peuple troglodyte se regardoit comme une seule famille: les troupeaux étoient presque toujours confondus; la seule peine qu'on s'épargnoit ordinairement c'étoit de les partager.

<p align="center">D'Erzeron, le 6 de la lune de Gemmadi, 2, 1711.</p>

LETTRE XIII.

USBEK A MIRZA.

Je ne saurois assez te parler de la vertu des Troglodytes. Un d'eux disoit un jour : Mon père doit demain labourer son champ : je me lèverai deux heures avant lui; et quand il ira à son champ, il le trouvera tout labouré.

Un autre disoit en lui-même : Il me semble que ma sœur a du goût pour un jeune Troglodyte de nos parents; il faut que je parle à mon père, et que je le détermine à faire ce mariage.

On vint dire à un autre que des voleurs avoient enlevé son troupeau : J'en suis bien fâché, dit-il, car il y avoit une génisse toute blanche que je voulois offrir aux dieux.

On entendoit dire à un autre : Il faut que j'aille au temple remercier les dieux, car mon frère que mon père aime tant et que je chéris si fort a recouvré la santé;

Ou bien : Il y a un champ qui touche celui de mon père, et ceux qui le cultivent sont tous les jours exposés aux ardeurs du soleil; il faut que j'aille y planter deux arbres, afin que ces pauvres gens puissent aller quelquefois se reposer sous leur ombre.

Un jour que plusieurs Troglodytes étoient assemblés, un vieillard parla d'un jeune homme qu'il soupçonnoit avoir commis une mauvaise action, et lui en fit des reproches. Nous ne croyons pas qu'il ait commis ce crime, dirent les jeunes Troglodytes, mais, s'il l'a fait, puisse-t-il mourir le dernier de sa famille!

On vint dire à un Troglodyte que des étrangers avoient pillé sa maison et avoient tout emporté. S'ils n'étoient pas injustes, répondit-il, je souhaiterois que les dieux leur en donnassent un plus long usage qu'à moi.

Tant de prospérités ne furent pas regardées sans envie : les peuples voisins s'assemblèrent, et, sous un vain prétexte, ils résolurent d'enlever leurs troupeaux. Dès que cette résolution fut connue, les Troglodytes envoyèrent au devant d'eux des ambassadeurs qui leur parlèrent ainsi :

Que vous ont fait les Troglodytes? Ont-ils enlevé vos femmes, dérobé vos bestiaux, ravagé vos campagnes? non; nous sommes justes, et nous craignons les dieux. Que demandez-vous donc de nous? Voulez-vous de la laine pour vous faire des habits? Voulez-vous du lait de nos troupeaux, ou des fruits de nos terres? Mettez bas les armes, venez au milieu de nous, et nous vous donnerons de tout cela. Mais nous jurons par ce qu'il y a de plus sacré que, si vous entrez dans nos terres comme enne-

mis, nous vous regarderons comme un peuple injuste, et que nous vous traiterons comme des bêtes farouches.

Ces paroles furent renvoyées avec mépris.

Ces peuples sauvages entrèrent armés dans la terre des Troglodytes, qu'ils ne croyoient défendus que par leur innocence. Mais ils étoient bien disposés à la défense; ils avoient mis leurs femmes et leurs enfants au milieu d'eux. Ils furent étonnés de l'injustice de leurs ennemis, et non pas de leur nombre. Une ardeur nouvelle s'étoit emparée de leur cœur : l'un vouloit mourir pour son père, un autre pour sa femme et ses enfants, celui-ci pour ses frères, celui-là pour ses amis, tous pour le peuple troglodyte : la place de celui qui expiroit étoit d'abord prise par un autre, qui, outre la cause commune, avoit encore une mort particulière à venger.

Tel fut le combat de l'injustice et de la vertu. Ces peuples lâches qui ne cherchoient que le butin n'eurent pas honte de fuir, et ils cédèrent à la vertu des Troglodytes, même sans en être touchés.

<p style="text-align:center">D'Erzeron, le 9 de la lune de Gemmadi, 2, 1711.</p>

LETTRE XIV.

USBEK A MIRZA.

Comme le peuple grossissoit tous les jours, les Troglodytes crurent qu'il étoit à propos de se choisir un roi : ils convinrent qu'il falloit déférer la couronne à celui qui étoit le plus juste; et ils jetèrent tous les yeux sur un vieillard vénérable par son âge et par une longue vertu. Il n'avoit pas voulu se trouver à cette assemblée; il s'étoit retiré dans sa maison, le cœur serré de tristesse.

Lorsqu'on lui envoya des députés pour lui apprendre le choix qu'on avoit fait de lui : A Dieu ne plaise, dit-il, que je fasse ce tort aux Troglodytes, que l'on puisse croire qu'il n'y a personne parmi eux de plus juste que moi ! Vous me déférez la couronne, et, si vous le voulez absolument, il faudra bien que je la prenne; mais comptez que je mourrai de douleur d'avoir vu en naissant les Troglodytes libres, et de les voir aujourd'hui assujettis. A ces mots il se mit à répandre un torrent de larmes. Malheureux jour! disoit-il; et pourquoi ai-je tant vécu ? Puis il s'écria d'une voix sévère : Je vois bien ce que c'est, ô Troglodytes! votre vertu commence à vous peser. Dans l'état où vous êtes, n'ayant point de chef, il faut que vous soyez ver-

tueux malgré vous; sans cela vous ne sauriez subsister, et vous tomberiez dans le malheur de vos premiers pères. Mais ce joug vous paroît trop dur; vous aimez mieux être soumis à un prince et obéir à ses lois moins rigides que vos mœurs. Vous savez que pour lors vous pourrez contenter votre ambition, acquérir des richesses, et languir dans une lâche volupté, et que, pourvu que vous évitiez de tomber dans les grands crimes, vous n'aurez pas besoin de la vertu. Il s'arrêta un moment, et ses larmes coulèrent plus que jamais. Et que prétendez-vous que je fasse? Comment se peut-il que je commande quelque chose à un Troglodyte? Voulez-vous qu'il fasse une action vertueuse parce que je la lui commande, lui qui la feroit tout de même sans moi et par le seul penchant de la nature? O Troglodytes! je suis à la fin de mes jours, mon sang est glacé dans mes veines, je vais bientôt revoir vos sacrés aïeux; pourquoi voulez-vous que je les afflige, et que je sois obligé de leur dire que je vous ai laissés sous un autre joug que celui de la vertu?

D'Erzeron, le 10 de la lune de Gemmadi, 2, 1711.

LETTRE XV.

LE PREMIER EUNUQUE A JARON,
EUNUQUE NOIR.

A Erzeron.

Je prie le ciel qu'il te ramène dans ces lieux, et te dérobe à tous les dangers. Quoique je n'aie guère jamais connu cet engagement qu'on appelle *amitié*, et que je me sois enveloppé tout entier dans moi-même, tu m'as cependant fait sentir que j'avois encore un cœur; et, pendant que j'étois de bronze pour tous ces esclaves qui vivoient sous mes lois, je voyois croître ton enfance avec plaisir.

Le temps vint où mon maître jeta sur toi les yeux. Il s'en falloit bien que la nature eût encore parlé lorsque le fer te sépara de la nature. Je ne te dirai point si je te plaignis, ou si je sentis du plaisir à te voir élevé jusqu'à moi. J'apaisai tes pleurs et tes cris. Je crus te voir prendre une seconde naissance, et sortir d'une servitude où tu devois toujours obéir, pour entrer dans une servitude où tu devois commander. Je pris soin de ton éducation. La sévérité, toujours inséparable des instructions, te fit long-temps ignorer que tu m'étois

cher. Tu me l'étois pourtant; et je te dirai que je t'aimois comme un père aime son fils, si ces noms de père et de fils pouvoient convenir à notre destinée.

Tu vas courir les pays habités par les chrétiens, qui n'ont jamais cru. Il est impossible que tu n'y contractes bien des souillures. Comment le prophète pourroit-il te regarder au milieu de tant de millions de ses ennemis? Je voudrois que mon maître fît à son retour le pèlerinage de la Mecque : vous vous purifieriez tous dans la terre des anges.

<div style="text-align:right">Du sérail d'Ispahan, le 10 de la lune de Gemmadi, 1711.</div>

LETTRE XVI.

USBEK AU MOLLAK MEHEMET ALI,
GARDIEN DES TROIS TOMBEAUX.

A Com.

Pourquoi vis-tu dans les tombeaux, divin mollak? tu es bien plus fait pour le séjour des étoiles. Tu te caches sans doute de peur d'obscurcir le soleil : tu n'as point de taches comme cet astre, mais, comme lui, tu te couvres de nuages.

Ta science est un abîme plus profond que l'Océan : ton esprit est plus perçant que Zufagar, cette épée d'Hali qui avoit deux pointes : tu sais ce

qui se passe dans les neuf chœurs des puissances célestes : tu lis l'Alcoran sur la poitrine de notre divin prophète, et, lorsque tu trouves quelque passage obscur, un ange, par son ordre, déploie ses ailes rapides et descend du trône pour t'en révéler le secret.

Je pourrois, par ton moyen, avoir avec les séraphins une intime correspondance ; car enfin, treizième iman, n'es-tu pas le centre où le ciel et la terre aboutissent, et le point de communication entre l'abîme et l'empyrée ?

Je suis au milieu d'un peuple profane : permets que je me purifie avec toi : souffre que je tourne mon visage vers les lieux sacrés que tu habites : distingue-moi des méchants, comme on distingue au lever de l'aurore le filet blanc d'avec le filet noir : aide-moi de tes conseils : prends soin de mon ame ; enivre-la de l'esprit des prophètes ; nourris-la de la science du paradis, et permets que je mette ses plaies à tes pieds. Adresse tes lettres sacrées à Erzeron, où je resterai quelques mois.

<div style="text-align:right">D'Erzeron, le 11 de la lune de Gemmadi, 2, 1711.</div>

LETTRE XVII.

USBEK AU MOLLAK MEHEMET ALI.

Je ne puis, divin mollak, calmer mon impatience; je ne saurois attendre ta sublime réponse. J'ai des doutes, il faut les fixer : je sens que ma raison s'égare; ramène-la dans le droit chemin; viens m'éclairer, source de lumière; foudroie avec ta plume divine les difficultés que je vais te proposer; fais-moi pitié de moi-même, et rougir de la question que je vais te faire.

D'où vient que notre législateur nous prive de la chair de pourceau et de toutes les viandes qu'il appelle immondes? D'où vient qu'il nous défend de toucher un corps mort, et que, pour purifier notre ame, il nous ordonne de nous laver sans cesse le corps. Il me semble que les choses ne sont en elles-mêmes ni pures ni impures; je ne puis concevoir aucune qualité inhérente au sujet qui puisse les rendre telles. La boue ne nous paroît sale que parce qu'elle blesse notre vue ou quelque autre de nos sens, mais en elle-même elle ne l'est pas plus que l'or et les diamants. L'idée de souillure contractée par l'attouchement d'un cadavre ne nous est venue que d'une certaine répugnance naturelle que nous en avons. Si les

corps de ceux qui ne se lavent point ne blessoient ni l'odorat, ni la vue, comment auroit-on pu s'imaginer qu'ils fussent impurs?

Les sens, divin mollak, doivent donc être les seuls juges de la pureté ou de l'impureté des choses. Mais comme les objets n'affectent point les hommes de la même manière, que ce qui donne une sensation agréable aux uns en produit une dégoûtante chez les autres, il suit que le témoignage des sens ne peut servir ici de règle, à moins qu'on ne dise que chacun peut à sa fantaisie décider de ce point, et distinguer pour ce qui le concerne les choses pures d'avec celles qui ne le sont pas.

Mais cela même, sacré mollak, ne renverseroit-il pas les distinctions établies par notre divin prophète et les points fondamentaux de la loi qui a été écrite de la main des anges?

D'Erzeron, le 20 de la lune de Gemmadi, 2, 1711.

LETTRE XVIII.

MEHEMET ALI, SERVITEUR DES PROPHÈTES,
A USBEK.

A Erzeron.

Vous me faites toujours des questions qu'on a faites mille fois à notre saint prophète. Que ne lisez-vous les traditions des docteurs? Que n'allez-vous à cette source pure de toute intelligence? vous trouveriez tous vos doutes résolus.

Malheureux! qui, toujours embarrassés des choses de la terre, n'avez jamais regardé d'un œil fixe celles du ciel, et qui révérez la condition des mollaks sans oser ni l'embrasser ni la suivre!

Profanes! qui n'entrez jamais dans les secrets de l'Éternel, vos lumières ressemblent aux ténèbres de l'abîme, et les raisonnements de votre esprit sont comme la poussière que vos pieds font élever lorsque le soleil est dans son midi, dans le mois ardent de Chahban.

Aussi le zénith de votre esprit ne va pas au nadir de celui du moindre des immaums[1]. Votre vaine philosophie est cet éclair qui annonce l'orage et l'obscurité : vous êtes au milieu de la tempête, et vous errez au gré des vents.

[1] Ce mot est plus en usage chez les Turcs que chez les Persans.

Il est bien facile de répondre à votre difficulté; il ne faut pour cela que vous raconter ce qui arriva un jour à notre saint prophète, lorsque, tenté par les chrétiens, éprouvé par les Juifs, il confondit également les uns et les autres.

Le juif Abdias Ibesalon[1] lui demanda pourquoi Dieu avoit défendu de manger de la chair de pourceau. Ce n'est pas sans raison, répondit Mahomet; c'est un animal immonde, et je vais vous en convaincre. Il fit sur sa main, avec de la boue, la figure d'un homme; il la jeta à terre, et lui cria : Levez-vous. Sur-le-champ un homme se leva, et dit : Je suis Japhet, fils de Noé. Avois-tu les cheveux aussi blancs quand tu es mort? lui dit le saint prophète. Non, répondit-il : mais, quand tu m'as réveillé, j'ai cru que le jour du jugement étoit venu, et j'ai eu une si grande frayeur que mes cheveux ont blanchi tout à coup.

Or çà, raconte-moi, lui dit l'envoyé de Dieu, toute l'histoire de l'arche de Noé. Japhet obéit, et détailla exactement tout ce qui s'étoit passé les premiers mois; après quoi il parla ainsi :

Nous mîmes les ordures de tous les animaux dans un côté de l'arche; ce qui la fit si fort pencher que nous en eûmes une peur mortelle, surtout nos femmes, qui se lamentoient de la belle manière. Notre père Noé ayant été au conseil de

[1] Tradition mahométane.

Dieu, il lui commanda de prendre l'éléphant, et de lui faire tourner la tête vers le côté qui penchoit. Ce grand animal fit tant d'ordures qu'il en naquit un cochon. Croyez-vous, Usbek, que depuis ce temps-là nous nous en soyons abstenus, et que nous l'ayons regardé comme un animal immonde ?

Mais comme le cochon remuoit tous les jours ces ordures, il s'éleva une telle puanteur dans l'arche qu'il ne put lui-même s'empêcher d'éternuer; et il sortit de son nez un rat qui alloit rongeant tout ce qu'il trouvoit devant lui; ce qui devint si insupportable à Noé qu'il crut qu'il étoit à propos de consulter Dieu encore. Il lui ordonna de donner au lion un grand coup sur le front, qui éternua aussi, et fit sortir de son nez un chat. Croyez-vous que ces animaux soient encore immondes ? Que vous en semble ?

Quand donc vous n'apercevez pas la raison de l'impureté de certaines choses, c'est que vous en ignorez beaucoup d'autres, et que vous n'avez pas la connoissance de ce qui s'est passé entre Dieu, les anges et les hommes. Vous ne savez pas l'histoire de l'éternité, vous n'avez point lu les livres qui sont écrits au ciel; ce qui vous en a été révélé n'est qu'une petite partie de la bibliothèque divine ; et ceux qui, comme nous, en approchent de plus près tandis qu'ils sont en

cette vie, sont encore dans l'obscurité et les ténèbres. Adieu. Mahomet soit dans votre cœur !

<div style="text-align:right">De Com, le dernier de la lune de Chahban, 1711.</div>

LETTRE XIX.

USBEK A SON AMI RUSTAN.

A Ispahan.

Nous n'avons séjourné que huit jours à Tocat : après trente-cinq jours de marche, nous sommes arrivés à Smyrne.

De Tocat à Smyrne on ne trouve pas une seule ville qui mérite qu'on la nomme. J'ai vu avec étonnement la foiblesse de l'empire des Osmanlins. Ce corps malade ne se soutient pas par un régime doux et tempéré, mais par des remèdes violents qui l'épuisent et le minent sans cesse.

Les bachas, qui n'obtiennent leurs emplois qu'à force d'argent, entrent ruinés dans les provinces, et les ravagent comme des pays de conquête. Une milice insolente n'est soumise qu'à ses caprices. Les places sont démantelées, les villes désertes, les campagnes désolées, la culture des terres et le commerce entièrement abandonnés.

L'impunité règne dans ce gouvernement sévère : les chrétiens qui cultivent les terres, les Juifs qui

lèvent les tributs, sont exposés à mille violences.

La propriété des terres est incertaine, et par conséquent l'ardeur de les faire valoir ralentie : il n'y a ni titre ni possession qui vaille contre le caprice de ceux qui gouvernent.

Ces barbares ont tellement abandonné les arts qu'ils ont négligé jusqu'à l'art militaire. Pendant que les nations d'Europe se raffinent tous les jours, ils restent dans leur ancienne ignorance, et ils ne s'avisent de prendre leurs nouvelles inventions qu'après qu'elles s'en sont servies mille fois contre eux.

Ils n'ont aucune expérience sur la mer, point d'habileté dans la manœuvre. On dit qu'une poignée de chrétiens sortis d'un rocher[1] font suer les Ottomans et fatiguent leur empire.

Incapables de faire le commerce, ils souffrent presque avec peine que les Européens, toujours laborieux et entreprenants, viennent le faire : ils croient faire grace à ces étrangers de permettre qu'ils les enrichissent.

Dans toute cette vaste étendue de pays que j'ai traversée, je n'ai trouvé que Smyrne qu'on puisse regarder comme une ville riche et puissante. Ce sont les Européens qui la rendent telle ; et il ne tient pas aux Turcs qu'elle ne ressemble à toutes les autres.

[1] Ce sont apparemment les chevaliers de Malte.

Voilà, cher Rustan, une juste idée de cet empire, qui, avant deux siècles, sera le théâtre des triomphes de quelque conquérant.

De Smyrne, le 2 de la lune de Rahmazan, 1711.

LETTRE XX.

USBEK A ZACHI, SA FEMME.

Au sérail d'Ispahan.

Vous m'avez offensé, Zachi; et je sens dans mon cœur des mouvements que vous devriez craindre si mon éloignement ne vous laissoit le temps de changer de conduite et d'apaiser la violente jalousie dont je suis tourmenté.

J'apprends qu'on vous a trouvée seule avec Nadir, eunuque blanc, qui payera de sa tête son infidélité et sa perfidie. Comment vous êtes-vous oubliée jusqu'à ne pas sentir qu'il ne vous est pas permis de recevoir dans votre chambre un eunuque blanc, tandis que vous en avez de noirs destinés à vous servir? Vous avez beau me dire que des eunuques ne sont pas des hommes, et que votre vertu vous met au dessus des pensées que pourroit faire naître en vous une ressemblance imparfaite, cela ne suffit ni pour vous ni pour moi : pour vous, parce que vous faites une chose que

les lois du sérail vous défendent; pour moi, en ce que vous m'ôtez l'honneur en vous exposant à des regards; que dis-je, à des regards! peut-être aux entreprises d'un perfide, qui vous aura souillée par ses crimes, et plus encore par ses regrets et le désespoir de son impuissance.

Vous me direz peut-être que vous m'avez été toujours fidèle. Eh! pouviez-vous ne l'être pas? Comment auriez-vous trompé la vigilance des eunuques noirs qui sont si surpris de la vie que vous menez? Comment auriez-vous pu briser ces verroux et ces portes qui vous tiennent enfermée? Vous vous vantez d'une vertu qui n'est pas libre; et peut-être que vos désirs impurs vous ont ôté mille fois le mérite et le prix de cette fidélité que vous vantez tant.

Je veux que vous n'ayez point fait tout ce que j'ai lieu de soupçonner; que ce perfide n'ait point porté sur vous ses mains sacriléges; que vous ayez refusé de prodiguer à sa vue les délices de son maître; que, couverte de vos habits, vous ayez laissé cette foible barrière entre lui et vous; que, frappé lui-même d'un saint respect, il ait baissé les yeux; que, manquant à sa hardiesse, il ait tremblé sur les châtiments qu'il se prépare. Quand tout cela seroit vrai, il ne l'est pas moins que vous avez fait une chose qui est contre votre devoir. Et si vous l'avez violé gratuitement sans remplir vos

inclinations déréglées, qu'eussiez-vous fait pour les satisfaire? Que feriez-vous encore si vous pouviez sortir de ce lieu sacré, qui est pour vous une dure prison, comme il est pour vos compagnes un asile favorable contre les atteintes du vice, un temple sacré où votre sexe perd sa foiblesse, et se trouve invincible, malgré tous les désavantages de la nature? Que feriez-vous si, laissée à vous-même, vous n'aviez pour vous défendre que votre amour pour moi, qui est si grièvement offensé, et votre devoir, que vous avez si indignement trahi? Que les mœurs du pays où vous vivez sont saintes, qui vous arrachent aux attentats des plus vils esclaves! Vous devez me rendre grace de la gêne où je vous fais vivre, puisque ce n'est que par là que vous méritez encore de vivre.

Vous ne pouvez souffrir le chef des eunuques, parce qu'il a toujours les yeux sur votre conduite, et qu'il vous donne ses sages conseils. Sa laideur, dites-vous, est si grande que vous ne pouvez le voir sans peine; comme si, dans ces sortes de postes, on mettoit de plus beaux objets. Ce qui vous afflige est de n'avoir pas à sa place l'eunuque blanc qui vous déshonore.

Mais que vous a fait votre première esclave? Elle vous a dit que les familiarités que vous preniez avec la jeune Zélide étoient contre la bienséance: voilà la raison de votre haine.

Je devrois être, Zachi, un juge sévère, je ne suis qu'un époux qui cherche à vous trouver innocente. L'amour que j'ai pour Roxane, ma nouvelle épouse, m'a laissé toute la tendresse que je dois avoir pour vous, qui n'êtes pas moins belle. Je partage mon amour entre vous deux; et Roxane n'a d'autre avantage que celui que la vertu peut ajouter à la beauté.

<div style="text-align:center">De Smyrne, le 12 de la lune de Zilcadé, 1711.</div>

LETTRE XXI.

USBEK AU PREMIER EUNUQUE BLANC.

Vous devez trembler à l'ouverture de cette lettre, ou plutôt vous le deviez lorsque vous souffrîtes la perfidie de Nadir. Vous qui, dans une vieillesse froide et languissante, ne pouvez sans crime lever les yeux sur les redoutables objets de mon amour, vous à qui il n'est jamais permis de mettre un pied sacrilége sur la porte du lieu terrible qui les dérobe à tous les regards, vous souffrez que ceux dont la conduite vous est confiée aient fait ce que vous n'auriez pas la témérité de faire; et vous n'apercevez pas la foudre toute prête à tomber sur eux et sur vous!

Et qui êtes-vous, que de vils instruments que je

puis briser à ma fantaisie, qui n'existez qu'autant que vous savez obéir; qui n'êtes dans le monde que pour vivre sous mes lois, ou pour mourir dès que je l'ordonne, qui ne respirez qu'autant que mon bonheur, mon amour, ma jalousie même, ont besoin de votre bassesse; et enfin qui ne pouvez avoir d'autre partage que la soumission, d'autre ame que mes volontés, d'autre espérance que ma félicité?

Je sais que quelques unes de mes femmes souffrent impatiemment les lois austères du devoir; que la présence continuelle d'un eunuque noir les ennuie; qu'elles sont fatiguées de ces objets affreux qui leur sont donnés pour les ramener à leur époux; je le sais : mais vous qui vous prêtez à ce désordre, vous serez puni d'une manière à faire trembler tous ceux qui abusent de ma confiance.

Je jure par tous les prophètes du ciel, et par Hali, le plus grand de tous, que, si vous vous écartez de votre devoir, je regarderai votre vie comme celle des insectes que je trouve sous mes pieds.

De Smyrne, le 12 de la lune de Zilcadé, 1711.

LETTRE XXII.

JARON AU PREMIER EUNUQUE.

A mesure qu'Usbek s'éloigne du sérail, il tourne sa tête vers ses femmes sacrées; il soupire, il verse des larmes; sa douleur s'aigrit, ses soupçons se fortifient. Il veut augmenter le nombre de leurs gardiens. Il va me renvoyer avec tous les noirs qui l'accompagnent. Il ne craint plus pour lui; il craint pour ce qui lui est mille fois plus cher que lui-même.

Je vais donc vivre sous tes lois et partager tes soins. Grand dieu! qu'il faut de choses pour rendre un seul homme heureux!

La nature sembloit avoir mis les femmes dans la dépendance, et les en avoir retirées : le désordre naissoit entre les deux sexes, parce que leurs droits étoient réciproques. Nous sommes entrés dans le plan d'une nouvelle harmonie : nous avons mis entre les femmes et nous la haine, et entre les hommes et les femmes l'amour.

Mon front va devenir sévère. Je laisserai tomber des regards sombres. La joie fuira de mes lèvres. Le dehors sera tranquille, et l'esprit inquiet. Je n'attendrai point les rides de la vieillesse pour en montrer les chagrins.

J'aurois eu du plaisir à suivre mon maître dans l'occident; mais ma volonté est son bien. Il veut que je garde ses femmes; je les garderai avec fidélité. Je sais comment je dois me conduire avec ce sexe, qui, quand on ne lui permet pas d'être vain, commence à devenir superbe, et qu'il est moins aisé d'humilier que d'anéantir. Je tombe sous tes regards.

<div style="text-align:right">De Smyrne, le 12 de la lune de Zilcadé, 1711.</div>

LETTRE XXIII.

USBEK A SON AMI IBBEN.

A Smyrne

Nous sommes arrivés à Livourne dans quarante jours de navigation. C'est une ville nouvelle; elle est un témoignage du génie des ducs de Toscane, qui ont fait d'un village marécageux la ville d'Italie la plus florissante.

Les femmes y jouissent d'une grande liberté; elles peuvent voir les hommes à travers certaines fenêtres qu'on nomme jalousies; elles peuvent sortir tous les jours avec quelques vieilles qui les accompagnent; elles n'ont qu'un voile [1]. Leurs

[1] Les Persanes en ont quatre.

beaux-frères, leurs oncles, leurs neveux, peuvent les voir sans que le mari s'en formalise presque jamais.

C'est un grand spectacle pour un mahométan de voir pour la première fois une ville chrétienne. Je ne parle pas des choses qui frappent d'abord tous les yeux, comme la différence des édifices, des habits, des principales coutumes : il y a, jusque dans les moindres bagatelles, quelque chose de singulier que je sens et que je ne sais pas dire.

Nous partirons demain pour Marseille : notre séjour n'y sera pas long. Le dessein de Rica et le mien est de nous rendre incessamment à Paris, qui est le siége de l'empire d'Europe. Les voyageurs cherchent toujours les grandes villes, qui sont une espèce de patrie commune à tous les étrangers. Adieu. Sois persuadé que je t'aimerai toujours.

<div style="text-align:center">De Livourne, le 12 de la lune de Saphar, 1712.</div>

LETTRE XXIV.

RICA A IBBEN.

A Smyrne.

Nous sommes à Paris depuis un mois, et nous avons toujours été dans un mouvement continuel. Il faut bien des affaires avant qu'on soit logé, qu'on ait trouvé les gens à qui on est adressé, et qu'on se soit pourvu des choses nécessaires qui manquent toutes à la fois.

Paris est aussi grand qu'Ispahan : les maisons y sont si hautes qu'on jugeroit qu'elles ne sont habitées que par des astrologues. Tu juges bien qu'une ville bâtie en l'air, qui a six ou sept maisons les unes sur les autres, est extrêmement peuplée, et que, quand tout le monde est descendu dans la rue, il s'y fait un bel embarras.

Tu ne le croirois pas, peut-être; depuis un mois que je suis ici je n'y ai encore vu marcher personne. Il n'y a point de gens au monde qui tirent mieux parti de leur machine que les François : ils courent, ils volent. Les voitures lentes d'Asie, le pas réglé de nos chameaux, les feroient tomber en syncope. Pour moi qui ne suis point fait à ce train et qui vais souvent à pied sans changer d'allure, j'enrage quelquefois comme un chrétien; car, encore

passe qu'on m'éclabousse depuis les pieds jusqu'à la tête, mais je ne puis pardonner les coups de coude que je reçois régulièrement et périodiquement. Un homme qui vient après moi et qui me passe me fait faire un demi-tour; et un autre qui me croise de l'autre côté me remet soudain où le premier m'avoit pris; et je n'ai pas fait cent pas que je suis plus brisé que si j'avois fait dix lieues.

Ne crois pas que je puisse, quant à présent, te parler à fond des mœurs et des coutumes européennes; je n'en ai moi-même qu'une légère idée, et je n'ai eu à peine que le temps de m'étonner.

Le roi de France est le plus puissant prince de l'Europe. Il n'a point de mines d'or comme le roi d'Espagne son voisin; mais il a plus de richesses que lui, parce qu'il les tire de la vanité de ses sujets, plus inépuisable que les mines. On lui a vu entreprendre ou soutenir de grandes guerres, n'ayant d'autres fonds que des titres d'honneur à vendre; et, par un prodige de l'orgueil humain, ses troupes se trouvoient payées, ses places munies, et ses flottes équipées.

D'ailleurs ce roi est un grand magicien: il exerce son empire sur l'esprit même de ses sujets; il les fait penser comme il veut. S'il n'a qu'un million d'écus dans son trésor, et qu'il en ait besoin de deux, il n'a qu'à leur persuader qu'un écu en vaut deux, et ils le croient. S'il a une guerre difficile à

soutenir, et qu'il n'ait point d'argent, il n'a qu'à leur mettre dans la tête qu'un morceau de papier est de l'argent, et ils en sont aussitôt convaincus. Il va même jusqu'à leur faire croire qu'il les guérit de toutes sortes de maux en les touchant, tant est grande la force et la puissance qu'il a sur les esprits !

Ce que je dis de ce prince ne doit pas t'étonner. Il y a un autre magicien plus fort que lui, qui n'est pas moins maître de son esprit qu'il l'est lui-même de celui des autres. Ce magicien s'appelle le pape : tantôt il lui fait croire que trois ne sont qu'un ; que le pain qu'on mange n'est pas du pain, ou que le vin qu'on boit n'est pas du vin ; et mille autres choses de cette espèce.

Et pour le tenir toujours en haleine et ne point lui laisser perdre l'habitude de croire, il lui donne de temps en temps pour l'exercer de certains articles de croyance. Il y a deux ans qu'il lui envoya un grand écrit qu'il appela *constitution*, et voulut obliger, sous de grandes peines, ce prince et ses sujets de croire tout ce.qui y étoit contenu. Il réussit à l'égard du prince, qui se soumit aussitôt et donna l'exemple à ses sujets ; mais quelques uns d'entre eux se révoltèrent, et dirent qu'ils ne vouloient rien croire de tout ce qui étoit dans cet écrit. Ce sont les femmes qui ont été les motrices de toute cette révolte qui divise toute la cour, tout le royaume et toutes les familles. Cette constitution

leur défend de lire un livre que tous les chrétiens disent avoir été apporté du ciel : c'est proprement leur Alcoran. Les femmes, indignées de l'outrage fait à leur sexe, soulèvent tout contre la constitution : elles ont mis les hommes de leur parti, qui, dans cette occasion, ne veulent point avoir de privilége. On doit pourtant avouer que ce moufti ne raisonne pas mal; et, par le grand Hali! il faut qu'il ait été instruit des principes de notre sainte loi; car, puisque les femmes sont d'une création inférieure à la nôtre, et que nos prophètes nous disent qu'elles n'entreront point dans le paradis, pourquoi faut-il qu'elles se mêlent de lire un livre qui n'est fait que pour apprendre le chemin du paradis ?

J'ai ouï raconter du roi des choses qui tiennent du prodige; et je ne doute pas que tu ne balances à les croire.

On dit que pendant qu'il faisoit la guerre à ses voisins qui s'étoient tous ligués contre lui, il avoit dans son royaume un nombre innombrable d'ennemis invisibles qui l'entouroient : on ajoute qu'il les a cherchés pendant plus de trente ans, et que, malgré les soins infatigables de certains dervis qui ont sa confiance, il n'en a pu trouver un seul. Ils vivent avec lui; ils sont à sa cour, dans sa capitale, dans ses troupes, dans ses tribunaux; et cependant on dit qu'il aura le chagrin de mourir sans les avoir trouvés. On diroit qu'ils existent en général,

et qu'ils ne sont plus rien en particulier : c'est un corps, mais point de membres. Sans doute que le ciel veut punir ce prince de n'avoir pas été assez modéré envers les ennemis qu'il a vaincus, puisqu'il lui en donne d'invisibles et dont le génie et le destin sont au dessus du sien.

Je continuerai à t'écrire, et je t'apprendrai des choses bien éloignées du caractère et du génie persan. C'est bien la même terre qui nous porte tous deux ; mais les hommes du pays où je vis, et ceux du pays où tu es, sont des hommes bien différents.

<div style="text-align:right">De Paris, le 4 de la lune de Rebiab, 2, 1712.</div>

LETTRE XXV.

USBEK A IBBEN.

A Smyrne.

J'ai reçu une lettre de ton neveu Rhédi : il me mande qu'il quitte Smyrne dans le dessein de voir l'Italie ; que l'unique but de son voyage est de s'instruire, et de se rendre par là plus digne de toi. Je te félicite d'avoir un neveu qui sera quelque jour la consolation de ta vieillesse.

Rica t'écrit une longue lettre : il m'a dit qu'il te parloit beaucoup de ce pays-ci. La vivacité de son esprit fait qu'il saisit tout avec promptitude : pour

moi qui pense plus lentement, je ne suis en état de te rien dire.

Tu es le sujet de nos conversations les plus tendres : nous ne pouvons assez parler du bon accueil que tu nous as fait à Smyrne, et des services que ton amitié nous rend tous les jours. Puisses-tu, généreux Ibben, trouver partout des amis aussi reconnoissants et aussi fidèles que nous!

Puissé-je te revoir bientôt, et retrouver avec toi ces jours heureux qui coulent si doucement entre deux amis. Adieu.

<div style="text-align:center">De Paris, le 4 de la lune de Rebiab, 2, 1712.</div>

LETTRE XXVI.

USBEK A ROXANE.

Au sérail d'Ispahan.

Que vous êtes heureuse, Roxane, d'être dans le doux pays de Perse, et non pas dans ces climats empoisonnés où l'on ne connoît ni la pudeur ni la vertu! Que vous êtes heureuse! Vous vivez dans mon sérail comme dans le séjour de l'innocence, inaccessible aux attentats de tous les humains : vous vous trouvez avec joie dans une heureuse impuissance de faillir : jamais homme ne vous a souillée de ses regards lascifs : votre beau-père

même, dans la liberté des festins, n'a jamais vu votre belle bouche; vous n'avez jamais manqué de vous attacher un bandeau sacré pour la couvrir. Heureuse Roxane! quand vous avez été à la campagne, vous avez toujours eu des eunuques qui ont marché devant vous pour donner la mort à tous les téméraires qui n'ont pas fui votre vue. Moi-même, à qui le ciel vous a donnée pour faire mon bonheur, quelle peine n'ai-je pas eue pour me rendre maître de ce trésor que vous défendiez avec tant de constance! Quel chagrin pour moi dans les premiers jours de notre mariage de ne pas vous voir! et quelle impatience quand je vous eus vue! Vous ne la satisfaisiez pourtant pas ; vous l'irritiez au contraire par les refus obstinés d'une pudeur alarmée : vous me confondiez avec tous ces hommes à qui vous vous cachez sans cesse. Vous souvient-il de ce jour où je vous perdis parmi vos esclaves, qui me trahirent et vous dérobèrent à mes recherches? Vous souvient-il de cet autre où, voyant vos larmes impuissantes, vous employâtes l'autorité de votre mère pour arrêter les fureurs de mon amour? Vous souvient-il, lorsque toutes les ressources vous manquèrent, de celles que vous trouvâtes dans votre courage? vous prîtes un poignard et menaçâtes d'immoler un époux qui vous aimoit, s'il continuoit à exiger de vous ce que vous chérissiez plus que votre époux même.

Deux mois se passèrent dans ce combat de l'amour et de la vertu. Vous poussâtes trop loin vos chastes scrupules : vous ne vous rendîtes pas même après avoir été vaincue : vous défendîtes jusqu'à la dernière extrémité une virginité mourante : vous me regardâtes comme un ennemi qui vous avoit fait un outrage, non pas comme un époux qui vous avoit aimée : vous fûtes plus de trois mois que vous n'osiez me regarder sans rougir : votre air confus sembloit me reprocher l'avantage que j'avois pris. Je n'avois pas même une possession tranquille; vous me dérobiez tout ce que vous pouviez de ces charmes et de ces graces; et j'étois enivré des plus grandes faveurs sans avoir obtenu les moindres.

Si vous aviez été élevée dans ce pays-ci, vous n'auriez pas été si troublée. Les femmes y ont perdu toute retenue : elles se présentent devant les hommes à visage découvert, comme si elles vouloient demander leur défaite; elles les cherchent de leurs regards; elles les voient dans les mosquées, les promenades, chez elles-mêmes; l'usage de se faire servir par des eunuques leur est inconnu. Au lieu de cette noble simplicité et de cette aimable pudeur qui règne parmi vous, on voit une impudence brutale à laquelle il est impossible de s'accoutumer.

Oui, Roxane, si vous étiez ici, vous vous sen-

tiriez outragée dans l'affreuse ignominie où votre sexe est descendu ; vous fuiriez ces abominables lieux, et vous soupireriez pour cette douce retraite où vous trouvez l'innocence, où vous êtes sûre de vous-même, où nul péril ne vous fait trembler, où enfin vous pouvez m'aimer sans craindre de perdre jamais l'amour que vous me devez.

Quand vous relevez l'éclat de votre teint par les plus belles couleurs ; quand vous vous parfumez tout le corps des essences les plus précieuses ; quand vous vous parez de vos plus beaux habits ; quand vous cherchez à vous distinguer de vos compagnes par les graces de la danse et par la douceur de votre chant, que vous combattez gracieusement avec elles de charmes, de douceur et d'enjouement, je ne puis pas m'imaginer que vous ayez d'autre objet que celui de me plaire : et quand je vous vois rougir modestement, que vos regards cherchent les miens, que vous vous insinuez dans mon cœur par des paroles douces et flatteuses, je ne saurois, Roxane, douter de votre amour.

Mais que puis-je penser des femmes d'Europe ? L'art de composer leur teint, les ornements dont elles se parent, les soins qu'elles prennent de leur personne, le désir continuel de plaire qui les occupe, sont autant de taches faites à leur vertu et d'outrages à leurs époux.

Ce n'est pas, Roxane, que je pense qu'elles poussent l'attentat aussi loin qu'une pareille conduite devroit le faire croire, et qu'elles portent la débauche à cet excès horrible, qui fait frémir, de violer absolument la foi conjugale. Il y a bien peu de femmes assez abandonnées pour aller jusque là : elles portent toutes dans leur cœur un certain caractère de vertu qui y est gravé, que la naissance donne et que l'éducation affoiblit, mais ne détruit pas. Elles peuvent bien se relâcher des devoirs extérieurs que la pudeur exige, mais, quand il s'agit de faire les derniers pas, la nature se révolte. Aussi quand nous vous enfermons si étroitement, que nous vous faisons garder par tant d'esclaves, que nous gênons si fort vos désirs lorsqu'ils volent trop loin, ce n'est pas que nous craignions la dernière infidélité, mais c'est que nous savons que la pureté ne sauroit être trop grande, et que la moindre tache peut la corrompre.

Je vous plains, Roxane. Votre chasteté, si long-temps éprouvée, méritoit un époux qui ne vous eût jamais quittée, et qui pût lui-même réprimer les désirs que votre seule vertu sait soumettre.

De Paris, le 7 de la lune de Regeb, 1712.

LETTRE XXVII.

USBEK A NESSIR.

A Ispahan.

Nous sommes à présent à Paris, cette superbe rivale de la ville du soleil [1].

Lorsque je partis de Smyrne, je chargeai mon ami Ibben de te faire tenir une boîte où il y avoit quelques présents pour toi : tu recevras cette lettre par la même voie. Quoique éloigné de lui de cinq ou six cents lieues, je lui donne de mes nouvelles et je reçois des siennes aussi facilement que s'il étoit à Ispahan et moi à Com. J'envoie mes lettres à Marseille, d'où il part continuellement des vaisseaux pour Smyrne : de là il envoie celles qui sont pour la Perse par les caravanes d'Arméniens qui partent tous les jours pour Ispahan.

Rica jouit d'une santé parfaite ; la force de sa constitution, sa jeunesse et sa gaieté naturelle, le mettent au dessus de toutes les épreuves.

Mais pour moi je ne me porte pas bien ; mon corps et mon esprit sont abattus ; je me livre à des réflexions qui deviennent tous les jours plus tristes ; ma santé, qui s'affoiblit, me tourne vers ma patrie, et me rend ce pays-ci plus étranger.

[1] Ispahan.

Mais, cher Nessir, je te conjure, fais en sorte que mes femmes ignorent l'état où je suis. Si elles m'aiment, je veux épargner leurs larmes; et si elles ne m'aiment pas, je ne veux point augmenter leur hardiesse.

Si mes eunuques me croyoient en danger, s'ils pouvoient espérer l'impunité d'une lâche complaisance, ils cesseroient bientôt d'être sourds à la voix flatteuse de ce sexe qui se fait entendre aux rochers et remue les choses inanimées.

Adieu, Nessir. J'ai du plaisir à te donner des marques de ma confiance.

De Paris, le 5 de la lune de Chahban, 1712.

LETTRE XXVIII.

RICA A ***.

Je vis hier une chose assez singulière, quoiqu'elle se passe tous les jours à Paris.

Tout le peuple s'assemble sur la fin de l'après-dînée, et va jouer une espèce de scène que j'ai entendu appeler comédie. Le grand mouvement est sur une estrade qu'on nomme *le théâtre*. Aux deux côtés on voit, dans de petits réduits qu'on nomme *loges*, des hommes et des femmes qui jouent ensemble des scènes muettes, à peu près comme celles qui sont en usage en notre Perse.

Ici c'est une amante affligée qui exprime sa langueur; une autre, plus animée, dévore des yeux son amant qui la regarde de même : toutes les passions sont peintes sur les visages, et exprimées avec une éloquence qui, pour être muette, n'en est que plus vive. Là, les actrices ne paroissent qu'à demi-corps, et ont ordinairement un manchon, par modestie, pour cacher leurs bras. Il y a en bas une troupe de gens debout qui se moquent de ceux qui sont en haut sur le théâtre; et ces derniers rient à leur tour de ceux qui sont en bas.

Mais ceux qui prennent le plus de peine sont quelques gens qu'on prend pour cet effet dans un âge peu avancé, pour soutenir la fatigue. Ils sont obligés d'être partout; ils passent par des endroits qu'eux seuls connoissent, montent avec une adresse surprenante d'étage en étage; ils sont en haut, en bas, dans toutes les loges : ils plongent, pour ainsi dire; on les perd, ils reparoissent; souvent ils quittent le lieu de la scène et vont jouer dans un autre : on en voit même qui, par un prodige qu'on n'auroit osé espérer de leurs béquilles, marchent et vont comme les autres. Enfin on se rend à des salles où l'on joue une comédie particulière : on commence par des révérences; on continue par des embrassades : on dit que la connoissance la plus légère met un homme en droit d'en étouffer un autre. Il semble que le lieu inspire de la ten-

dresse. En effet, on dit que les princesses qui y règnent ne sont point cruelles ; et, si on en excepte deux ou trois heures du jour où elles sont assez sauvages, on peut dire que le reste du temps elles sont traitables, et que c'est une ivresse qui les quitte aisément.

Tout ce que je te dis ici se passe à peu près de même dans un autre endroit qu'on nomme l'*Opéra*: toute la différence est qu'on parle à l'un et que l'on chante à l'autre. Un de mes amis me mena l'autre jour dans la loge où se déshabilloit une des principales actrices. Nous fîmes si bien connoissance que le lendemain je reçus d'elle cette lettre :

Monsieur,

« Je suis la plus malheureuse fille du monde ;
« j'ai toujours été la plus vertueuse actrice de
« l'Opéra. Il y a sept ou huit mois que j'étois dans la
« loge où vous me vîtes hier : comme je m'habillois
« en prêtresse de Diane, un jeune abbé vint m'y
« trouver ; et, sans respect pour mon habit blanc,
« mon voile et mon bandeau, il me ravit mon in-
« nocence. J'ai beau lui exagérer le sacrifice que
« je lui ai fait, il se met à rire, et me soutient qu'il
« m'a trouvée très profane. Cependant je suis si
« grosse que je n'ose plus me présenter sur le
« théâtre : car je suis, sur le chapitre de l'honneur,
« d'une délicatesse inconcevable ; et je soutiens

« toujours qu'à une fille bien née il est plus fa-
« cile de faire perdre la vertu que la modestie.
« Avec cette délicatesse, vous jugez bien que
« ce jeune abbé n'eût jamais réussi, s'il ne m'a-
« voit promis de se marier avec moi : un motif si
« légitime me fit passer sur les petites formalités
« ordinaires, et commencer par où j'aurois dû finir.
« Mais puisque son infidélité m'a déshonorée, je
« ne veux plus vivre à l'Opéra, où, entre vous et
« moi, l'on ne me donne guère de quoi vivre : car,
« à présent que j'avance en âge et que je perds du
« côté des charmes, ma pension, qui est toujours
« la même, semble diminuer tous les jours. J'ai
« appris par un homme de votre suite que l'on fai-
« soit un cas infini, dans votre pays, d'une bonne
« danseuse, et que, si j'étois à Ispahan, ma fortune
« seroit aussitôt faite. Si vous vouliez m'accorder
« votre protection, et m'emmener avec vous dans
« ce pays-là, vous auriez l'avantage de faire du bien
« à une fille qui, par sa vertu et sa conduite, ne
« se rendroit pas indigne de vos bontés. Je suis... »

De Paris, le 2 de la lune de Chalval, 1712.

LETTRE XXIX.

RICA A IBBEN.

A Smyrne.

Le pape est le chef des chrétiens. C'est une vieille idole qu'on encense par habitude. Il étoit autrefois redoutable aux princes même ; car il les déposoit aussi facilement que nos magnifiques sultans déposent les rois d'Imirette et de Géorgie. Mais on ne le craint plus. Il se dit successeur d'un des premiers chrétiens, qu'on appelle *saint Pierre :* et c'est certainement une riche succession, car il a des trésors immenses, et un grand pays sous sa domination.

Les évêques sont des gens de loi qui lui sont subordonnés, et ont sous son autorité deux fonctions bien différentes. Quand ils sont assemblés, ils font comme lui des articles de foi. Quand ils sont en particulier, ils n'ont guère d'autre fonction que de dispenser d'accomplir la loi. Car tu sauras que la religion chrétienne est chargée d'une infinité de pratiques très difficiles : et comme on a jugé qu'il est moins aisé de remplir ses devoirs que d'avoir des évêques qui en dispensent, on a pris ce dernier parti pour l'utilité publique : de sorte que si on ne veut pas faire le rahmazan, si on ne veut

pas s'assujettir aux formalités des mariages, si on veut rompre ses vœux, si on veut se marier contre les défenses de la loi, quelquefois même si on veut revenir contre son serment, on va à l'évêque ou au pape, qui donne aussitôt la dispense.

Les évêques ne font pas des articles de foi de leur propre mouvement. Il y a un nombre infini de docteurs, la plupart dervis, qui soulèvent entre eux mille questions nouvelles sur la religion : on les laisse disputer long-temps, et la guerre dure jusqu'à ce qu'une décision vienne la terminer.

Aussi puis-je t'assurer qu'il n'y a jamais eu de royaume où il y ait eu tant de guerres civiles que dans celui de Christ.

Ceux qui mettent au jour quelque proposition nouvelle sont d'abord appelés hérétiques. Chaque hérésie a son nom, qui est pour ceux qui y sont engagés comme le mot de ralliement. Mais n'est hérétique qui ne veut : il n'y a qu'à partager le différent par la moitié, et donner une distinction à ceux qui accusent d'hérésie ; et, quelle que soit la distinction, intelligible ou non, elle rend un homme blanc comme de la neige, et il peut se faire appeler orthodoxe.

Ce que je te dis est bon pour la France et l'Allemagne, car j'ai ouï dire qu'en Espagne et en Portugal il y a de certains dervis qui n'entendent point raillerie, et qui font brûler un homme

comme de la paille. Quand on tombe entre les mains de ces gens-là, heureux celui qui a toujours prié Dieu avec de petits grains de bois à la main, qui a porté sur lui deux morceaux de drap attachés à deux rubans, et qui a été quelquefois dans une province qu'on appelle la Galice! Sans cela, un pauvre diable est bien embarrassé. Quand il jureroit comme un païen qu'il est orthodoxe, on pourroit bien ne pas demeurer d'accord des qualités, et le brûler comme hérétique : il auroit beau donner sa distinction; point de distinction : il seroit en cendres avant que l'on eût seulement pensé à l'écouter.

Les autres juges présument qu'un accusé est innocent; ceux-ci le présument toujours coupable. Dans le doute, ils tiennent pour règle de se déterminer du côté de la rigueur; apparemment parce qu'ils croient les hommes mauvais. Mais, d'un autre côté, ils en ont une si bonne opinion qu'ils ne les jugent jamais capables de mentir : car ils reçoivent le témoignage des ennemis capitaux, des femmes de mauvaise vie, de ceux qui exercent une profession infame. Ils font dans leur sentence un petit compliment à ceux qui sont revêtus d'une chemise de soufre, et leur disent qu'ils sont bien fâchés de les voir si mal habillés, qu'ils sont doux, qu'ils abhorrent le sang, et sont au désespoir de les avoir condamnés : mais, pour se consoler, ils

confisquent tous les biens de ces malheureux à leur profit.

Heureuse la terre qui est habitée par les enfants des prophètes ! Ces tristes spectacles y sont inconnus [1]. La sainte religion que les anges y ont apportée se défend par sa vérité même; elle n'a point besoin de ces moyens violents pour se maintenir.

<div style="text-align:right">De Paris, le 4 de la lune de Chalval, 1712.</div>

LETTRE XXX.

RICA A IBBEN.

A Smyrne.

Les habitants de Paris sont d'une curiosité qui va jusqu'à l'extravagance. Lorsque j'arrivai, je fus regardé comme si j'avois été envoyé du ciel : vieillards, hommes, femmes, enfants, tous vouloient me voir. Si je sortois, tout le monde se mettoit aux fenêtres; si j'étois aux Tuileries, je voyois aussitôt un cercle se former autour de moi; les femmes même faisoient un arc-en-ciel nuancé de mille couleurs qui m'entouroit. Si j'étois aux spectacles je trouvois d'abord cent lorgnettes dressées contre ma figure : enfin jamais homme n'a tant

[1] Les Persans sont les plus tolérants de tous les mahométans.

été vu que moi. Je souriois quelquefois d'entendre des gens qui n'étoient presque jamais sortis de leur chambre, qui disoient entre eux : Il faut avouer qu'il a l'air bien persan. Chose admirable ! je trouvois de mes portraits partout, je me voyois multiplié dans toutes les boutiques, sur toutes les cheminées, tant on craignoit de ne m'avoir pas assez vu !

Tant d'honneurs ne laissent pas d'être à charge : je ne me croyois pas un homme si curieux et si rare ; et, quoique j'aie très bonne opinion de moi, je ne me serois jamais imaginé que je dusse troubler le repos d'une grande ville où je n'étois point connu. Cela me fit résoudre à quitter l'habit persan et à en endosser un à l'européenne, pour voir s'il resteroit encore dans ma physionomie quelque chose d'admirable. Cet essai me fit connoître ce que je valois réellement : libre de tous les ornements étrangers, je me vis apprécié au plus juste. J'eus sujet de me plaindre de mon tailleur, qui m'avoit fait perdre en un instant l'attention et l'estime publiques ; car j'entrai tout à coup dans un néant affreux. Je demeurois quelquefois une heure dans une compagnie sans qu'on m'eût regardé, et qu'on m'eût mis en occasion d'ouvrir la bouche : mais si quelqu'un par hasard apprenoit à la compagnie que j'étois Persan, j'entendois aussitôt autour de moi un bourdonnement : Ah, ah ! monsieur est

Persan ! C'est une chose bien extraordinaire ! Comment peut-on être Persan !

<div style="text-align:right">De Paris, le 6 de la lune de Chalval, 1712.</div>

LETTRE XXXI.

RHÉDI A USBEK.

A Paris.

Je suis à présent à Venise, mon cher Usbek. On peut avoir vu toutes les villes du monde, et être surpris en arrivant à Venise : on sera toujours étonné de voir une ville, des tours et des mosquées, sortir de dessous l'eau, et de trouver un peuple innombrable dans un endroit où il ne devroit y avoir que des poissons.

Mais cette ville profane manque du trésor le plus précieux qui soit au monde, c'est-à-dire d'eau vive : il est impossible d'y accomplir une seule ablution légale. Elle est en abomination à notre saint prophète ; il ne la regarde jamais du haut du ciel qu'avec colère.

Sans cela, mon cher Usbek, je serois charmé de vivre dans une ville où mon esprit se forme tous les jours. Je m'instruis des secrets du commerce, des intérêts des princes, de la forme de leur gouvernement ; je ne néglige pas même les

superstitions européennes; je m'applique à la médecine, à la physique, à l'astronomie; j'étudie les arts; enfin je sors des nuages qui couvroient mes yeux dans le pays de ma naissance.

<div style="text-align:right">De Veniso, le 16 de la lune de Chalval, 1712.</div>

LETTRE XXXII.

RICA A***.

J'allai l'autre jour voir une maison où l'on entretient environ trois cents personnes assez pauvrement. J'eus bientôt fait, car l'église et les bâtiments ne méritent pas d'être regardés. Ceux qui sont dans cette maison étoient assez gais: plusieurs d'entre eux jouoient aux cartes ou à d'autres jeux que je ne connois point. Comme je sortois, un de ces hommes sortoit aussi, et m'ayant entendu demander le chemin du Marais, qui est le quartier le plus éloigné de Paris: J'y vais, me dit-il, et je vous y conduirai; suivez-moi. Il me mena à merveille, me tira de tous les embarras, et me sauva adroitement des carrosses et des voitures. Nous étions prêts d'arriver, quand la curiosité me prit: Mon bon ami, lui dis-je, ne pourrois-je point savoir qui vous êtes? Je suis aveugle, monsieur, me répondit-il. Comment! lui dis-je, vous êtes aveugle! Et que ne priiez-vous

cet honnête homme qui jouoit aux cartes avec vous de nous conduire? Il est aveugle aussi, me répondit-il : il y a quatre cents ans que nous sommes trois cents aveugles dans cette maison où vous m'avez trouvé. Mais il faut que je vous quitte : voilà la rue que vous demandiez : je vais me mettre dans la foule ; j'entre dans cette église, où, je vous jure, j'embarrasserai plus les gens qu'ils ne m'embarrasseront.

De Paris, le 17 de la lune de Chalval, 1712.

LETTRE XXXIII.

USBEK A RHÉDI.

A Venise.

Le vin est si cher à Paris par les impôts que l'on y met, qu'il semble qu'on ait entrepris d'y faire exécuter les préceptes du divin Alcoran qui défend d'en boire.

Lorsque je pense aux funestes effets de cette liqueur, je ne puis m'empêcher de la regarder comme le présent le plus redoutable que la nature ait fait aux hommes. Si quelque chose a flétri la vie et la réputation de nos monarques, c'a été leur intempérance ; c'est la source la plus empoisonnée de leurs injustices et de leurs cruautés.

Je le dirai à la honte des hommes : la loi interdit à nos princes l'usage du vin, et ils en boivent avec un excès qui les dégrade de l'humanité même ; cet usage au contraire est permis aux princes chrétiens, et on ne remarque pas qu'il leur fasse faire aucune faute. L'esprit humain est la contradiction même. Dans une débauche licencieuse on se révolte avec fureur contre les préceptes ; et la loi, faite pour nous rendre plus justes, ne sert souvent qu'à nous rendre plus coupables.

Mais quand je désapprouve l'usage de cette liqueur qui fait perdre la raison, je ne condamne pas de même ces boissons qui l'égaient. C'est la sagesse des Orientaux de chercher des remèdes contre la tristesse avec autant de soin que contre les maladies les plus dangereuses. Lorsqu'il arrive quelque malheur à un Européen, il n'a d'autre ressource que la lecture d'un philosophe qu'on appelle Sénèque : mais les Asiatiques, plus sensés qu'eux et meilleurs physiciens en cela, prennent des breuvages capables de rendre l'homme gai, et de charmer le souvenir de ses peines.

Il n'y a rien de si affligeant que les consolations tirées de la nécessité du mal, de l'inutilité des remèdes, de la fatalité du destin, de l'ordre de la providence, et du malheur de la condition humaine. C'est se moquer de vouloir adoucir un mal par la considération que l'on est né misérable ; il vaut bien

mieux enlever l'esprit hors de ses réflexions, et traiter l'homme comme sensible, au lieu de le traiter comme raisonnable.

L'ame, unie avec le corps, en est sans cesse tyrannisée. Si le mouvement du sang est trop lent, si les esprits ne sont pas assez épurés, s'ils ne sont pas en quantité suffisante, nous tombons dans l'accablement et dans la tristesse; mais si nous prenons des breuvages qui puissent changer cette disposition de notre corps, notre ame redevient capable de recevoir des impressions qui l'égaient, et elle sent un plaisir secret de voir sa machine reprendre, pour ainsi dire, son mouvement et sa vie.

<div style="text-align:right">De Paris, le 25 de la lune de Zilcadé, 1713.</div>

LETTRE XXXIV.

USBEK A IBBEN.

A Smyrne.

Les femmes de Perse sont plus belles que celles de France; mais celles de France sont plus jolies. Il est difficile de ne point aimer les premières, et de ne se point plaire avec les secondes : les unes sont plus tendres et plus modestes, les autres sont plus gaies et plus enjouées.

Ce qui rend le sang si beau en Perse, c'est la vie réglée que les femmes y mènent; elles ne jouent ni ne veillent, elles ne boivent point de vin, et ne s'exposent presque jamais à l'air. Il faut avouer que le sérail est plutôt fait pour la santé que pour les plaisirs; c'est une vie unie qui ne pique point; tout s'y ressent de la subordination et du devoir; les plaisirs mêmes y sont graves et les joies sévères; et on ne les goûte presque jamais que comme des marques d'autorité et de dépendance.

Les hommes mêmes n'ont pas en Perse la gaieté qu'ont les Français; on ne leur voit point cette liberté d'esprit et cet air content que je trouve ici dans tous les états et dans toutes les conditions.

C'est bien pis en Turquie, où l'on pourroit trouver des familles où, de père en fils, personne n'a ri depuis la fondation de la monarchie.

Cette gravité des Asiatiques vient du peu de commerce qu'il y a entre eux : ils ne se voient que lorsqu'ils y sont forcés par la cérémonie. L'amitié, ce doux engagement du cœur qui fait ici la douceur de la vie, leur est presque inconnue : ils se retirent dans leurs maisons, où ils trouvent toujours une compagnie qui les attend; de manière que chaque famille est pour ainsi dire isolée.

Un jour que je m'entretenois là dessus avec un homme de ce pays-ci, il me dit : Ce qui me choque le plus de vos mœurs, c'est que vous êtes

obligés de vivre avec des esclaves dont le cœur et l'esprit se sentent toujours de la bassesse de leur condition. Ces gens lâches affoiblissent en vous les sentiments de la vertu, que l'on tient de la nature, et ils les ruinent depuis l'enfance qu'ils vous obsèdent.

Car enfin, défaites-vous des préjugés; que peut-on attendre de l'éducation qu'on reçoit d'un misérable qui fait consister son honneur à garder les femmes d'un autre, et s'enorgueillit du plus vil emploi qui soit parmi les humains; qui est méprisable par sa fidélité même, qui est la seule de ses vertus, parce qu'il y est porté par envie, par jalousie, et par désespoir; qui, brûlant de se venger des deux sexes, dont il est le rebut, consent à être tyrannisé par le plus fort, pourvu qu'il puisse désoler le plus foible; qui, tirant de son imperfection, de sa laideur et de sa difformité, tout l'éclat de sa condition, n'est estimé que parce qu'il est indigne de l'être; qui enfin, rivé pour jamais à la porte où il est attaché, plus dur que les gonds et les verroux qui la tiennent, se vante de cinquante ans de vie dans ce poste indigne, où, chargé de la jalousie de son maître, il a exercé toute sa bassesse?

<p style="text-align:center">De Paris, le 14 de la lune de Zilhagé 1713.</p>

LETTRE XXXV.

USBEK A GEMCHID, SON COUSIN,

DERVIS DU BRILLANT MONASTÈRE DE TAURIS.

Que penses-tu des chrétiens, sublime dervis? crois-tu qu'au jour du jugement ils seront comme les infidèles Turcs, qui serviront d'ânes aux Juifs, et les mèneront au grand trot en enfer? Je sais bien qu'ils n'iront point dans le séjour des prophètes, et que le grand Hali n'est point venu pour eux : mais, parce qu'ils n'ont pas été assez heureux pour trouver des mosquées dans leur pays, crois-tu qu'ils soient condamnés à des châtiments éternels, et que Dieu les punisse pour n'avoir pas pratiqué une religion qu'il ne leur a pas fait connoître? Je puis te le dire; j'ai souvent examiné ces chrétiens, je les ai interrogés, pour voir s'ils avoient quelque idée du grand Hali, qui étoit le plus beau de tous les hommes; j'ai trouvé qu'ils n'en avoient jamais ouï parler.

Ils ne ressemblent point à ces infidèles que nos saints prophètes faisoient passer au fil de l'épée parce qu'ils refusoient de croire aux miracles du ciel : ils sont plutôt comme ces malheureux qui vivoient dans les ténèbres de l'idolâtrie avant que

la divine lumière vînt éclairer le visage de notre grand prophète.

D'ailleurs, si l'on examine de près leur religion, on y trouvera comme une semence de nos dogmes. J'ai souvent admiré les secrets de la providence, qui semble les avoir voulu préparer par là à la conversion générale. J'ai ouï parler d'un livre de leurs docteurs, intitulé *la Polygamie triomphante*, dans lequel il est prouvé que la polygamie est ordonnée aux chrétiens. Leur baptême est l'image de nos ablutions légales; et les chrétiens n'errent que dans l'efficacité qu'ils donnent à cette première ablution, qu'ils croient devoir suffire pour toutes les autres. Leurs prêtres et leurs moines prient, comme nous, sept fois le jour. Ils espèrent de jouir d'un paradis où ils goûteront mille délices par le moyen de la résurrection des corps. Ils ont, comme nous, des jeûnes marqués, des mortifications avec lesquelles ils espèrent fléchir la miséricorde divine. Ils rendent un culte aux bons anges, et se méfient des mauvais. Ils ont une sainte crédulité pour les miracles que Dieu opère par le ministère de ses serviteurs. Ils reconnoissent, comme nous, l'insuffisance de leurs mérites et le besoin qu'ils ont d'un intercesseur auprès de Dieu. Je vois partout le mahométisme, quoique je n'y trouve point Mahomet. On a beau faire, la vérité s'échappe, et perce toujours les ténèbres qui l'en-

vironnent. Il viendra un jour où l'Éternel ne verra sur la terre que de vrais croyants. Le temps, qui consume tout, détruira les erreurs mêmes. Tous les hommes seront étonnés de se voir sous le même étendard : tout, jusqu'à la loi, sera consommé; les divins exemplaires seront enlevés de la terre, et portés dans les célestes archives.

<div style="text-align:center">De Paris, le 20 de la lune de Zilhagé, 1713.</div>

LETTRE XXXVI.

USBEK A RHÉDI.

A Venise.

Le café est très en usage à Paris : il y a un grand nombre de maisons publiques où on le distribue. Dans quelques unes de ces maisons on dit des nouvelles; dans d'autres on joue aux échecs. Il y en a une où l'on apprête le café de telle manière qu'il donne de l'esprit à ceux qui en prennent; au moins, de tous ceux qui en sortent, il n'y a personne qui ne croie qu'il en a quatre fois plus que lorsqu'il y est entré.

Mais ce qui me choque de ces beaux esprits, c'est qu'ils ne se rendent pas utiles à leur patrie, et qu'ils amusent leurs talents à des choses puériles. Par exemple, lorsque j'arrivai à Paris, je les trouvai

échauffés sur une dispute la plus mince qui se puisse imaginer : il s'agissoit de la réputation d'un vieux poëte grec, dont, depuis deux mille ans, on ignore la patrie aussi bien que le temps de sa mort. Les deux partis avouoient que c'étoit un poëte excellent : il n'étoit question que du plus ou du moins de mérite qu'il falloit lui attribuer. Chacun en vouloit donner le taux ; mais, parmi ces distributeurs de réputation, les uns faisoient meilleur poids que les autres : voilà la querelle. Elle étoit bien vive ; car on se disoit cordialement de part et d'autre des injures si grossières, on faisoit des plaisanteries si amères, que je n'admirois pas moins la manière de disputer que le sujet de la dispute. Si quelqu'un, disois-je en moi-même, étoit assez étourdi pour aller devant un de ces défenseurs du poëte grec attaquer la réputation de quelque honnête citoyen, il ne seroit pas mal relevé ! et je crois que ce zèle si délicat sur la réputation des morts s'embraseroit bien pour défendre celle des vivants ! Mais, quoi qu'il en soit, ajoutois-je, Dieu me garde de m'attirer jamais l'inimitié des censeurs de ce poëte, que le séjour de deux mille ans dans le tombeau n'a pu garantir d'une haine si implacable ! Ils frappent à présent des coups en l'air ; mais que seroit-ce si leur fureur étoit animée par la présence d'un ennemi ?

Ceux dont je viens de te parler disputent en

langue vulgaire; et il faut les distinguer d'une autre sorte de disputeurs qui se servent d'une langue barbare qui semble ajouter quelque chose à la fureur et à l'opiniâtreté des combattants. Il y a des quartiers où l'on voit comme une mêlée noire et épaisse de ces sortes de gens : ils se nourrissent de distinctions; ils vivent de raisonnements obscurs et de fausses conséquences. Ce métier, où l'on devroit mourir de faim, ne laisse pas de rendre. On a vu une nation entière, chassée de son pays, traverser les mers pour s'établir en France, n'emportant avec elle, pour parer aux nécessités de la vie, qu'un redoutable talent pour la dispute. Adieu.

De Paris, le dernier de la lune de Zilhagé, 1713.

LETTRE XXXVII.

USBEK A IBBEN.

A Smyrne.

Le roi de France est vieux. Nous n'avons point d'exemple dans nos histoires d'un monarque qui ait si long-temps régné. On dit qu'il possède à un très haut degré le talent de se faire obéir: il gouverne avec le même génie sa famille, sa cour, son état. On lui a souvent entendu dire que, de

tous les gouvernements du monde, celui des Turcs, ou celui de notre auguste sultan, lui plairoit le mieux, tant il fait cas de la politique orientale.

J'ai étudié son caractère et j'y ai trouvé des contradictions qu'il m'est impossible de résoudre : par exemple, il a un ministre qui n'a que dix-huit ans, et une maîtresse qui en a quatre-vingts : il aime sa religion, et il ne peut souffrir ceux qui disent qu'il la faut observer à la rigueur : quoiqu'il fuie le tumulte des villes et qu'il se communique peu, il n'est occupé depuis le matin jusqu'au soir qu'à faire parler de lui : il aime les trophées et les victoires; mais il craint autant de voir un bon général à la tête de ses troupes, qu'il auroit sujet de le craindre à la tête d'une armée ennemie. Il n'est, je crois, jamais arrivé qu'à lui d'être en même temps comblé de plus de richesses qu'un prince n'en sauroit espérer, et accablé d'une pauvreté qu'un particulier ne pourroit soutenir.

Il aime à gratifier ceux qui le servent; mais il paye aussi libéralement les assiduités ou plutôt l'oisiveté de ses courtisans que les campagnes laborieuses de ses capitaines : souvent il préfère un homme qui le déshabille ou qui lui donne la serviette lorsqu'il se met à table, à un autre qui lui prend des villes ou lui gagne des batailles : il ne croit pas que la grandeur souveraine doive être gênée dans la distribution des graces; et, sans

examiner si celui qu'il comble de biens est homme de mérite, il croit que son choix va le rendre tel : aussi lui a-t-on vu donner une petite pension à un homme qui avoit fui deux lieues, et un beau gouvernement à un autre qui en avoit fui quatre.

Il est magnifique, surtout dans ses bâtiments : il y a plus de statues dans les jardins de son palais que de citoyens dans une grande ville. Sa garde est aussi forte que celle du prince devant qui tous les trônes se renversent; ses armées sont aussi nombreuses, ses ressources sont aussi grandes, et ses finances aussi inépuisables.

<div style="text-align:center">De Paris, le 7 de la lune de Maharram, 1713.</div>

LETTRE XXXVIII.

RICA A IBBEN.

A Smyrne.

C'est une grande question parmi les hommes de savoir s'il est plus avantageux d'ôter aux femmes la liberté que de la leur laisser. Il me semble qu'il y a bien des raisons pour et contre. Si les Européens disent qu'il n'y a pas de générosité à rendre malheureuses les personnes que l'on aime, nos Asiatiques répondent qu'il y a de la bassesse aux hommes de renoncer à l'empire que la nature

leur a donné sur les femmes. Si on leur dit que le grand nombre des femmes enfermées est embarrassant, ils répondent que dix femmes qui obéissent embarrassent moins qu'une qui n'obéit pas. Que s'ils objectent à leur tour que les Européens ne sauroient être heureux avec des femmes qui ne leur sont pas fidèles, on leur répond que cette fidélité qu'ils vantent tant n'empêche point le dégoût qui suit toujours les passions satisfaites; que nos femmes sont trop à nous; qu'une possession si tranquille ne nous laisse rien à désirer ni à craindre : qu'un peu de coquetterie est un sel qui pique et prévient la corruption. Peut-être qu'un homme plus sage que moi seroit embarrassé de décider; car si les Asiatiques font fort bien de chercher des moyens propres à calmer leurs inquiétudes, les Européens font fort bien aussi de n'en point avoir.

Après tout, disent-ils, quand nous serions malheureux en qualité de maris, nous trouverions toujours moyen de nous dédommager en qualité d'amants. Pour qu'un homme pût se plaindre avec raison de l'infidélité de sa femme, il faudroit qu'il n'y eût que trois personnes dans le monde; ils seront toujours à but quand il y en aura quatre.

C'est une autre question de savoir si la loi naturelle soumet les femmes aux hommes. Non, me disoit l'autre jour un philosophe très galant : la

nature n'a jamais dicté une telle loi. L'empire que nous avons sur elles est une véritable tyrannie; elles ne nous l'ont laissé prendre que parce qu'elles ont plus de douceur que nous, et par conséquent plus d'humanité et de raison. Ces avantages, qui devoient sans doute leur donner la supériorité si nous avions été raisonnables, la leur ont fait perdre, parce que nous ne le sommes point.

Or, s'il est vrai que nous n'avons sur les femmes qu'un pouvoir tyrannique, il ne l'est pas moins qu'elles ont sur nous un empire naturel; celui de la beauté, à qui rien ne résiste. Le nôtre n'est pas de tous les pays; mais celui de la beauté est universel. Pourquoi aurions-nous donc un privilége? Est-ce parce que nous sommes les plus forts? Mais c'est une véritable injustice. Nous employons toutes sortes de moyens pour leur abattre le courage. Les forces seroient égales si l'éducation l'étoit aussi. Éprouvons-les dans les talents que l'éducation n'a point affoiblis; et nous verrons si nous sommes si forts.

Il faut l'avouer, quoique cela choque nos mœurs, chez les peuples les plus polis, les femmes ont toujours eu de l'autorité sur leurs maris; elle fut établie par une loi chez les Égyptiens en l'honneur d'Isis, et chez les Babyloniens en l'honneur de Sémiramis. On disoit des Romains qu'ils commandoient à toutes les nations, mais qu'ils obéissoient

à leurs femmes. Je ne parle point des Sauromates, qui étoient véritablement dans la servitude de ce sexe; ils étoient trop barbares pour que leur exemple puisse être cité.

Tu vois, mon cher Ibben, que j'ai pris le goût de ce pays-ci, où l'on aime à soutenir des opinions extraordinaires et à réduire tout en paradoxe. Le prophète a décidé la question, et a réglé les droits de l'un et de l'autre sexe. Les femmes, dit-il, doivent honorer leurs maris : leurs maris les doivent honorer; mais ils ont l'avantage d'un degré sur elles.

<div style="text-align:right">De Paris, le 26 de la lune de Gemmadi, 2, 1713.</div>

LETTRE XXXIX.

HAGI[1] IBBI AU JUIF BEN JOSUE,

PROSÉLYTE MAHOMÉTAN.

A Smyrne.

Il me semble, Ben Josué, qu'il y a toujours des signes éclatants qui préparent à la naissance des hommes extraordinaires; comme si la nature souffroit une espèce de crise, et que la puissance céleste ne produisît qu'avec effort.

Il n'y a rien de si merveilleux que la naissance

[1] Hagi est un homme qui a fait le pèlerinage de la Mecque.

de Mahomet. Dieu, qui par les décrets de sa providence avoit résolu dès le commencement d'envoyer aux hommes ce grand prophète pour enchaîner Satan, créa une lumière deux mille ans avant Adam, qui, passant d'élu en élu, d'ancêtre en ancêtre de Mahomet, parvint enfin jusques à lui, comme un témoignage authentique qu'il étoit descendu des patriarches.

Ce fut aussi à cause de ce même prophète que Dieu ne voulut pas qu'aucun enfant fût conçu que la femme ne cessât d'être immonde, et que l'homme ne fût livré à la circoncision.

Il vint au monde circoncis, et la joie parut sur son visage dès sa naissance : la terre trembla trois fois, comme si elle eût enfanté elle-même ; toutes les idoles se prosternèrent ; les trônes des rois furent renversés ; Lucifer fut jeté au fond de la mer ; et ce ne fut qu'après avoir nagé pendant quarante jours qu'il sortit de l'abîme et s'enfuit sur le mont Cabès, d'où, avec une voix terrible, il appela les anges.

Cette nuit Dieu posa un terme entre l'homme et la femme, qu'aucun d'eux ne put passer. L'art des magiciens et négromans se trouva sans vertu. On entendit une voix du ciel qui disoit ces paroles : J'ai envoyé au monde mon ami fidèle.

Selon le témoignage d'Isben Aben, historien arabe, les générations des oiseaux, des nuées, des

vents, et tous les escadrons des anges, se réunirent pour élever cet enfant, et se disputèrent cet avantage. Les oiseaux disoient dans leurs gazouillements qu'il étoit plus commode qu'ils l'élevassent, parce qu'ils pouvoient plus facilement rassembler plusieurs fruits de divers lieux. Les vents murmuroient et disoient : C'est plutôt à nous, parce que nous pouvons lui apporter de tous les endroits les odeurs les plus agréables. Non, non, disoient les nuées, non, c'est à nos soins qu'il sera confié, parce que nous lui ferons part à tous les instants de la fraîcheur des eaux. Là dessus les anges indignés s'écrioient : Que nous restera-t-il donc à faire ? Mais une voix du ciel fut entendue, qui termina toutes les disputes : Il ne sera point ôté d'entre les mains des mortels, parce qu'heureuses les mamelles qui l'allaiteront, et les mains qui le toucheront, et la maison qu'il habitera, et le lit où il reposera !

Après tant de témoignages si éclatants, mon cher Josué, il faut avoir un cœur de fer pour ne pas croire sa sainte loi. Que pouvoit faire davantage le ciel pour autoriser sa mission divine, à moins de renverser la nature, et de faire périr les hommes mêmes qu'il vouloit convaincre ?

<p align="right">De Paris, le 20 de la lune de Rhégeb, 1713.</p>

LETTRE XL.

USBEK A IBBEN.

A Smyrne.

Dès qu'un grand est mort, on s'assemble dans une mosquée, et l'on fait son oraison funèbre, qui est un discours à sa louange, avec lequel on seroit bien embarrassé de décider au juste du mérite du défunt.

Je voudrois bannir les pompes funèbres. Il faut pleurer les hommes à leur naissance, et non pas à leur mort. A quoi servent les cérémonies et tout l'attirail lugubre qu'on fait paroître à un mourant dans ses derniers moments, les larmes même de sa famille, et la douleur de ses amis, qu'à lui exagérer la perte qu'il va faire?

Nous sommes si aveugles que nous ne savons quand nous devons nous affliger ou nous réjouir : nous n'avons presque jamais que de fausses tristesses ou de fausses joies.

Quand je vois le mogol, qui, toutes les années, va sottement se mettre dans une balance et se faire peser comme un bœuf; quand je vois les peuples se réjouir de ce que ce prince est devenu plus matériel, c'est-à-dire moins capable de les gou-

verner; j'ai pitié, Ibben, de l'extravagance humaine.

De Paris, le 20 de la lune de Rhégeb, 1713.

LETTRE XLI.

LE PREMIER EUNUQUE NOIR A USBEK.

Ismaël, un de tes eunuques noirs, vient de mourir, magnifique seigneur; et je ne puis m'empêcher de le remplacer. Comme les eunuques sont extrêmement rares à présent, j'avois pensé de me servir d'un esclave noir que tu as à la campagne; mais je n'ai pu jusqu'ici le porter à souffrir qu'on le consacrât à cet emploi. Comme je vois qu'au bout du compte c'est son avantage, je voulus l'autre jour user à son égard d'un peu de rigueur; et, de concert avec l'intendant de tes jardins, j'ordonnai que, malgré lui, on le mît en état de te rendre les services qui flattent le plus ton cœur, et de vivre comme moi dans ces redoutables lieux qu'il n'ose pas même regarder : mais il se mit à hurler comme si on avoit voulu l'écorcher, et fit tant qu'il échappa de nos mains et évita le fatal couteau. Je viens d'apprendre qu'il veut t'écrire pour te demander grace, soutenant que je n'ai conçu ce dessein que par un désir insatiable de vengeance sur certaines railleries piquantes qu'il

dit avoir faites de moi. Cependant je te jure par les cent mille prophètes que je n'ai agi que pour le bien de ton service, la seule chose qui me soit chère, et hors laquelle je ne regarde rien. Je me prosterne à tes pieds.

Du sérail de Fatmé, le 7 de la lune de Maharram, 1713.

LETTRE XLII.

PHARAN A USBEK, SON SOUVERAIN SEIGNEUR.

Si tu étois ici, magnifique seigneur, je paroîtrois à ta vue tout couvert de papier blanc; et il n'y en auroit pas assez pour écrire toutes les insultes que ton premier eunuque noir, le plus méchant de tous les hommes, m'a faites depuis ton départ.

Sous prétexte de quelques railleries qu'il prétend que j'ai faites sur le malheur de sa condition, il exerce sur ma tête une vengeance inépuisable; il a animé contre moi le cruel intendant de tes jardins, qui, depuis ton départ, m'oblige à des travaux insurmontables, dans lesquels j'ai pensé mille fois laisser la vie, sans perdre un moment l'ardeur de te servir. Combien de fois ai-je dit en moi-même : J'ai un maître rempli de douceur, et je suis le plus malheureux esclave qui soit sur la terre.

Je te l'avoue, magnifique seigneur, je ne me

croyois pas destiné à de plus grandes misères : mais ce traître d'eunuque a voulu mettre le comble à sa méchanceté. Il y a quelques jours que, de son autorité privée, il me destina à la garde de tes femmes sacrées, c'est-à-dire à une exécution qui seroit pour moi mille fois plus cruelle que la mort. Ceux qui en naissant ont eu le malheur de recevoir de leurs cruels parents un traitement pareil se consolent peut-être sur ce qu'ils n'ont jamais connu d'autre état que le leur : mais qu'on me fasse descendre de l'humanité, et qu'on m'en prive, je mourrois de douleur si je ne mourois pas de cette barbarie.

J'embrasse tes pieds, sublime seigneur, dans une humilité profonde. Fais en sorte que je sente les effets de cette vertu si respectée, et qu'il ne soit pas dit que par ton ordre il y ait sur la terre un malheureux de plus.

<div style="text-align:center">Des jardins de Fatmé, le 7 de la lune de Maharram, 1713.</div>

LETTRE XLIII.

USBEK A PHARAN.

Aux jardins de Fatmé.

Recevez la joie dans votre cœur, et reconnoissez ces sacrés caractères; faites-les baiser au grand eunuque et à l'intendant de mes jardins. Je leur défends de rien entreprendre contre vous : dites-leur d'acheter l'eunuque qui me manque. Acquittez-vous de votre devoir comme si vous m'aviez toujours devant les yeux; car sachez que plus mes bontés sont grandes, plus vous serez puni si vous en abusez.

De Paris, le 25 de la lune de Rhégeb, 1713.

LETTRE XLIV.

USBEK A RHÉDI.

A Venise.

Il y a en France trois sortes d'états; l'église, l'épée et la robe. Chacun a un mépris souverain pour les deux autres : tel, par exemple, que l'on devroit mépriser parce qu'il est un sot, ne l'est souvent que parce qu'il est homme de robe.

Il n'y a pas jusqu'aux plus vils artisans qui ne

disputent sur l'excellence de l'art qu'ils ont choisi; chacun s'élève au dessus de celui qui est d'une profession différente, à proportion de l'idée qu'il s'est faite de la supériorité de la sienne.

Les hommes ressemblent tous, plus ou moins, à cette femme de la province d'Erivan, qui, ayant reçu quelques graces d'un de nos monarques, lui souhaita mille fois, dans les bénédictions qu'elle lui donna, que le ciel le fît gouverneur d'Erivan.

J'ai lu dans une relation qu'un vaisseau françois ayant relâché à la côte de Guinée, quelques hommes de l'équipage voulurent aller à terre acheter quelques moutons. On les mena au roi, qui rendoit la justice à ses sujets sous un arbre. Il étoit sur son trône, c'est-à-dire sur un morceau de bois, aussi fier que s'il eût été assis sur celui du grand mogol : il avoit trois ou quatre gardes avec des piques de bois; un parasol en forme de dais le couvroit de l'ardeur du soleil; tous ses ornements et ceux de la reine sa femme consistoient en leur peau noire et quelques bagues. Ce prince, plus vain encore que misérable, demanda à ces étrangers si on parloit beaucoup de lui en France. Il croyoit que son nom devoit être porté d'un pôle à l'autre; et, à la différence de ce conquérant de qui on a dit qu'il avoit fait taire toute la terre, il croyoit, lui, qu'il devoit faire parler tout l'univers.

Lorsque le kan de Tartarie a dîné, un héraut crie que tous les princes de la terre peuvent aller dîner, si bon leur semble; et ce barbare, qui ne mange que du lait, qui n'a pas de maison, qui ne vit que de brigandage, regarde tous les rois du monde comme ses esclaves, et les insulte régulièrement deux fois par jour.

<p style="text-align:center">De Paris, le 28 de la lune de Rhégeb, 1713.</p>

LETTRE XLV.

RICA A USBEK.

<p style="text-align:center">A ***.</p>

Hier matin, comme j'étois au lit, j'entendis frapper rudement à ma porte, qui fut soudain ouverte ou enfoncée par un homme avec qui j'avois lié quelque société, et qui me parut tout hors de lui-même.

Son habillement étoit beaucoup plus que modeste; sa perruque de travers n'avoit pas même été peignée; il n'avoit pas eu le temps de faire recoudre son pourpoint noir; et il avoit renoncé pour ce jour-là aux sages précautions avec lesquelles il avoit coutume de déguiser le délabrement de son équipage.

Levez-vous, me dit-il; j'ai besoin de vous tout

aujourd'hui : j'ai mille emplettes à faire, et je serai bien aise que ce soit avec vous. Il faut premièrement que nous allions rue Saint-Honoré parler à un notaire qui est chargé de vendre une terre de cinq cent mille livres ; je veux qu'il m'en donne la préférence. En venant ici, je me suis arrêté un moment au faubourg Saint-Germain, où j'ai loué un hôtel deux mille écus ; et j'espère passer le contrat aujourd'hui.

Dès que je fus habillé, ou peu s'en falloit, mon homme me fit précipitamment descendre. Commençons, dit-il, par acheter un carrosse, et établissons l'équipage. En effet nous achetâmes non seulement un carrosse mais encore pour cent mille francs de marchandises en moins d'une heure : tout cela se fit promptement, parce que mon homme ne marchanda rien et ne compta jamais ; aussi ne déplaça-t-il pas. Je rêvois sur tout ceci ; et, quand j'examinois cet homme, je trouvois en lui une complication singulière de richesses et de pauvreté ; de manière que je ne savois que croire. Mais enfin je rompis le silence ; et, le tirant à part, je lui dis : Monsieur, qui est-ce qui payera tout cela? Moi, dit-il : venez dans ma chambre ; je vous montrerai des trésors immenses, et des richesses enviées des plus grands monarques : mais elles ne le seront pas de vous, qui les partagerez toujours avec moi. Je le suis. Nous grimpons à son cinquième

étage; et, par une échelle, nous nous guindons à un sixième, qui étoit un cabinet ouvert aux quatre vents, dans lequel il n'y avoit que deux ou trois douzaines de bassins de terre remplis de diverses liqueurs. Je me suis levé de grand matin, me dit-il, et j'ai fait d'abord ce que je fais depuis vingt-cinq ans, qui est d'aller visiter mon œuvre : j'ai vu que le grand jour étoit venu qui devoit me rendre plus riche qu'homme qui soit sur la terre. Voyez-vous cette liqueur vermeille? Elle a à présent toutes les qualités que les philosophes demandent pour faire la transmutation des métaux. J'en ai tiré ces grains que vous voyez, qui sont de vrai or par leur couleur, quoiqu'un peu imparfaits par leur pesanteur. Ce secret, que Nicolas Flamel trouva, mais que Raimond Lulle et un million d'autres cherchèrent toujours, est venu jusques à moi; et je me trouve aujourd'hui un heureux adepte. Fasse le ciel que je ne me serve de tant de trésors qu'il m'a communiqués que pour sa gloire!

Je sortis et je descendis, ou plutôt je me précipitai par cet escalier, transporté de colère, et laissai cet homme si riche dans son hôpital. Adieu, mon cher Usbek. J'irai te voir demain; et, si tu veux, nous reviendrons ensemble à Paris.

De Paris, le dernier de la lune de Rhégeb, 1713.

LETTRE XLVI.

USBEK A RHÉDI.

A Venise.

Je vois ici des gens qui disputent sans fin sur la religion; mais il semble qu'ils combattent en même temps à qui l'observera le moins.

Non seulement ils ne sont pas meilleurs chrétiens, mais même meilleurs citoyens: et c'est ce qui me touche; car, dans quelque religion qu'on vive, l'observation des lois, l'amour pour les hommes, la piété envers les parents, sont toujours les premiers actes de religion.

En effet, le premier objet d'un homme religieux ne doit-il pas être de plaire à la divinité qui a établi la religion qu'il professe? Mais le moyen le plus sûr pour y parvenir est sans doute d'observer les règles de la société et les devoirs de l'humanité. Car, en quelque religion qu'on vive, dès qu'on en suppose une, il faut bien que l'on suppose aussi que Dieu aime les hommes, puisqu'il établit une religion pour les rendre heureux; que, s'il aime les hommes, on est assuré de lui plaire en les aimant aussi, c'est-à-dire en exerçant envers eux tous les devoirs de la charité et de l'humanité,

et en ne violant point les lois sous lesquelles ils vivent.

Par là on est bien plus sûr de plaire à Dieu qu'en observant telle ou telle cérémonie : car les cérémonies n'ont point un degré de bonté par elles-mêmes ; elles ne sont bonnes qu'avec égard, et dans la supposition que Dieu les a commandées. Mais c'est la matière d'une grande discussion : on peut facilement s'y tromper, car il faut choisir les cérémonies d'une religion entre celles de deux mille.

Un homme faisoit tous les jours à Dieu cette prière : Seigneur, je n'entends rien dans les disputes que l'on fait sans cesse à votre sujet : je voudrois vous servir selon votre volonté ; mais chaque homme que je consulte veut que je vous serve à la sienne. Lorsque je veux vous faire ma prière, je ne sais en quelle langue je dois vous parler. Je ne sais pas non plus en quelle posture je dois me mettre : l'un dit que je dois vous prier debout ; l'autre veut que je sois assis ; l'autre exige que mon corps porte sur mes genoux. Ce n'est pas tout : il y en a qui prétendent que je dois me laver tous les matins avec de l'eau froide ; d'autres soutiennent que vous me regarderez avec horreur si je ne me fais pas couper un petit morceau de chair. Il m'arriva l'autre jour de manger un lapin dans un caravanserail : trois hommes qui étoient

auprès de là me firent trembler : ils me soutinrent tous trois que je vous avois grièvement offensé ; l'un [1], parce que cet animal étoit immonde ; l'autre [2], parce qu'il étoit étouffé ; l'autre enfin [3], parce qu'il n'étoit pas poisson. Un brachmane qui passoit par là, et que je pris pour juge, me dit : Ils ont tort, car apparemment vous n'avez pas tué vous-même cet animal. Si fait, lui dis-je. Ah! vous avez commis une action abominable, et que Dieu ne vous pardonnera jamais, me dit-il d'une voix sévère : que savez-vous si l'ame de votre père n'étoit pas passée dans cette bête? Toutes ces choses, seigneur, me jettent dans un embarras inconcevable : je ne puis remuer la tête que je ne sois menacé de vous offenser; cependant je voudrois vous plaire, et employer à cela la vie que je tiens de vous. Je ne sais si je me trompe, mais je crois que le meilleur moyen pour y parvenir est de vivre en bon citoyen dans la société où vous m'avez fait naître, et en bon père dans la famille que vous m'avez donnée.

De Paris, le 8 de la lune de Chahban, 1713.

[1] Un Juif. [2] Un Turc. [3] Un Arménien.

LETTRE XLVII.

ZACHI A USBEK.

A Paris.

J'ai une grande nouvelle à t'apprendre : je me suis réconciliée avec Zéphis ; le sérail, partagé entre nous, s'est réuni. Il ne manque que toi dans ces lieux où la paix règne : viens, mon cher Usbek, viens y faire triompher l'amour.

Je donnai à Zéphis un grand festin, où ta mère, tes femmes et tes principales concubines, furent invitées ; tes tantes et plusieurs de tes cousines s'y trouvèrent aussi : elles étoient venues à cheval, couvertes du sombre nuage de leurs voiles et de leurs habits.

Le lendemain nous partîmes pour la campagne, où nous espérions être plus libres : nous montâmes sur nos chameaux, et nous nous mîmes quatre dans chaque loge. Comme la partie avoit été faite brusquement, nous n'eûmes pas le temps d'envoyer à la ronde annoncer le courouc : mais le premier eunuque, toujours industrieux, prit une autre précaution ; car il joignit à la toile qui nous empêchoit d'être vues un rideau si épais que nous ne pouvions absolument voir personne.

Quand nous fûmes arrivées à cette rivière qu'il

faut traverser, chacune de nous se mit, selon sa coutume, dans une boîte, et se fit porter dans le bateau; car on nous dit que la rivière étoit pleine de monde. Un curieux, qui s'approcha de trop près du lieu où nous étions enfermées, reçut un coup mortel qui lui ôta pour jamais la lumière du jour; un autre, qu'on trouva se baignant tout nu sur le rivage, eut le même sort; et tes fidèles eunuques sacrifièrent à ton honneur et au nôtre ces deux infortunés.

Mais écoute le reste de nos aventures. Quand nous fûmes au milieu du fleuve, un vent si impétueux s'éleva, et un nuage si affreux couvrit les airs, que nos matelots commencèrent à désespérer. Effrayées de ce péril, nous nous évanouîmes presque toutes. Je me souviens que j'entendis la voix et la dispute de nos eunuques, dont les uns disoient qu'il falloit nous avertir du péril et nous tirer de notre prison; mais leur chef soutint toujours qu'il mourroit plutôt que de souffrir que son maître fût ainsi déshonoré, et qu'il enfonceroit un poignard dans le sein de celui qui feroit des propositions si hardies. Une de mes esclaves, tout hors d'elle, courut vers moi, déshabillée, pour me secourir; mais un eunuque noir la prit brutalement, et la fit rentrer dans l'endroit d'où elle étoit sortie. Pour lors je m'évanouis, et ne revins à moi qu'après que le péril fut passé.

Que les voyages sont embarrassants pour les femmes! Les hommes ne sont exposés qu'aux dangers qui menacent leur vie; et nous sommes à tous les instants dans la crainte de perdre notre vie ou notre vertu. Adieu, mon cher Usbek, je t'adorerai toujours.

<p style="text-align:center;">Du sérail de Fatmé, le 2 de la lune de Rabmazan, 1713.</p>

LETTRE XLVIII.

USBEK A RHÉDI.

A Venise.

Ceux qui aiment à s'instruire ne sont jamais oisifs. Quoique je ne sois chargé d'aucune affaire importante, je suis cependant dans une occupation continuelle. Je passe ma vie à examiner; j'écris le soir ce que j'ai remarqué, ce que j'ai vu, ce que j'ai entendu dans la journée; tout m'intéresse, tout m'étonne : je suis comme un enfant dont les organes encore tendres sont vivement frappés par les moindres objets.

Tu ne le croirois pas peut-être; nous sommes reçus agréablement dans toutes les compagnies et dans toutes les sociétés. Je crois devoir beaucoup à l'esprit vif et à la gaieté naturelle de Rica, qui fait qu'il recherche tout le monde et qu'il en est

également recherché. Notre air étranger n'offense plus personne ; nous jouissons même de la surprise où l'on est de nous trouver quelque politesse ; car les François n'imaginent pas que notre climat produise des hommes. Cependant, il faut l'avouer, ils valent la peine qu'on les détrompe.

J'ai passé quelques jours dans une maison de campagne auprès de Paris, chez un homme de considération, qui est ravi d'avoir de la compagnie chez lui. Il a une femme fort aimable, et qui joint à une grande modestie une gaieté que la vie retirée ôte toujours à nos dames de Perse.

Étranger que j'étois, je n'avois rien de mieux à faire que d'étudier cette foule de gens qui y abordoient sans cesse, et qui me présentoient toujours quelque chose de nouveau. Je remarquai d'abord un homme dont la simplicité me plut ; je m'attachai à lui, il s'attacha à moi ; de sorte que nous nous trouvions toujours l'un auprès de l'autre.

Un jour que, dans un grand cercle, nous nous entretenions en particulier, laissant les conversations générales à elles-mêmes : Vous trouverez peut-être en moi, lui dis-je, plus de curiosité que de politesse ; mais je vous supplie d'agréer que je vous fasse quelques questions, car je m'ennuie de n'être au fait de rien et de vivre avec des gens que

je ne saurois démêler. Mon esprit travaille depuis deux jours; il n'y a pas un seul de ces hommes qui ne m'ait donné deux cents fois la torture; et je ne les devinerois de mille ans : ils me sont plus invisibles que les femmes de notre grand monarque. Vous n'avez qu'à dire, me répondit-il, et je vous instruirai de tout ce que vous souhaiterez ; d'autant mieux que je vous crois homme discret, et que vous n'abuserez pas de ma confiance.

Qui est cet homme, lui dis-je, qui nous a tant parlé des repas qu'il a donnés aux grands, qui est si familier avec vos ducs, et qui parle si souvent à vos ministres, qu'on me dit être d'un accès si difficile? Il faut bien que ce soit un homme de qualité : mais il a la physionomie si basse qu'il ne fait guère honneur aux gens de qualité; et d'ailleurs je ne lui trouve point d'éducation. Je suis étranger; mais il me semble qu'il y a en général une certaine politesse commune à toutes les nations; je ne lui trouve point de celle-là : est-ce que vos gens de qualité sont plus mal élevés que les autres? Cet homme, me répondit-il en riant, est un fermier : il est autant au dessus des autres par ses richesses, qu'il est au dessous de tout le monde par sa naissance : il auroit la meilleure table de Paris, s'il pouvoit se résoudre à ne manger jamais chez lui. Il est bien impertinent, comme vous voyez; mais il excelle par son cuisinier : aussi n'en est-il pas ingrat;

car vous avez entendu qu'il l'a loué tout aujourd'hui.

Et ce gros homme vêtu de noir, lui dis-je, que cette dame a fait placer auprès d'elle, comment a-t-il un habit si lugubre avec un air si gai et un teint si fleuri? il sourit gracieusement dès qu'on lui parle; sa parure est plus modeste, mais plus arrangée que celle de vos femmes. C'est, me répondit-il, un prédicateur, et, qui pis est, un directeur. Tel que vous le voyez, il en sait plus que les maris; il connoît le foible des femmes: elles savent aussi qu'il a le sien. Comment, dis-je, il parle toujours de quelque chose qu'il appelle *la grace!* Non pas toujours, me répondit-il : à l'oreille d'une jolie femme il parle encore plus volontiers de sa chute : il foudroie en public, mais il est doux comme un agneau en particulier. Il me semble, dis-je, qu'on le distingue beaucoup, et qu'on a de grands égards pour lui. Comment! si on le distingue! C'est un homme nécessaire; il fait la douceur de la vie retirée: petits conseils, soins officieux, visites marquées; il dissipe un mal de tête mieux qu'homme du monde; il est excellent.

Mais, si je ne vous importune pas, dites-moi qui est celui qui est vis-à-vis de nous, qui est si mal habillé, qui fait quelquefois des grimaces, et a un langage différent des autres; qui n'a pas d'esprit pour parler, mais qui parle pour avoir de

l'esprit. C'est, me répondit-il, un poëte, et le grotesque du genre humain. Ces gens-là disent qu'ils sont nés ce qu'ils sont; cela est vrai, et aussi ce qu'ils seront toute leur vie, c'est-à-dire presque toujours les plus ridicules de tous les hommes : aussi ne les épargne-t-on point; on verse sur eux le mépris à pleines mains. La famine a fait entrer celui-ci dans cette maison; et il y est bien reçu du maître et de la maîtresse, dont la bonté et la politesse ne se démentent à l'égard de personne. Il fit leur épithalame lorsqu'ils se marièrent : c'est ce qu'il a fait de mieux en sa vie; car il s'est trouvé que le mariage a été aussi heureux qu'il l'a prédit.

Vous ne le croiriez pas, peut-être, ajouta-t-il, entêté comme vous êtes des préjugés de l'orient : il y a parmi nous des mariages heureux, et des femmes dont la vertu est un gardien sévère. Les gens dont nous parlons goûtent entre eux une paix qui ne peut être troublée; ils sont aimés et estimés de tout le monde : il n'y a qu'une chose, c'est que leur bonté naturelle leur fait recevoir chez eux toute sorte de monde; ce qui fait qu'ils ont quelquefois mauvaise compagnie. Ce n'est pas que je les désapprouve; il faut vivre avec les hommes tels qu'ils sont : les gens qu'on dit être de si bonne compagnie ne sont souvent que ceux dont les vices sont plus raffinés; et peut-être en

est-il comme des poisons, dont les plus subtils sont aussi les plus dangereux.

Et ce vieux homme, lui dis-je tout bas, qui a l'air si chagrin? Je l'ai pris d'abord pour un étranger; car, outre qu'il est habillé autrement que les autres, il censure tout ce qui se fait en France, et n'approuve pas votre gouvernement. C'est un vieux guerrier, me dit-il, qui se rend mémorable à tous ses auditeurs par la longueur de ses exploits. Il ne peut souffrir que la France ait gagné des batailles où il ne se soit pas trouvé, et qu'on vante un siége où il n'ait pas monté à la tranchée : il se croit si nécessaire à notre histoire qu'il s'imagine qu'elle finit où il a fini; il regarde quelques blessures qu'il a reçues comme la dissolution de la monarchie et, à la différence des philosophes qui disent qu'on ne jouit que du présent, et que le passé n'est rien, il ne jouit au contraire que du passé, et n'existe que dans les campagnes qu'il a faites; il respire dans les temps qui se sont écoulés, comme les héros doivent vivre dans ceux qui passeront après eux. Mais pourquoi, dis-je, a-t-il quitté le service? Il ne l'a point quitté, me répondit-il, mais le service l'a quitté : on l'a employé dans une petite place où il racontera ses aventures le reste de ses jours; mais il n'ira jamais plus loin, le chemin des honneurs lui est fermé. Et pourquoi? lui dis-je. Nous avons une maxime en France, me répondit-il,

c'est de n'élever jamais les officiers dont la patience a langui dans les emplois subalternes : nous les regardons comme des gens dont l'esprit s'est rétréci dans les détails, et qui, par l'habitude de petites choses, sont devenus incapables de plus grandes. Nous croyons qu'un homme qui n'a pas les qualités d'un général à trente ans ne les aura jamais; que celui qui n'a pas ce coup d'œil qui montre tout d'un coup un terrain de plusieurs lieues dans toutes ses situations différentes, cette présence d'esprit qui fait que, dans une victoire, on se sert de tous ses avantages, et, dans un échec, de toutes ses ressources, n'acquerra jamais ces talents : c'est pour cela que nous avons des emplois brillants pour ces hommes grands et sublimes que le ciel a partagés non seulement d'un cœur mais aussi d'un génie héroïque, et des emplois subalternes pour ceux dont les talents le sont aussi. De ce nombre sont ces gens qui ont vieilli dans une guerre obscure : ils ne réussissent tout au plus qu'à faire ce qu'ils ont fait toute leur vie; et il ne faut point commencer à les charger dans le temps qu'ils s'affoiblissent.

Un moment après la curiosité me reprit, et je lui dis : Je m'engage à ne vous plus faire de questions si vous voulez encore souffrir celle-ci. Qui est ce grand jeune homme qui a des cheveux, peu d'esprit et tant d'impertinence? d'où vient qu'il

parle plus haut que les autres, et se sait si bon gré d'être au monde? C'est un homme à bonnes fortunes, me répondit-il. A ces mots, des gens entrèrent, d'autres sortirent, on se leva, quelqu'un vint parler à mon gentilhomme, et je restai aussi peu instruit qu'auparavant. Mais, un moment après, je ne sais par quel hasard ce jeune homme se trouva auprès de moi; et m'adressant la parole : Il fait beau; voudriez-vous, monsieur, faire un tour dans le parterre? Je lui répondis le plus civilement qu'il me fut possible, et nous sortîmes ensemble. Je suis venu à la campagne, me dit-il, pour faire plaisir à la maîtresse de la maison, avec laquelle je ne suis pas mal. Il y a bien certaine femme dans le monde qui ne sera pas de bonne humeur, mais qu'y faire? Je vois les plus jolies femmes de Paris; mais je ne me fixe pas à une, et je leur en donne bien à garder : car, entre vous et moi, je ne vaux pas grand'chose. Apparemment, monsieur, lui dis-je, que vous avez quelque charge ou quelque emploi qui vous empêche d'être plus assidu auprès d'elles? Non, monsieur, je n'ai d'autre emploi que de faire enrager un mari ou désespérer un père; j'aime à alarmer une femme qui croit me tenir, et la mettre à deux doigts de sa perte. Nous sommes quelques jeunes gens qui partageons ainsi tout Paris, et l'intéressons à nos moindres démarches. A ce que je comprends, lui dis-je, vous

faites plus de bruit que le guerrier le plus valeureux, et vous êtes plus considéré qu'un grave magistrat. Si vous étiez en Perse, vous ne jouiriez pas de tous ces avantages; vous deviendriez plus propre à garder nos dames qu'à leur plaire. Le feu me monta au visage; et je crois que, pour peu que j'eusse parlé, je n'aurois pu m'empêcher de le brusquer.

Que dis-tu d'un pays où l'on tolère de pareilles gens, et où l'on laisse vivre un homme qui fait un tel métier; où l'infidélité, la trahison, le rapt, la perfidie et l'injustice conduisent à la considération; où l'on estime un homme parce qu'il ôte une fille à son père, une femme à son mari, et trouble les sociétés les plus douces et les plus saintes? Heureux les enfants d'Hali, qui défendent leurs familles de l'opprobre et de la séduction? La lumière du jour n'est pas plus pure que le feu qui brûle dans le cœur de nos femmes : nos filles ne pensent qu'en tremblant au jour qui doit les priver de cette vertu qui les rend semblables aux anges et aux puissances incorporelles. Terre natale et chérie, sur qui le soleil jette ses premiers regards, tu n'es point souillée par les crimes horribles qui obligent cet astre à se cacher dès qu'il paroît dans le noir occident!

<p style="text-align:center">De Paris, le 4 de la lune de Rahmazan, 1713.</p>

LETTRE XLIX.

RICA A USBEK.

A ***.

Étant l'autre jour dans ma chambre, je vis entrer un dervis extraordinairement habillé; sa barbe descendoit jusqu'à sa ceinture de corde; il avoit les pieds nus; son habit étoit gris, grossier, et en quelques endroits pointu. Le tout me parut si bizarre que ma première idée fut d'envoyer chercher un peintre pour en faire une fantaisie.

Il me fit d'abord un grand compliment, dans lequel il m'apprit qu'il étoit homme de mérite et de plus capucin. On m'a dit, ajouta-t-il, monsieur, que vous retournez bientôt à la cour de Perse, où vous tenez un rang distingué. Je viens vous demander votre protection, et vous prier de nous obtenir du roi une petite habitation auprès de Casbin pour deux ou trois religieux. Mon père, lui dis-je, vous voulez donc aller en Perse? Moi, monsieur! me dit-il, je m'en donnerai bien de garde. Je suis ici provincial, et je ne troquerois pas ma condition contre celle de tous les capucins du monde. Et que diable me demandez-vous donc? C'est, me répondit-il, que si nous avions cet hospice, nos pères

d'Italie y enverroient deux ou trois de leurs religieux. Vous les connoissez apparemment, lui dis-je, ces religieux ? Non, monsieur, je ne les connois pas. Hé morbleu! que vous importe donc qu'ils aillent en Perse ? C'est un beau projet de faire respirer l'air de Casbin à deux capucins! cela sera très utile et à l'Europe et à l'Asie! il est fort nécessaire d'intéresser là dedans les monarques! voilà ce qui s'appelle de belles colonies! Allez; vous et vos semblables n'êtes point faits pour être transplantés; et vous ferez bien de continuer à ramper dans les endroits où vous vous êtes engendrés.

<p style="text-align:center">De Paris, le 15 de la lune de Rahmazan, 1713.</p>

LETTRE L.

RICA A***.

J'ai vu des gens chez qui la vertu étoit si naturelle qu'elle ne se faisoit pas même sentir : ils s'attachoient à leur devoir sans s'y plier, et s'y portoient comme par instinct : bien loin de relever par leurs discours leurs rares qualités, il sembloit qu'elles n'avoient pas percé jusqu'à eux. Voilà les gens que j'aime; non pas ces hommes vertueux qui semblent être étonnés de l'être, et qui regardent une bonne action comme un prodige dont le récit doit surprendre.

Si la modestie est une vertu nécessaire à ceux à qui le ciel a donné de grands talents, que peut-on dire de ces insectes qui osent faire paroître un orgueil qui déshonoreroit les plus grands hommes?

Je vois de tous côtés des gens qui parlent sans cesse d'eux-mêmes; leurs conversations sont un miroir qui présente toujours leur impertinente figure : ils vous parleront des moindres choses qui leur sont arrivées; et ils veulent que l'intérêt qu'ils y prennent les grossisse à vos yeux : ils ont tout fait, tout vu, tout dit, tout pensé : ils sont un modèle universel, un sujet de comparaison inépuisable, une source d'exemples qui ne tarit jamais. Oh! que la louange est fade lorsqu'elle réfléchit vers le lieu d'où elle part!

Il y a quelques jours qu'un homme de ce caractère nous accabla pendant deux heures de lui, de son mérite et de ses talents : mais, comme il n'y a point de mouvement perpétuel dans le monde, il cessa de parler. La conversation nous revint donc, et nous la prîmes.

Un homme qui paroissoit assez chagrin commença par se plaindre de l'ennui répandu dans les conversations. Quoi! toujours des sots qui se peignent eux-mêmes, et qui ramènent tout à eux! Vous avez raison, reprit brusquement notre discoureur, il n'y a qu'à faire comme moi; je ne me loue jamais : j'ai du bien, de la naissance, je fais

de la dépense, mes amis disent que j'ai quelque esprit; mais je ne parle jamais de tout cela : si j'ai quelques bonnes qualités, celle dont je fais le plus de cas, c'est ma modestie.

J'admirois cet impertinent ; et, pendant qu'il parloit tout haut, je disois tout bas : Heureux celui qui a assez de vanité pour ne dire jamais de bien de lui, qui craint ceux qui l'écoutent, et ne compromet point son mérite avec l'orgueil des autres !

De Paris, le 20 de la lune de Rahmazan, 1713.

LETTRE LI.

NARGUM, ENVOYÉ DE PERSE EN MOSCOVIE, A USBEK.

A Paris.

On m'a écrit d'Ispahan que tu avois quitté la Perse, et que tu étois actuellement à Paris. Pourquoi faut-il que j'apprenne de tes nouvelles par d'autres que par toi ?

Les ordres du roi des rois me retiennent depuis cinq ans dans ce pays-ci, où j'ai terminé plusieurs négociations importantes.

Tu sais que le czar est le seul des princes chrétiens dont les intérêts soient mêlés avec ceux de la Perse, parce qu'il est ennemi des Turcs comme nous.

Son empire est plus grand que le nôtre, car on compte mille lieues depuis Moscow jusqu'à la dernière place de ses états du côté de la Chine.

Il est le maître absolu de la vie et des biens de ses sujets, qui sont tous esclaves, à la réserve de quatre familles. Le lieutenant des prophètes, le roi des rois, qui a le ciel pour marche-pied, ne fait pas un exercice plus redoutable de sa puissance.

A voir le climat affreux de la Moscovie, on ne croiroit jamais que ce fût une peine d'en être exilé : cependant, dès qu'un grand est disgracié, on le relègue en Sibérie.

Comme la loi de notre prophète nous défend de boire du vin, celle du prince le défend aux Moscovites.

Ils ont une manière de recevoir leurs hôtes qui n'est point du tout persane. Dès qu'un étranger entre dans une maison, le mari lui présente sa femme : l'étranger la baise ; et cela passe pour une politesse faite au mari.

Quoique les pères, au contrat de mariage de leurs filles, stipulent ordinairement que le mari ne les fouettera pas, cependant on ne sauroit croire combien les femmes moscovites aiment[1] à être battues : elles ne peuvent comprendre qu'elles possèdent le cœur de leur mari s'il ne les bat

[1] Ces mœurs sont changées.

comme il faut. Une conduite opposée de sa part est une marque d'indifférence impardonnable. Voici une lettre que l'une d'elles écrivit dernièrement à sa mère :

MA CHÈRE MÈRE,

« Je suis la plus malheureuse femme du monde:
« il n'y a rien que je n'aie fait pour me faire aimer
« de mon mari, et je n'ai jamais pu y réussir. Hier
« j'avois mille affaires dans la maison; je sortis, et
« je demeurai tout le jour dehors: je crus, à mon
« retour, qu'il me battroit bien fort; mais il ne
« me dit pas un seul mot. Ma sœur est bien autre-
« ment traitée ; son mari la bat tous les jours;
« elle ne peut pas regarder un homme qu'il ne
« l'assomme soudain : ils s'aiment beaucoup aussi,
« et ils vivent de la meilleure intelligence du
« monde.

« C'est ce qui la rend si fière ; mais je ne lui don-
« nerai pas long-temps sujet de me mépriser. J'ai
« résolu de me faire aimer de mon mari à quelque
« prix que ce soit: je le ferai si bien enrager qu'il
« faudra bien qu'il me donne des marques d'amitié.
« Il ne sera pas dit que je ne serai pas battue, et
« que je vivrai dans la maison sans que l'on pense
« à moi. La moindre chiquenaude qu'il me don-
« nera, je crierai de toute ma force, afin qu'on
« s'imagine qu'il y va tout de bon; et je crois que

« si quelque voisin venoit au secours, je l'étrangle-
« rois. Je vous supplie, ma chère mère, de vouloir
« bien représenter à mon mari qu'il me traite
« d'une manière indigne. Mon père, qui est un si
« honnête homme, n'agissoit pas de même; et il
« me souvient, lorsque j'étois petite fille, qu'il me
« sembloit quelquefois qu'il vous aimoit trop. Je
« vous embrasse, ma chère mère. »

Les Moscovites ne peuvent point sortir de l'empire, fût-ce pour voyager. Ainsi, séparés des autres nations par les lois du pays, ils ont conservé leurs anciennes coutumes avec d'autant plus d'attachement qu'ils ne croyoient pas qu'il fût possible d'en avoir d'autres.

Mais le prince qui règne à présent a voulu tout changer : il a eu de grands démêlés avec eux au sujet de leur barbe : le clergé et les moines n'ont pas moins combattu en faveur de leur ignorance.

Il s'attache à faire fleurir les arts, et ne néglige rien pour porter dans l'Europe et l'Asie la gloire de sa nation, oubliée jusqu'ici, et presque uniquement connue d'elle-même.

Inquiet et sans cesse agité, il erre dans ses vastes états, laissant partout des marques de sa sévérité naturelle.

Il les quitte comme s'ils ne pouvoient le contenir, et va chercher dans l'Europe d'autres provinces et de nouveaux royaumes.

Je t'embrasse, mon cher Usbek. Donne-moi de tes nouvelles, je te conjure.

De Moscow, le 2 de la lune de Chalval, 1713.

LETTRE LII.

RICA A USBEK.

A ***.

J'étois l'autre jour dans une société où je me divertis assez bien. Il y avoit là des femmes de tous les âges : une de quatre-vingts ans, une de soixante, une de quarante, qui avoit une nièce de vingt à vingt-deux. Un certain instinct me fit approcher de cette dernière, et elle me dit à l'oreille : Que dites-vous de ma tante, qui, à son âge, veut avoir des amants, et fait encore la jolie? Elle a tort, lui dis-je; c'est un dessein qui ne convient qu'à vous. Un moment après, je me trouvai auprès de sa tante, qui me dit : Que dites-vous de cette femme qui a pour le moins soixante ans, qui a passé aujourd'hui plus d'une heure à sa toilette? C'est du temps perdu, lui dis-je; et il faut avoir vos charmes pour devoir y songer. J'allai à cette malheureuse femme de soixante ans, et la plaignois dans mon ame, lorsqu'elle me dit à l'oreille : Y a-t-il rien de si ridicule? voyez cette

femme qui a quatre-vingts ans, et qui met des rubans couleur de feu; elle veut faire la jeune, et elle y réussit, car cela approche de l'enfance. Ah bon dieu! dis-je en moi-même, ne sentirons-nous jamais que le ridicule des autres? C'est peut-être un bonheur, disois-je ensuite, que nous trouvions de la consolation dans les foiblesses d'autrui. Cependant j'étois en train de me divertir; et je dis: Nous avons assez monté, descendons à présent, et commençons par la vieille qui est au sommet. Madame, vous vous ressemblez si fort, cette dame à qui je viens de parler et vous, qu'il semble que vous soyez deux sœurs: je vous crois à peu près de même âge. Vraiment, monsieur, me dit elle, lorsque l'une mourra, l'autre devra avoir grand'peur : je ne crois pas qu'il y ait d'elle à moi deux jours de différence. Quand je tins cette femme décrépite, j'allai à celle de soixante ans. Il faut, madame, que vous décidiez un pari que j'ai fait: j'ai gagé que cette dame et vous, lui montrant la femme de quarante ans, étiez de même âge. Ma foi, dit-elle, je ne crois pas qu'il y ait six mois de différence. Bon ! m'y voilà; continuons. Je descendis encore, et j'allai à la femme de quarante ans. Madame, faites-moi la grace de me dire si c'est pour rire que vous appelez cette demoiselle, qui est à l'autre table, votre nièce : vous êtes aussi jeune qu'elle; elle a même quelque chose dans

le visage de passé que vous n'avez certainement pas; et ces couleurs vives qui paroissent sur votre teint... Attendez, me dit-elle : je suis sa tante; mais sa mère avoit pour le moins vingt-cinq ans plus que moi : nous n'étions pas de même lit; j'ai ouï dire à feu ma sœur que sa fille et moi naquîmes la même année. Je le disois bien, madame; et je n'avois pas tort d'être étonné.

Mon cher Usbek, les femmes qui se sentent finir d'avance par la perte de leurs agréments voudroient reculer vers la jeunesse. Eh! comment ne chercheroient-elles pas à tromper les autres? elles font tous leurs efforts pour se tromper elles-mêmes, et se dérober à la plus affligeante de toutes les idées.

<div style="text-align:right">De Paris, le 3 de la lune de Chalval, 1713.</div>

LETTRE LIII.

ZÉLIS A USBEK.

A Paris.

Jamais passion n'a été plus forte et plus vive que celle de Cosron, eunuque blanc, pour mon esclave Zélide; il la demande en mariage avec tant de fureur que je ne puis la lui refuser. Et pourquoi ferois-je de la résistance lorsque sa mère

n'en fait pas, et que Zélide elle-même paroît satisfaite de l'idée de ce mariage imposteur et de l'ombre vaine qu'on lui présente?

Que veut-elle faire de cet infortuné qui n'aura d'un mari que la jalousie; qui ne sortira de sa froideur que pour entrer dans un désespoir inutile; qui se rappellera toujours la mémoire de ce qu'il a été, pour la faire souvenir de ce qu'il n'est plus; qui toujours prêt à se donner et ne se donnant jamais, se trompera, la trompera sans cesse, et lui fera essuyer à chaque instant tous les malheurs de sa condition?

Et quoi! être toujours dans les images et dans les fantômes! ne vivre que pour imaginer! se trouver toujours auprès des plaisirs, et jamais dans les plaisirs! languissante dans les bras d'un malheureux, au lieu de répondre à ses soupirs, ne répondre qu'à ses regrets!

Quel mépris ne doit-on pas avoir pour un homme de cette espèce, fait uniquement pour garder, et jamais pour posséder! Je cherche l'amour, et je ne le vois pas.

Je te parle librement, parce que tu aimes ma naïveté, et que tu préfères mon air libre et ma sensibilité pour les plaisirs à la pudeur feinte de mes compagnes.

Je t'ai ouï dire mille fois que les eunuques goûtent avec les femmes une sorte de volupté qui

nous est inconnue; que la nature se dédommage de ses pertes; qu'elle a des ressources qui réparent le désavantage de leur condition; qu'on peut bien cesser d'être homme, mais non pas d'être sensible; et que, dans cet état, on est comme dans un troisième sens, où l'on ne fait pour ainsi dire que changer de plaisirs.

Si cela étoit, je trouverois Zélide moins à plaindre. C'est quelque chose de vivre avec des gens moins malheureux.

Donne-moi tes ordres là dessus, et fais-moi savoir si tu veux que le mariage s'accomplisse dans le sérail. Adieu.

<div style="text-align:center">Du sérail d'Ispahan, le 5 de la lune de Chalval, 1713.</div>

LETTRE LIV.

RICA A USBEK.

A ***.

J'étois ce matin dans ma chambre, qui, comme tu sais, n'est séparée des autres que par une cloison fort mince et percée en plusieurs endroits; de sorte qu'on entend tout ce qui se dit dans la chambre voisine. Un homme, qui se promenoit à grands pas, disoit à un autre : Je ne sais ce que c'est; mais tout se tourne contre moi : il y a plus de

trois jours que je n'ai rien dit qui m'ait fait honneur; et je me suis trouvé confondu pêle-mêle dans toutes les conversations sans qu'on ait fait la moindre attention à moi, et qu'on m'ait deux fois adressé la parole. J'avois préparé quelques saillies pour relever mon discours; jamais on n'a voulu souffrir que je les fisse venir. J'avois un conte fort joli à faire; mais, à mesure que j'ai voulu l'approcher, on l'a esquivé comme si on l'avoit fait exprès. J'ai quelques bons mots qui, depuis quatre jours, vieillissent dans ma tête sans que j'en aie pu faire le moindre usage. Si cela continue, je crois qu'à la fin je serai un sot; il semble que ce soit mon étoile, et que je ne puisse m'en dispenser. Hier j'avois espéré de briller avec trois ou quatre vieilles femmes qui certainement ne m'en imposent point, et je devois dire les plus jolies choses du monde : je fus plus d'un quart d'heure à diriger ma conversation; mais elles ne tinrent jamais un propos suivi, et elles coupèrent, comme des parques fatales, le fil de tous mes discours. Veux-tu que je te dise? la réputation de bel esprit coûte bien à soutenir. Je ne sais comment tu as fait pour y parvenir. Il me vient une pensée, reprit l'autre : travaillons de concert à nous donner de l'esprit; associons-nous pour cela. Chaque jour nous nous dirons de quoi nous devons parler : et nous nous secourrons si bien

que, si quelqu'un vient nous interrompre au milieu de nos idées, nous l'attirerons nous-mêmes; et s'il ne veut pas venir de bon gré, nous lui ferons violence. Nous conviendrons des endroits où il faudra approuver, de ceux où il faudra sourire, des autres où il faudra rire tout-à-fait et à gorge déployée. Tu verras que nous donnerons le ton à toutes les conversations, et qu'on admirera la vivacité de notre esprit et le bonheur de nos reparties. Nous nous protégerons par des signes de tête mutuels. Tu brilleras aujourd'hui, demain tu seras mon second. J'entrerai avec toi dans une maison, et je m'écrierai en te montrant : Il faut que je vous dise une réponse bien plaisante que monsieur vient de faire à un homme que nous avons trouvé dans la rue. Et je me tournerai vers toi. Il ne s'y attendoit pas, il a été bien étonné. Je réciterai quelques uns de mes vers, et tu diras : J'y étois quand il les fit; c'étoit dans un souper, et il ne rêva pas un moment. Souvent même nous nous raillerons toi et moi; et l'on dira : Voyez comme ils s'attaquent, comme ils se défendent; ils ne s'épargnent pas : voyons comment il sortira de là : à merveille ! quelle présence d'esprit ! voilà une véritable bataille. Mais on ne dira pas que nous nous étions escarmouchés dès la veille. Il faudra acheter de certains livres, qui sont des recueils de bons mots, composés à l'usage de ceux qui

n'ont point d'esprit et qui en veulent contrefaire ; tout dépend d'avoir des modèles. Je veux qu'avant six mois nous soyons en état de tenir une conversation d'une heure toute remplie de bons mots. Mais il faudra avoir une attention, c'est de soutenir leur fortune : ce n'est pas assez de dire un bon mot, il faut le répandre et le semer partout ; sans cela, autant de perdu ; et je t'avoue qu'il n'y a rien de si désolant que de voir une jolie chose qu'on a dite mourir dans l'oreille d'un sot qui l'entend. Il est vrai que souvent il y a une compensation, et que nous disons aussi bien des sottises qui passent *incognito;* et c'est la seule chose qui peut nous consoler dans cette occasion. Voilà, mon cher, le parti qu'il nous faut prendre. Fais ce que je te dirai, et je te promets avant six mois une place à l'Académie : c'est pour te dire que le travail ne sera pas long ; car pour lors tu pourras renoncer à ton art, tu seras homme d'esprit malgré que tu en aies. On remarque en France que, dès qu'un homme entre dans une compagnie, il prend d'abord ce qu'on appelle l'esprit du corps : tu seras de même ; et je ne crains pour toi que l'embarras des applaudissements.

De Paris, le 6 de la lune de Zilcadé, 1714.

LETTRE LV.

RICA A IBBEN.

A Smyrne.

Chez les peuples d'Europe, le premier quart d'heure du mariage aplanit toutes les difficultés ; les dernières faveurs sont toujours de même date que la bénédiction nuptiale : les femmes n'y sont point comme nos Persanes, qui disputent le terrain quelquefois des mois entiers ; il n'y a rien de si plénier : si elles ne perdent rien, c'est qu'elles n'ont rien à perdre. Mais on sait toujours, chose honteuse ! le moment de leur défaite ; et, sans consulter les astres, on peut prédire au juste l'heure de la naissance de leurs enfants.

Les François ne parlent presque jamais de leurs femmes : c'est qu'ils ont peur d'en parler devant des gens qui les connoissent mieux qu'eux.

Il y a parmi eux des hommes très malheureux que personne ne console, ce sont les maris jaloux ; il y en a que tout le monde hait, ce sont les maris jaloux ; il y en a que tous les hommes méprisent, ce sont encore les maris jaloux.

Aussi n'y a-t-il point de pays où ils soient en si petit nombre que chez les François. Leur tran-

quillité n'est pas fondée sur la confiance qu'ils ont en leurs femmes ; c'est au contraire sur la mauvaise opinion qu'ils en ont. Toutes les sages précautions des Asiatiques, les voiles qui les couvrent, les prisons où elles sont détenues, la vigilance des eunuques, leur paroissent des moyens plus propres à exercer l'industrie de ce sexe qu'à la lasser. Ici les maris prennent leur parti de bonne grace, et regardent les infidélités comme des coups d'une étoile inévitable. Un mari qui voudroit seul posséder sa femme seroit regardé comme un perturbateur de la joie publique, et comme un insensé qui voudroit jouir de la lumière du soleil à l'exclusion des autres hommes.

Ici un mari qui aime sa femme est un homme qui n'a pas assez de mérite pour se faire aimer d'une autre; qui abuse de la nécessité de la loi pour suppléer aux agréments qui lui manquent; qui se sert de tous ses avantages au préjudice d'une société entière; qui s'approprie ce qui ne lui avoit été donné qu'en engagement, et qui agit, autant qu'il est en lui, pour renverser une convention tacite qui fait le bonheur de l'un et de l'autre sexe. Ce titre de mari d'une jolie femme, qui se cache en Asie avec tant de soin, se porte ici sans inquiétude. On se sent en état de faire diversion partout. Un prince se console de la perte d'une place par la prise d'une autre : dans le temps

que le Turc nous prenoit Bagdad, n'enlevions-nous pas au Mogol la forteresse de Candahar?

Un homme qui en général souffre les infidélités de sa femme n'est point désapprouvé; au contraire on le loue de sa prudence : il n'y a que les cas particuliers qui déshonorent.

Ce n'est pas qu'il n'y ait des dames vertueuses, et on peut dire qu'elles sont distinguées; mon conducteur me les faisoit toujours remarquer : mais elles étoient toutes si laides qu'il faut être un saint pour ne pas haïr la vertu.

Après ce que je t'ai dit des mœurs de ce pays-ci, tu t'imagines facilement que les François ne s'y piquent guère de constance. Ils croient qu'il est aussi ridicule de jurer à une femme qu'on l'aimera toujours que de soutenir qu'on se portera toujours bien, ou qu'on sera toujours heureux. Quand ils promettent à une femme qu'ils l'aimeront toujours, ils supposent qu'elle, de son côté, leur promet d'être toujours aimable; et, si elle manque à sa parole, ils ne se croient plus engagés à la leur.

De Paris, le 7 de la lune de Zilcadé, 1714.

LETTRE LVI.

USBEK A IBBEN.

A Smyrne.

Le jeu est très en usage en Europe : c'est un état que d'être joueur; ce seul titre tient lieu de naissance, de biens, de probité; il met tout homme qui le porte au rang des honnêtes gens, sans examen, quoiqu'il n'y ait personne qui ne sache qu'en jugeant ainsi il s'est trompé très souvent : mais on est convenu d'être incorrigible.

Les femmes y sont surtout très adonnées. Il est vrai qu'elles ne s'y livrent guère dans leur jeunesse que pour favoriser une passion plus chère; mais, à mesure qu'elles vieillissent, leur passion pour le jeu semble rajeunir, et cette passion remplit tout le vide des autres.

Elles veulent ruiner leurs maris; et, pour y parvenir, elles ont des moyens pour tous les âges, depuis la plus tendre jeunesse jusqu'à la vieillesse la plus décrépite : les habits et les équipages commencent le dérangement, la coquetterie l'augmente, le jeu l'achève.

J'ai vu souvent neuf ou dix femmes, ou plutôt neuf ou dix siècles, rangées autour d'une table;

je les ai vues dans leurs espérances, dans leurs craintes, dans leurs joies, surtout dans leurs fureurs : tu aurois dit qu'elles n'auroient jamais le temps de s'apaiser, et que la vie alloit les quitter avant leur désespoir : tu aurois été en doute si ceux qu'elles payoient étoient leurs créanciers ou leurs légataires.

Il semble que notre saint prophète ait eu principalement en vue de nous priver de tout ce qui peut troubler notre raison : il nous a interdit l'usage du vin qui la tient ensevelie ; il nous a, par un précepte exprès, défendu les jeux de hasard ; et quand il lui a été impossible d'ôter la cause des passions, il les a amorties. L'amour parmi nous ne porte ni trouble ni fureur ; c'est une passion languissante qui laisse notre ame dans le calme : la pluralité des femmes nous sauve de leur empire, elle tempère la violence de nos désirs.

<p style="text-align:center">De Paris, le 10 de la lune de Zilhagé, 1714.</p>

LETTRE LVII.

USBEK A RHÉDI.

A Venise.

Les libertins entretiennent ici un nombre infini de filles de joie, et les dévots un nombre innombrable de dervis. Ces dervis font trois vœux, d'obéissance, de pauvreté et de chasteté. On dit que le premier est le mieux observé de tous ; quant au second, je te réponds qu'il ne l'est point, je te laisse à juger du troisième.

Mais, quelque riches que soient ces dervis, ils ne quittent jamais la qualité de pauvres; notre glorieux sultan renonceroit plutôt à ses magnifiques et sublimes titres : ils ont raison, car ce titre de pauvre les empêche de l'être.

Les médecins, et quelques uns de ces dervis qu'on appelle *confesseurs*, sont toujours ici ou trop estimés ou trop méprisés : cependant on dit que les héritiers s'accommodent mieux des médecins que des confesseurs.

Je fus l'autre jour dans un couvent de ces dervis. Un d'entre eux, vénérable par ses cheveux blancs, m'accueillit fort honnêtement. Il me fit voir toute la maison. Nous entrâmes dans le jar-

din, et nous nous mîmes à discourir. Mon père, lui dis-je, quel emploi avez-vous dans la communauté? Monsieur, me répondit-il avec un air très content de ma question, je suis casuiste. Casuiste! repris-je : depuis que je suis en France, je n'ai pas ouï parler de cette charge. Quoi! vous ne savez pas ce que c'est qu'un casuiste! Hé bien, écoutez; je vais vous en donner une idée qui ne vous laissera rien à désirer. Il y a deux sortes de péchés; de mortels, qui excluent absolument du paradis, et de véniels, qui offensent Dieu à la vérité, mais ne l'irritent pas au point de nous priver de la béatitude : or tout notre art consiste à bien distinguer ces deux sortes de péchés; car, à la réserve de quelques libertins, tous les chrétiens veulent gagner le paradis; mais il n'y a guère personne qui ne le veuille gagner au meilleur marché qu'il est possible. Quand on connoît bien les péchés mortels, on tâche de ne pas commettre de ceux-là, et l'on fait son affaire. Il y a des hommes qui n'aspirent pas à une si grande perfection; et, comme ils n'ont point d'ambition, ils ne se soucient pas des premières places : aussi entrent-ils en paradis le plus juste qu'ils peuvent; pourvu qu'ils y soient, cela leur suffit : leur but est de n'en faire ni plus ni moins. Ce sont des gens qui ravissent le ciel plutôt qu'ils ne l'obtiennent, et qui disent à Dieu : Seigneur, j'ai accompli les conditions à la rigueur;

vous ne pouvez vous empêcher de tenir vos promesses : comme je n'en ai pas fait plus que vous n'en avez demandé, je vous dispense de m'en accorder plus que vous n'en avez promis.

Nous sommes donc des gens nécessaires, monsieur. Ce n'est pas tout, pourtant; vous allez bien voir autre chose. L'action ne fait pas le crime, c'est la connoissance de celui qui la commet; celui qui fait un mal, tandis qu'il peut croire que ce n'en est pas un, est en sûreté de conscience : et, comme il y a un nombre infini d'actions équivoques, un casuiste peut leur donner un degré de bonté qu'elles n'ont point, en les déclarant bonnes; et, pourvu qu'il puisse persuader qu'elles n'ont pas de venin, il le leur ôte tout entier.

Je vous dis ici le secret d'un métier où j'ai vieilli; je vous en fais voir les raffinements : il y a un tour à donner à tout, même aux choses qui en paroissent le moins susceptibles. Mon père, lui dis-je, cela est fort bon : mais comment vous accommodez-vous avec le ciel ? Si le sophi avoit à sa cour un homme qui fît à son égard ce que vous faites contre votre Dieu, qui mît de la différence entre ses ordres, qui apprît à ses sujets dans quel cas ils doivent les exécuter et dans quel autre ils peuvent les violer, il le feroit empaler sur l'heure. Je saluai mon dervis, et le quittai sans attendre sa réponse.

De Paris, le 23 de la lune de Maharran, 1714.

LETTRE LVIII.

RICA A RHÉDI.

A Venise.

A Paris, mon cher Rhédi, il y a bien des métiers. Là un homme obligeant vient, pour un peu d'argent, vous offrir le secret de faire de l'or.

Un autre vous promet de vous faire coucher avec les esprits aériens, pourvu que vous soyez seulement trente ans sans voir de femme.

Vous trouverez encore des devins si habiles qu'ils vous diront toute votre vie, pourvu qu'ils aient seulement eu un quart d'heure de conversation avec vos domestiques.

Des femmes adroites font de la virginité une fleur qui périt et renaît tous les jours, et se cueille la centième fois plus douloureusement que la première.

Il y en a d'autres qui, réparant par la force de leur art toutes les injures du temps, savent rétablir sur un visage une beauté qui chancelle, et même rappeler une femme du sommet de la vieillesse pour la faire redescendre jusqu'à la jeunesse la plus tendre.

Tous ces gens-là vivent ou cherchent à vivre

dans une ville qui est la mère de l'invention.

Les revenus des citoyens ne s'y afferment point ; ils ne consistent qu'en esprit et en industrie : chacun a la sienne, qu'il fait valoir de son mieux.

Qui voudroit nombrer tous les gens de loi qui poursuivent le revenu de quelque mosquée auroit aussitôt compté les sables de la mer et les esclaves de notre monarque.

Un nombre infini de maîtres de langues, d'arts et de sciences, enseignent ce qu'ils ne savent pas ; et ce talent est bien considérable, car il ne faut pas beaucoup d'esprit pour montrer ce qu'on sait, mais il en faut infiniment pour enseigner ce qu'on ignore.

On ne peut mourir ici que subitement ; la mort ne sauroit autrement exercer son empire ; car il y a dans tous les coins des gens qui ont des remèdes infaillibles contre toutes les maladies imaginables.

Toutes les boutiques sont tendues de filets invisibles où se vont prendre tous les acheteurs. L'on en sort pourtant quelquefois à bon marché : une jeune marchande cajole un homme une heure entière pour lui faire acheter un paquet de cure-dents.

Il n'y a personne qui ne sorte de cette ville plus précautionné qu'il n'y est entré : à force de faire part de son bien aux autres, on apprend à

le conserver; seul avantage des étrangers dans cette ville enchanteresse.

De Paris, le 10 de la lune de Saphar, 1714.

LETTRE LIX.

RICA A USBEK.

A ***.

J'étois l'autre jour dans une maison où il y avoit un cercle de gens de toute espèce : je trouvai la conversation occupée par deux vieilles femmes qui avoient en vain travaillé tout le matin à se rajeunir. Il faut avouer, disoit une d'entre elles, que les hommes d'aujourd'hui sont bien différents de ceux que nous voyions dans notre jeunesse : ils étoient polis, gracieux, complaisants; mais à présent je les trouve d'une brutalité insupportable. Tout est changé, dit pour lors un homme qui paroissoit accablé de goutte; le temps n'est plus comme il étoit : il y a quarante ans tout le monde se portoit bien, on marchoit, on étoit gai, on ne demandoit qu'à rire et à danser; à présent tout le monde est d'une tristesse insupportable. Un moment après, la conversation tourna du côté de la politique. Morbleu! dit un vieux seigneur, l'état n'est plus gouverné : trouvez-moi à présent

un ministre comme monsieur Colbert! Je le connoissois beaucoup, ce monsieur Colbert; il étoit de mes amis; il me faisoit toujours payer de mes pensions avant qui que ce fût : le bel ordre qu'il y avoit dans les finances ! tout le monde étoit à son aise; mais aujourd'hui je suis ruiné. Monsieur dit pour lors un ecclésiastique, vous parlez là du temps le plus miraculeux de notre invincible monarque : y a-t-il rien de si grand que ce qu'il faisoit alors pour détruire l'hérésie? Et comptez-vous pour rien l'abolition des duels? dit d'un air content un autre homme qui n'avoit point encore parlé. La remarque est judicieuse, me dit quelqu'un à l'oreille : cet homme est charmé de l'édit, et il l'observe si bien qu'il y a six mois qu'il reçut cent coups de bâton pour ne le pas violer.

Il me semble, Usbek, que nous ne jugeons jamais des choses que par un retour secret que nous faisons sur nous-mêmes. Je ne suis pas surpris que les Nègres peignent le diable d'une blancheur éblouissante, et leurs dieux noirs comme du charbon; que la Vénus de certains peuples ait des mamelles qui lui pendent jusqu'aux cuisses; et qu'enfin tous les idolâtres aient représenté leurs dieux avec une figure humaine, et leur aient fait part de toutes leurs inclinations. On a dit fort bien que, si les triangles faisoient un dieu, ils lui donneroient trois côtés.

Mon cher Usbek, quand je vois des hommes qui rampent sur un atome, c'est-à-dire la terre, qui n'est qu'un point de l'univers, se proposer directement pour modèles de la providence, je ne sais comment accorder tant d'extravagance avec tant de petitesse.

<div style="text-align:right">De Paris, le 14 de la lune de Saphar, 1714.</div>

LETTRE LX.

USBEK A IBBEN.

A Smyrne.

Tu me demandes s'il y a des Juifs en France. Sache que partout où il y a de l'argent il y a des Juifs. Tu me demandes ce qu'ils y font. Précisément ce qu'ils font en Perse : rien ne ressemble plus à un Juif d'Asie qu'un Juif européen.

Ils font paroître chez les chrétiens, comme parmi nous, une obstination invincible pour leur religion, qui va jusqu'à la folie.

La religion juive est un vieux tronc qui a produit deux branches qui ont couvert toute la terre, je veux dire le mahométisme et le christianisme; ou plutôt c'est une mère qui a engendré deux filles qui l'ont accablée de mille plaies; car, en fait de religion, les plus proches sont les plus grandes

ennemies. Mais, quelques mauvais traitements qu'elle en ait reçus, elle ne laisse pas de se glorifier de les avoir mises au monde : elle se sert de l'une et de l'autre pour embrasser le monde entier, tandis que, d'un autre côté, sa vieillesse vénérable embrasse tous les temps.

Les Juifs se regardent donc comme la source de toute sainteté et l'origine de toute religion : ils nous regardent au contraire comme des hérétiques qui ont changé la loi, ou plutôt comme des Juifs rebelles.

Si le changement s'étoit fait insensiblement, ils croient qu'ils auroient été facilement séduits; mais, comme il s'est fait tout à coup et d'une manière violente, comme ils peuvent marquer le jour et l'heure de l'une et de l'autre naissance, ils se scandalisent de trouver en nous des âges, et se tiennent fermes à une religion que le monde même n'a pas précédée.

Ils n'ont jamais eu dans l'Europe un calme pareil à celui dont ils jouissent. On commence à se défaire parmi les chrétiens de cet esprit d'intolérance qui les animoit : on s'est mal trouvé en Espagne de les avoir chassés, et en France d'avoir fatigué des chrétiens dont la croyance différoit un peu de celle du prince. On s'est aperçu que le zèle pour les progrès de la religion est différent de l'attachement qu'on doit avoir pour elle, et que, pour l'aimer et

l'observer, il n'est pas nécessaire de haïr et de persécuter ceux qui ne l'observent pas.

Il seroit à souhaiter que nos musulmans pensassent aussi sensément sur cet article que les chrétiens ; que l'on pût une bonne fois faire la paix entre Hali et Abubeker, et laisser à Dieu le soin de décider des mérites de ces saints prophètes. Je voudrois qu'on les honorât par des actes de vénération et de respect, et non par de vaines préférences, et qu'on cherchât à mériter leur faveur, quelque place que Dieu leur ait marquée, soit à sa droite, ou bien sous le marche-pied de son trône.

<div style="text-align:right">De Paris, le 18 de la lune de Saphar, 1714.</div>

LETTRE LXI.

USBEK A RHÉDI.

A Venise.

J'entrai l'autre jour dans une église fameuse qu'on appelle *Notre-Dame* : pendant que j'admirois ce superbe édifice, j'eus occasion de m'entretenir avec un ecclésiastique que la curiosité y avoit attiré comme moi. La conversation tomba sur la tranquillité de sa profession. La plupart des gens, me dit-il, envient le bonheur de notre état,

et ils ont raison : cependant il a ses désagréments ; nous ne sommes point si séparés du monde que nous n'y soyons appelés en mille occasions : là, nous avons un rôle très difficile à soutenir.

Les gens du monde sont étonnants ; ils ne peuvent souffrir notre approbation ni nos censures ; si nous les voulons corriger, ils nous trouvent ridicules ; si nous les approuvons, ils nous regardent comme des gens au dessous de notre caractère. Il n'y a rien de si humiliant que de penser qu'on a scandalisé les impies mêmes. Nous sommes donc obligés de tenir une conduite équivoque et d'en imposer aux libertins, non pas par un caractère décidé, mais par l'incertitude où nous les mettons de la manière dont nous recevons leurs discours. Il faut avoir beaucoup d'esprit pour cela ; cet état de neutralité est difficile : les gens du monde qui hasardent tout, qui se livrent à toutes leurs saillies, qui, selon le succès, les poussent ou les abandonnent, réussissent bien mieux.

Ce n'est pas tout : cet état si heureux et si tranquille que l'on vante tant, nous ne le conservons pas dans le monde. Dès que nous y paroissons, on nous fait disputer ; on nous fait entreprendre, par exemple, de prouver l'utilité de la prière à un homme qui ne croit pas en Dieu ; la nécessité du jeûne à un autre qui a nié toute sa vie l'immortalité de l'ame : l'entreprise est laborieuse, et les

rieurs ne sont pas pour nous. Il y a plus : une certaine envie d'attirer les autres dans nos opinions, nous tourmente sans cesse, et est pour ainsi dire attachée à notre profession. Cela est aussi ridicule que si on voyoit les Européens travailler en faveur de la nature humaine à blanchir le visage des Africains. Nous troublons l'état, nous nous tourmentons nous-mêmes pour faire recevoir des points de religion qui ne sont point fondamentaux ; et nous ressemblons à ce conquérant de la Chine qui poussa ses sujets à une révolte générale pour les avoir voulu obliger à se rogner les cheveux ou les ongles.

Le zèle même que nous avons pour faire remplir à ceux dont nous sommes chargés les devoirs de notre sainte religion est souvent dangereux, et il ne sauroit être accompagné de trop de prudence. Un empereur nommé *Théodose* fit passer au fil de l'épée tous les habitants d'une ville, même les femmes et les enfants : s'étant ensuite présenté pour entrer dans une église, un évêque nommé *Ambroise* lui fit fermer les portes, comme à un meurtrier et un sacrilége ; et en cela il fit une action héroïque. Cet empereur ayant ensuite fait la pénitence qu'un tel crime exigeoit, étant admis dans l'église, alla se placer parmi les prêtres. Le même évêque l'en fit sortir ; et en cela il fit l'action d'un fanatique : tant il est vrai que l'on doit

se défier de son zèle! Qu'importoit à la religion ou à l'état que ce prince eût ou n'eût pas une place parmi les prêtres?

<div style="text-align:right">De Paris, le premier de la lune de Rebiab, 1, 1714.</div>

LETTRE LXII.

ZÉLIS A USBEK.

A Paris.

Ta fille ayant atteint sa septième année, j'ai cru qu'il étoit temps de la faire passer dans les appartements intérieurs du sérail, et de ne point attendre qu'elle ait dix ans pour la confier aux eunuques noirs. On ne sauroit de trop bonne heure priver une jeune personne des libertés de l'enfance, et lui donner une éducation sainte dans les sacrés murs où la pudeur habite.

Car je ne puis être de l'avis de ces mères qui ne renferment leurs filles que lorsqu'elles sont sur le point de leur donner un époux; qui, les condamnant au sérail plutôt qu'elles ne les y consacrent, leur font embrasser violemment une manière de vie qu'elles auroient dû leur inspirer. Faut-il tout attendre de la force de la raison, et rien de la douceur de l'habitude?

C'est en vain que l'on nous parle de la subordi-

nation où la nature nous a mises ; ce n'est pas assez de nous la faire sentir, il faut nous la faire pratiquer, afin qu'elle nous soutienne dans ce temps critique où les passions commencent à naître et à nous encourager à l'indépendance.

Si nous n'étions attachées à vous que par le devoir, nous pourrions quelquefois l'oublier; si nous n'y étions entraînées que par le penchant, peut-être un penchant plus fort pourroit l'affoiblir; mais quand les lois nous donnent à un homme, elles nous dérobent à tous les autres, et nous mettent aussi loin d'eux que si nous en étions à cent mille lieues.

La nature, industrieuse en faveur des hommes, ne s'est pas bornée à leur donner des désirs; elle a voulu que nous en eussions nous-mêmes, et que nous fussions des instruments animés de leur félicité : elle nous a mises dans le feu des passions pour les faire vivre tranquilles : s'ils sortent de leur insensibilité, elle nous a destinées à les y faire rentrer, sans que nous puissions jamais goûter cet heureux état où nous les mettons.

Cependant, Usbek, ne t'imagine pas que ta situation soit plus heureuse que la mienne : j'ai goûté ici mille plaisirs que tu ne connois pas. Mon imagination a travaillé sans cesse à m'en faire connoître le prix : j'ai vécu, et tu n'as fait que languir.

Dans la prison même où tu me retiens, je suis

plus libre que toi. Tu ne saurois redoubler tes attentions pour me faire garder, que je ne jouisse de tes inquiétudes : et tes soupçons, ta jalousie, tes chagrins, sont autant de marques de ta dépendance.

Continue, cher Usbek ; fais veiller sur moi nuit et jour ; ne te fie pas même aux précautions ordinaires : augmente mon bonheur en assurant le tien, et sache que je ne redoute rien que ton indifférence.

<div style="text-align:center">Du sérail d'Ispahan, le 2 de la lune de Rebiab, 1, 1714.</div>

LETTRE LXIII.

RICA A USBEK.

A ***.

Je crois que tu veux passer ta vie à la campagne. Je ne te perdois au commencement que pour deux ou trois jours, et en voilà quinze que je ne t'ai vu. Il est vrai que tu es dans une maison charmante, que tu y trouves une société qui te convient, que tu y raisonnes tout à ton aise : il n'en faut pas davantage pour te faire oublier tout l'univers.

Pour moi, je mène à peu près la même vie que tu m'as vu mener; je me répands dans le monde, et je cherche à le connoître : mon esprit perd in-

sensiblement tout ce qui lui reste d'asiatique, et se plie sans effort aux mœurs européennes. Je ne suis plus si étonné de voir dans une maison cinq ou six femmes avec cinq ou six hommes, et trouve que cela n'est pas mal imaginé.

Je le puis dire : je ne connois les femmes que depuis que je suis ici : j'en ai plus appris dans un mois que je n'aurois fait en trente ans dans un sérail.

Chez nous les caractères sont tous uniformes, parce qu'ils sont forcés : on ne voit point les gens tels qu'ils sont, mais tels qu'on les oblige d'être : dans cette servitude du cœur et de l'esprit on n'entend parler que la crainte, qui n'a qu'un langage, et non pas la nature, qui s'exprime si différemment, et qui paroît sous tant de formes.

La dissimulation, cet art parmi nous si pratiqué et si nécessaire, est ici inconnue : tout parle, tout se voit, tout s'entend, le cœur se montre comme le visage; dans les mœurs, dans la vertu, dans le vice même, on aperçoit toujours quelque chose de naïf.

Il faut pour plaire aux femmes un certain talent différent de celui qui leur plaît encore davantage : il consiste dans une espèce de badinage dans l'esprit, qui les amuse en ce qu'il semble leur promettre à chaque instant ce qu'on ne peut tenir que dans de trop longs intervalles.

Ce badinage, naturellement fait pour les toilettes, semble être parvenu à former le caractère général de la nation : on badine au conseil, on badine à la tête d'une armée, on badine avec un ambassadeur. Les professions ne paroissent ridicules qu'à proportion du sérieux qu'on y met; un médecin ne le seroit plus, si ses habits étoient moins lugubres, et s'il tuoit ses malades en badinant.

<div style="text-align:right">De Paris, le 10 de la lune de Rebiab, 1, 1714.</div>

LETTRE LXIV.

LE CHEF DES EUNUQUES NOIRS A USBEK.

A Paris.

Je suis dans un embarras que je ne saurois t'exprimer, magnifique seigneur : le sérail est dans un désordre et une confusion épouvantables : la guerre règne entre tes femmes : tes eunuques sont partagés : on n'entend que plaintes, que murmures, que reproches : mes remontrances sont méprisées; tout semble permis dans ce temps de licence; et je n'ai plus qu'un vain titre dans le sérail.

Il n'y a aucune de tes femmes qui ne se juge au dessus des autres par sa naissance, par sa beauté, par ses richesses, par son esprit, par ton amour,

et qui ne fasse valoir quelques uns de ces titres pour avoir toutes les préférences : je perds à chaque instant cette longue patience avec laquelle néanmoins j'ai eu le malheur de les mécontenter toutes : ma prudence, ma complaisance même, vertu si rare et si étrangère dans le poste que j'occupe, ont été inutiles.

Veux-tu que je te découvre, magnifique seigneur, la cause de tous ces désordres ? elle est toute dans ton cœur, et dans les tendres égards que tu as pour elles. Si tu ne me retenois pas la main ; si, au lieu de la voie des remontrances, tu me laissois celle des châtiments ; si, sans te laisser attendrir à leurs plaintes et à leurs larmes, tu les envoyois pleurer devant moi, qui ne m'attendris jamais, je les façonnerois bientôt au joug qu'elles doivent porter, et je lasserois leur humeur impérieuse et indépendante.

Enlevé, dès l'âge de quinze ans, du fond de l'Afrique, ma patrie, je fus d'abord vendu à un maître qui avoit plus de vingt femmes ou concubines. Ayant jugé à mon air grave et taciturne que j'étois propre au sérail, il ordonna que l'on achevât de me rendre tel, et me fit faire une opération, pénible dans les commencements, mais qui me fut heureuse dans la suite, parce qu'elle m'approcha de l'oreille et de la confiance de mes maîtres. J'entrai dans ce sérail, qui fut pour moi

un nouveau monde. Le premier eunuque, l'homme le plus sévère que j'aie vu de ma vie, y gouvernoit avec un empire absolu. On n'y entendoit parler ni de divisions ni de querelles ; un silence profond régnoit partout : toutes ces femmes étoient couchées à la même heure, d'un bout de l'année à l'autre, et levées à la même heure : elles entroient dans le bain tour à tour, elles en sortoient au moindre signe que nous leur en faisions : le reste du temps elles étoient presque toujours enfermées dans leurs chambres. Il avoit une règle, qui étoit de les faire tenir dans une grande propreté, et il avoit pour cela des attentions inexprimables : le moindre refus d'obéir étoit puni sans miséricorde. Je suis, disoit-il, esclave ; mais je le suis d'un homme qui est votre maître et le mien, et j'use du pouvoir qu'il m'a donné sur vous : c'est lui qui vous châtie, et non pas moi, qui ne fais que prêter ma main. Ces femmes n'entroient jamais dans la chambre de mon maître qu'elles n'y fussent appelées ; elles recevoient cette grace avec joie, et s'en voyoient privées sans se plaindre. Enfin moi, qui étois le dernier des noirs dans ce sérail tranquille, j'étois mille fois plus respecté que je ne le suis dans le tien où je les commande tous.

Dès que ce grand eunuque eut connu mon génie, il tourna les yeux de mon côté ; il parla de moi à mon maître comme d'un homme capable

de travailler selon ses vues, et de lui succéder dans le poste qu'il remplissoit : il ne fut point étonné de ma grande jeunesse; il crut que mon attention me tiendroit lieu d'expérience. Que te dirai-je? je fis tant de progrès dans sa confiance qu'il ne faisoit plus difficulté de mettre dans mes mains les clefs du lieu terrible qu'il gardoit depuis si long-temps. C'est sous ce grand maître que j'appris l'art difficile de commander, et que je me formai aux maximes d'un gouvernement inflexible. J'étudiai sous lui le cœur des femmes : il m'apprit à profiter de leurs foiblesses, et à ne point m'étonner de leur hauteur. Souvent il se plaisoit à me les voir conduire jusqu'au dernier retranchement de l'obéissance; il les faisoit ensuite revenir insensiblement, et vouloit que je parusse pour quelque temps plier moi-même. Mais il falloit le voir dans ces moments où il les trouvoit tout près du désespoir, entre les prières et les reproches! il soutenoit leurs larmes sans s'émouvoir, et se sentoit flatté de cette espèce de triomphe. Voilà, disoit-il d'un air content, comment il faut gouverner les femmes : leur nombre ne m'embarrasse pas; je conduirois de même toutes celles de notre grand monarque. Comment un homme peut-il espérer de captiver leur cœur, si ses fidèles eunuques n'ont commencé par soumettre leur esprit?

Il avoit non seulement de la fermeté, mais aussi

de la pénétration. Il lisoit leurs pensées et leurs dissimulations : leurs gestes étudiés, leur visage feint, ne lui déroboient rien. Il savoit toutes leurs actions les plus cachées et leurs paroles les plus secrètes. Il se servoit des unes pour connoître les autres, et il se plaisoit à récompenser la moindre confidence. Comme elles n'abordoient leur mari que lorsqu'elles étoient averties, l'eunuque y appeloit qui il vouloit, et tournoit les yeux de son maître sur celles qu'il avoit en vue; et cette distinction étoit la récompense de quelque secret révélé. Il avoit persuadé à son maître qu'il étoit du bon ordre qu'il lui laissât ce choix, afin de lui donner une autorité plus grande. Voilà comme on gouvernoit, magnifique seigneur, dans un sérail qui étoit, je crois, le mieux réglé qu'il y eût en Perse.

Laisse-moi les mains libres : permets que je me fasse obéir : huit jours remettront l'ordre dans le sein de la confusion : c'est ce que ta gloire demande et ce que ta sûreté exige.

<small>De ton sérail d'Ispahan. le 9 de la lune de Rebiab, 2, 1714.</small>

LETTRE LXV.

USBEK A SES FEMMES.

Au sérail d'Ispahan.

J'apprends que le sérail est dans le désordre, et qu'il est rempli de querelles et de divisions intestines. Que vous recommandai-je en partant, que la paix et la bonne intelligence? Vous me le promîtes : étoit-ce pour me tromper?

C'est vous qui seriez trompées, si je voulois suivre les conseils que me donne le grand eunuque, si je voulois employer mon autorité pour vous faire vivre comme mes exhortations le demandoient de vous.

Je ne sais me servir de ces moyens violents que lorsque j'ai tenté tous les autres. Faites donc en votre considération ce que vous n'avez pas voulu faire à la mienne.

Le premier eunuque a grand sujet de se plaindre : il dit que vous n'avez aucun égard pour lui. Comment pouvez-vous accorder cette conduite avec la modestie de votre état? N'est-ce pas à lui que, pendant mon absence, votre vertu est confiée? C'est un trésor sacré dont il est le dépositaire. Mais ces mépris que vous lui témoignez font voir

que ceux qui sont chargés de vous faire vivre dans les lois de l'honneur vous sont à charge.

Changez donc de conduite, je vous prie; et faites en sorte que je puisse une autre fois rejeter les propositions que l'on me fait contre votre liberté et votre repos.

Car je voudrois vous faire oublier que je suis votre maître, pour me souvenir seulement que je suis votre époux.

<div style="text-align:right">De Paris, le 5 de la lune de Chahban, 1714.</div>

LETTRE LXVI.

RICA A ***.

On s'attache ici beaucoup aux sciences, mais je ne sais si on est fort savant. Celui qui doute de tout comme philosophe n'ose rien nier comme théologien : cet homme contradictoire est toujours content de lui pourvu qu'on convienne des qualités.

La fureur de la plupart des François, c'est d'avoir de l'esprit; et la fureur de ceux qui veulent avoir de l'esprit, c'est de faire des livres.

Cependant il n'y a rien de si mal imaginé : la nature sembloit avoir sagement pourvu à ce que les sottises des hommes fussent passagères; et les

livres les immortalisent. Un sot devroit être content d'avoir ennuyé tous ceux qui ont vécu avec lui : il veut encore tourmenter les races futures : il veut que sa sottise triomphe de l'oubli dont il auroit pu jouir comme du tombeau : il veut que la postérité soit informée qu'il a vécu, et qu'elle sache à jamais qu'il a été un sot.

De tous les auteurs il n'y en a point que je méprise plus que les compilateurs, qui vont de tous côtés chercher des lambeaux des ouvrages des autres, qu'ils plaquent dans les leurs comme des pièces de gazon dans un parterre : ils ne sont point au dessus de ces ouvriers d'imprimerie qui rangent des caractères qui, combinés ensemble, font un livre où ils n'ont fourni que la main. Je voudrois qu'on respectât les livres originaux ; et il me semble que c'est une espèce de profanation de tirer les pièces qui les composent du sanctuaire où elles sont pour les exposer à un mépris qu'elles ne méritent point.

Quand un homme n'a rien à dire de nouveau, que ne se tait-il ? Qu'a-t-on affaire de ces doubles emplois ? Mais je veux donner un nouvel ordre. Vous êtes un habile homme : Vous venez dans ma bibliothèque, et vous mettez en bas les livres qui sont en haut, et en haut ceux qui sont en bas : c'est un beau chef-d'œuvre.

Je t'écris sur ce sujet, ***, parce que je suis ou-

tré d'un livre que je viens de quitter, qui est si gros qu'il sembloit contenir la science universelle; mais il m'a rompu la tête sans m'avoir rien appris. Adieu.

<div style="text-align:right">De Paris, le 8 de la lune de Chahban, 1714.</div>

LETTRE LXVII.

IBBEN A USBEK.

A Paris.

Trois vaisseaux sont arrivés ici sans m'avoir apporté de tes nouvelles. Es-tu malade? ou te plais-tu à m'inquiéter?

Si tu ne m'aimes pas dans un pays où tu n'es lié à rien, que sera-ce au milieu de la Perse, et dans le sein de ta famille? Mais peut-être que je me trompe : tu es assez aimable pour trouver partout des amis : le cœur est citoyen de tous les pays : comment une ame bien faite peut-elle s'empêcher de former des engagements? Je te l'avoue, je respecte les anciennes amitiés; mais je ne suis pas fâché d'en faire partout de nouvelles.

En quelque pays que j'aie été, j'y ai vécu comme si j'avois dû y passer ma vie : j'ai eu le même empressement pour les gens vertueux, la même compassion ou plutôt la même tendresse pour les

malheureux, la même estime pour ceux que la prospérité n'a point aveuglés. C'est mon caractère, Usbek : partout où je trouverai des hommes, je me choisirai des amis.

Il y a ici un guèbre qui, après toi, a, je crois, la première place dans mon cœur; c'est l'ame de la probité même. Des raisons particulières l'ont obligé de se retirer dans cette ville, où il vit tranquille du produit d'un trafic honnête avec une femme qu'il aime. Sa vie est toute marquée d'actions généreuses; et, quoiqu'il cherche la vie obscure, il y a plus d'héroïsme dans son cœur que dans celui des plus grands monarques.

Je lui ai parlé mille fois de toi; je lui montre toutes tes lettres : je remarque que cela lui fait plaisir, et je vois déja que tu as un ami qui t'est inconnu.

Tu trouveras ici ses principales aventures : quelque répugnance qu'il ait à les écrire, il n'a pu les refuser à mon amitié, et je les confie à la tienne.

HISTOIRE D'APHÉRIDON ET D'ASTARTÉ.

Je suis né parmi les guèbres, d'une religion qui est peut-être la plus ancienne qui soit au monde. Je fus si malheureux que l'amour me vint avant la raison. J'avois à peine six ans, que je ne pouvois vivre qu'avec ma sœur : mes yeux s'attachoient

toujours sur elle; et lorsqu'elle me quittoit un moment, elle les retrouvoit baignés de larmes : chaque jour n'augmentoit pas plus mon âge que mon amour. Mon père, étonné d'une si forte sympathie, auroit bien souhaité de nous marier ensemble selon l'ancien usage des guèbres introduit par Cambyse; mais la crainte des mahométans, sous le joug desquels nous vivons, empêche ceux de notre nation de penser à ces alliances saintes, que notre religion ordonne plutôt qu'elle ne permet, et qui sont des images si naïves de l'union déja formée par la nature.

Mon père, voyant donc qu'il auroit été dangereux de suivre mon inclination et la sienne, résolut d'éteindre une flamme qu'il croyoit naissante, mais qui étoit déja à son dernier période : il prétexta un voyage, et m'emmena avec lui, laissant ma sœur entre les mains d'une de ses parentes, car ma mère étoit morte depuis deux ans. Je ne vous dirai point quel fut le désespoir de cette séparation : j'embrassai ma sœur toute baignée de larmes, mais je n'en versai point, car la douleur m'avoit rendu comme insensible. Nous arrivâmes à Téflis; et mon père, ayant confié mon éducation à un de nos parents, m'y laissa, et s'en retourna chez lui.

Quelque temps après, j'appris que, par le crédit d'un de ses amis, il avoit fait entrer ma sœur dans

le beiram du roi, où elle étoit au service d'une sultane. Si l'on m'avoit appris sa mort, je n'en aurois pas été plus frappé ; car, outre que je n'espérois plus de la revoir, son entrée dans le beiram l'avoit rendue mahométane ; et elle ne pouvoit plus, suivant le préjugé de cette religion, me regarder qu'avec horreur. Cependant, ne pouvant plus vivre à Téflis, las de moi-même et de la vie, je retournai à Ispahan. Mes premières paroles furent amères à mon père ; je lui reprochai d'avoir mis sa fille en un lieu où l'on ne peut entrer qu'en changeant de religion. Vous avez attiré sur votre famille, lui dis-je, la colère de Dieu et du soleil qui vous éclaire ; vous avez plus fait que si vous aviez souillé les éléments, puisque vous avez souillé l'ame de votre fille, qui n'est pas moins pure. J'en mourrai de douleur et d'amour ; mais puisse la mort être la seule peine que Dieu vous fasse sentir ! A ces mots je sortis ; et pendant deux ans je passai ma vie à aller regarder les murailles du beiram, et considérer le lieu où ma sœur pouvoit être, m'exposant tous les jours mille fois à être égorgé par les eunuques qui font la ronde autour de ces redoutables lieux.

Enfin mon père mourut ; et la sultane que ma sœur servoit la voyant tous les jours croître en beauté en devint jalouse, et la maria avec un eunuque qui la souhaitoit avec passion. Par ce

moyen ma sœur sortit du sérail, et prit avec son eunuque une maison à Ispahan.

Je fus plus de trois mois sans pouvoir lui parler, l'eunuque, le plus jaloux de tous les hommes, me remettant toujours sous divers prétextes. Enfin, j'entrai dans son beiram; et il me lui fit parler au travers d'une jalousie. Des yeux de lynx ne l'auroient pas pu découvrir, tant elle étoit enveloppée d'habits et de voiles, et je ne la pus reconnoître qu'au son de sa voix. Quelle fut mon émotion quand je me vis si près et si éloigné d'elle! Je me contraignis, car j'étois examiné. Quant à elle, il me parut qu'elle versa quelques larmes. Son mari voulut me faire quelques mauvaises excuses; mais je le traitai comme le dernier des esclaves. Il fut bien embarrassé quand il vit que je parlai à ma sœur une langue qui lui étoit inconnue; c'étoit l'ancien persan, qui est notre langue sacrée. Quoi! ma sœur, lui dis-je, est-il vrai que vous ayez quitté la religion de vos pères? Je sais qu'entrant au beiram vous avez dû faire profession du mahométisme; mais, dites-moi, votre cœur a-t-il pu consentir, comme votre bouche, à quitter une religion qui me permet de vous aimer? Et pour qui la quittez-vous cette religion qui nous doit être si chère? pour un misérable encore flétri des fers qu'il a portés; qui, s'il étoit homme, seroit le dernier de tous. Mon frère, dit-elle, cet homme dont

vous parlez est mon mari; il faut que je l'honore, tout indigne qu'il vous paroît; et je serois aussi la dernière des femmes, si... Ah, ma sœur! lui dis-je, vous êtes guèbre : il n'est ni votre époux ni ne peut l'être; si vous êtes fidèle comme vos pères, vous ne devez le regarder que comme un monstre. Hélas! dit-elle, que cette religion se montre à moi de loin! à peine en savois-je les préceptes qu'il les fallut oublier. Vous voyez que cette langue que je vous parle ne m'est plus familière, et que j'ai toutes les peines du monde à m'exprimer; mais comptez que le souvenir de notre enfance me charme toujours; que depuis ce temps-là je n'ai eu que de fausses joies; qu'il ne s'est pas passé de jour que je n'aie pensé à vous; que vous avez eu plus de part que vous ne croyez à mon mariage, et que je n'y ai été déterminée que par l'espérance de vous revoir. Mais que ce jour qui m'a tant coûté va me coûter encore! Je vous vois tout hors de vous-même; mon mari frémit de rage et de jalousie : je ne vous verrai plus; je vous parle sans doute pour la dernière fois de ma vie : si cela étoit, mon frère, elle ne seroit pas longue. A ces mots, elle s'attendrit; et se voyant hors d'état de tenir la conversation elle me quitta le plus désolé de tous les hommes.

Trois ou quatre jours après, je demandai à voir ma sœur. Le barbare eunuque auroit bien voulu

m'en empêcher; mais, outre que ces sortes de maris n'ont pas sur leurs femmes la même autorité que les autres, il aimoit si éperdument ma sœur qu'il ne savoit lui rien refuser. Je la vis encore dans le même lieu et sous les mêmes voiles, accompagnée de deux esclaves; ce qui me fit avoir recours à notre langue particulière. Ma sœur, lui dis-je, d'où vient que je ne puis vous voir sans me trouver dans une situation affreuse ? Les murailles qui vous tiennent enfermée, ces verroux et ces grilles, ces misérables gardiens qui vous observent, me mettent en fureur. Comment avez-vous perdu la douce liberté dont jouissoient vos ancêtres? Votre mère, qui étoit si chaste, ne donnoit à son mari, pour garant de sa vertu, que sa vertu même : ils vivoient heureux l'un et l'autre dans une confiance mutuelle; et la simplicité de leurs mœurs étoit pour eux une richesse plus précieuse mille fois que le faux éclat dont vous semblez jouir dans cette maison somptueuse. En perdant votre religion vous avez perdu votre liberté, votre bonheur, et cette précieuse égalité qui fait l'honneur de votre sexe. Mais ce qu'il y a de pis encore, c'est que vous êtes, non pas la femme, car vous ne pouvez pas l'être, mais l'esclave d'un esclave qui a été dégradé de l'humanité. Ah, mon frère, dit-elle, respectez mon époux, respectez la religion que j'ai embrassée : selon cette religion, je

n'ai pu vous entendre ni vous parler sans crime. Quoi, ma sœur! lui dis-je tout transporté, vous la croyez donc véritable cette religion? Ah! dit-elle, qu'il me seroit avantageux qu'elle ne le fût pas! Je fais pour elle un trop grand sacrifice pour que je puisse ne la pas croire; et, si mes doutes... A ces mots elle se tut. Oui, vos doutes, ma sœur, sont bien fondés, quels qu'ils soient. Qu'attendez-vous d'une religion qui vous rend malheureuse dans ce monde-ci, et ne vous laisse point d'espérance pour l'autre? Songez que la nôtre est la plus ancienne qui soit au monde; qu'elle a toujours fleuri dans la Perse, et n'a pas d'autre origine que cet empire, dont les commencements ne sont point connus; que ce n'est que le hasard qui y a introduit le mahométisme; que cette secte y a été établie, non par la voie de la persuasion, mais de la conquête. Si nos princes naturels n'avoient pas été foibles, vous verriez régner encore le culte de ces anciens mages. Transportez-vous dans les siècles reculés : tout vous parlera du magisme, et rien de la secte mahométane, qui, plusieurs milliers d'années après, n'étoit pas même dans son enfance. Mais, dit-elle, quand ma religion seroit plus moderne que la vôtre, elle est au moins plus pure, puisqu'elle n'adore que Dieu; au lieu que vous adorez encore le soleil, les étoiles, le feu, et même les éléments. Je vois, ma sœur, que vous avez appris parmi les

musulmans à calomnier notre sainte religion. Nous n'adorons ni les astres ni les éléments; et nos pères ne les ont jamais adorés; jamais ils ne leur ont élevé des temples; jamais ils ne leur ont offert des sacrifices; ils leur ont seulement rendu un culte religieux, mais inférieur, comme à des ouvrages et des manifestations de la divinité. Mais, ma sœur, au nom de Dieu qui nous éclaire, recevez ce livre sacré que je vous porte; c'est le livre de notre législateur Zoroastre : lisez-le sans prévention ; recevez dans votre cœur les rayons de lumière qui vous éclaireront en le lisant : souvenez-vous de vos pères qui ont si long-temps honoré le soleil dans la ville sainte de Balk ; et enfin souvenez-vous de moi, qui n'espère de repos, de fortune, de vie, que de votre changement. Je la quittai tout transporté, et la laissai seule décider la plus grande affaire que je pusse avoir de ma vie.

J'y retournai deux jours après. Je ne lui parlai point; j'attendis dans le silence l'arrêt de ma vie ou de ma mort. Vous êtes aimé, mon frère, me dit-elle, et par une guèbre. J'ai long-temps combattu : mais, dieux! que l'amour lève de difficultés! que je suis soulagée! Je ne crains plus de vous trop aimer; je puis ne mettre point de bornes à mon amour : l'excès même en est légitime. Ah! que ceci convient bien à l'état de mon cœur! Mais vous qui avez su rompre les chaînes que mon esprit s'étoit

forgées, quand romprez-vous celles qui me lient les mains? Dès ce moment je me donne à vous : faites voir, par la promptitude avec laquelle vous m'accepterez, combien ce présent vous est cher. Mon frère, la première fois que je pourrai vous embrasser, je crois que je mourrai dans vos bras. Je n'exprimerois jamais bien la joie que je sentis à ces paroles : je me crus et je me vis en effet en un instant le plus heureux de tous les hommes : je vis presque accomplir tous les désirs que j'avois formés en vingt-cinq ans de vie, et évanouir tous les chagrins qui me l'avoient rendue si laborieuse. Mais quand je me fus un peu accoutumé à ces douces idées, je trouvai que je n'étois pas si près de mon bonheur que je me l'étois figuré tout à coup, quoique j'eusse surmonté le plus grand de tous les obstacles. Il falloit surprendre la vigilance de ses gardiens; je n'osois confier à personne le secret de ma vie : je n'avois que ma sœur, elle n'avoit que moi : si je manquois mon coup, je courois risque d'être empalé; mais je ne voyois pas de peine plus cruelle que de le manquer. Nous convînmes qu'elle m'enverroit demander une horloge que son père lui avoit laissée, et que j'y mettrois dedans une lime pour scier les jalousies d'une fenêtre qui donnoit dans la rue, et une corde nouée pour descendre; que je ne la verrois plus dorénavant, mais que j'irois toutes les nuits

sous cette fenêtre attendre qu'elle pût exécuter son dessein. Je passai quinze nuits entières sans voir personne, parce qu'elle n'avoit pas trouvé le temps favorable : enfin la seizième j'entendis une scie qui travailloit. De temps en temps l'ouvrage étoit interrompu; et dans ces intervalles ma frayeur étoit inexprimable. Après une heure de travail je la vis qui attachoit la corde; elle se laissa aller, et glissa dans mes bras. Je ne connus plus le danger, et je restai long-temps sans bouger de là : je la conduisis hors de la ville, où j'avois un cheval tout prêt; je la mis en croupe derrière moi, et m'éloignai avec toute la promptitude imaginable d'un lieu qui pouvoit nous être si funeste. Nous arrivâmes avant le jour chez un guèbre, dans un lieu désert où il étoit retiré, vivant frugalement du travail de ses mains. Nous ne jugeâmes pas à propos de rester chez lui, et par son conseil nous entrâmes dans une épaisse forêt, et nous nous mîmes dans le creux d'un vieux chêne jusqu'à ce que le bruit de notre évasion se fût dissipé. Nous vivions tous deux dans ce séjour écarté, sans témoins, nous répétant sans cesse que nous nous aimerions toujours, attendant l'occasion que quelque prêtre guèbre pût faire la cérémonie du mariage prescrite par nos livres sacrés. Ma sœur, lui dis-je, que cette union est sainte ! la nature nous avoit unis, notre sainte loi va nous unir encore.

Enfin un prêtre vint calmer notre impatience amoureuse : il fit dans la maison du paysan toutes les cérémonies du mariage : il nous bénit, et nous souhaita mille fois toute la vigueur de Gustaspe et la sainteté de l'Hohoraspe. Bientôt après, nous quittâmes la Perse, où nous n'étions pas en sûreté, et nous nous retirâmes en Géorgie. Nous y vécûmes un an, tous les jours plus charmés l'un de l'autre. Mais comme mon argent alloit finir, et que je craignois la misère pour ma sœur, non pas pour moi, je la quittai pour aller chercher quelque secours chez nos parents. Jamais adieu ne fut plus tendre. Mais mon voyage me fut non seulement inutile, mais funeste; car, ayant trouvé d'un côté tous nos biens confisqués, de l'autre mes parents presque dans l'impuissance de me secourir, je ne rapportai d'argent précisément que ce qu'il falloit pour mon retour. Mais quel fut mon désespoir ! je ne trouvai plus ma sœur. Quelques jours avant mon arrivée, des Tartares avoient fait une incursion dans la ville où elle étoit; et, comme ils la trouvèrent belle, ils la prirent et la vendirent à des Juifs qui alloient en Turquie, et ne laissèrent qu'une petite fille dont elle étoit accouchée quelques mois auparavant. Je suivis ces Juifs, et les joignis à trois lieues de là : mes prières, mes larmes, furent vaines; ils me demandèrent toujours trente tomans, et ne se relâchèrent jamais d'un seul. Après

m'être adressé à tout le monde, avoir imploré la protection des prêtres turcs et chrétiens, je m'adressai à un marchand arménien; je lui vendis ma fille, et me vendis aussi pour trente-cinq tomans. J'allai aux Juifs, je leur donnai trente tomans, et portai les cinq autres à ma sœur que je n'avois pas encore vue. Vous êtes libre, lui dis-je, ma sœur, et je puis vous embrasser : voilà cinq tomans que je vous porte; j'ai du regret qu'on ne m'ait pas acheté davantage. Quoi! dit-elle, vous vous êtes vendu? Oui, lui dis-je. Ah, malheureux! qu'avez-vous fait? N'étois-je pas assez infortunée sans que vous travaillassiez à me le rendre davantage? Votre liberté me consoloit, et votre esclavage va me mettre au tombeau. Ah, mon frère! que votre amour est cruel! Et ma fille? je ne la vois point. Je l'ai vendue, lui dis-je. Nous fondîmes tous deux en larmes, et n'eûmes pas la force de rien dire. Enfin j'allai trouver mon maître; et ma sœur y arriva presque aussitôt que moi : elle se jeta à ses genoux. Je vous demande, dit-elle, la servitude, comme les autres vous demandent la liberté : prenez-moi, vous me vendrez plus cher que mon mari. Ce fut alors qu'il se fit un combat qui arracha des larmes des yeux de mon maître. Malheureux! dit-elle, as-tu pensé que je pusse accepter ma liberté aux dépens de la tienne? Seigneur, vous voyez deux infortunés qui mourront si vous nous

séparez. Je me donne à vous, payez-moi : peut-être que cet argent et mes services pourront quelque jour obtenir de vous ce que je n'ose vous demander. Il est de votre intérêt de ne nous point séparer : comptez que je dispose de sa vie. L'Arménien étoit un homme doux, qui fut touché de nos malheurs. Servez-moi l'un et l'autre avec fidélité et avec zèle, et je vous promets que dans un an je vous donnerai votre liberté. Je vois que vous ne méritez ni l'un ni l'autre les malheurs de votre condition. Si, lorsque vous serez libres, vous êtes aussi heureux que vous le méritez, si la fortune vous rit, je suis certain que vous me satisferez de la perte que je souffrirai. Nous embrassâmes tous deux ses genoux, et le suivîmes dans son voyage. Nous nous soulagions l'un et l'autre dans les travaux de la servitude ; et j'étois charmé lorsque j'avois pu faire l'ouvrage qui étoit tombé à ma sœur.

La fin de l'année arriva; notre maître tint sa parole, et nous délivra. Nous retournâmes à Téflis. Là je trouvai un ancien ami de mon père, qui exerçoit avec succès la médecine dans cette ville : il me prêta quelque argent, avec lequel je fis quelque négoce. Quelques affaires m'appelèrent ensuite à Smyrne, où je m'établis. J'y vis depuis six ans, et j'y jouis de la plus aimable et de la plus douce société du monde : l'union règne dans ma

famille; et je ne changerois pas ma condition pour celle de tous les rois du monde. J'ai été assez heureux pour retrouver le marchand arménien à qui je dois tout, et je lui ai rendu des services signalés.

De Smyrne, le 27 de la lune de Gemmadi, 2, 1714.

LETTRE LXVIII.

RICA A USBEK.

A ***

J'allai l'autre jour dîner chez un homme de robe qui m'en avoit prié plusieurs fois. Après avoir parlé de bien des choses, je lui dis : Monsieur, il me paroît que votre métier est bien pénible. Pas tant que vous vous l'imaginez, répondit-il : de la manière dont nous le faisons, ce n'est qu'un amusement. Mais quoi ! n'avez-vous pas toujours la tête remplie des affaires d'autrui ? n'êtes-vous pas toujours occupé de choses qui ne sont point intéressantes ? Vous avez raison, ces choses ne sont point intéressantes, car nous nous y intéressons si peu que rien; et cela même fait que le métier n'est pas si fatigant que vous dites. Quand je vis qu'il prenoit la chose d'une manière si dégagée, je continuai, et lui dis : Monsieur, je n'ai point

vu votre cabinet. Je le crois, car je n'en ai point. Quand je pris cette charge, j'eus besoin d'argent pour la payer; je vendis ma bibliothèque; et le libraire qui la prit, d'un nombre prodigieux de volumes, ne me laissa que mon livre de raison. Ce n'est pas que je les regrette : nous autres juges nous ne nous enflons point d'une vaine science : qu'avons-nous affaire de tous ces volumes de lois? presque tous les cas sont hypothétiques et sortent de la règle générale. Mais ne seroit-ce pas, monsieur, lui dis-je, parce que vous les en faites sortir? car enfin pourquoi chez tous les peuples du monde y auroit-il des lois, si elles n'avoient pas leur application? et comment peut-on les appliquer, si on ne les sait pas? Si vous connoissiez le palais, reprit le magistrat, vous ne parleriez pas comme vous faites : nous avons des livres vivants, qui sont les avocats : ils travaillent pour nous, et se chargent de nous instruire. Et ne se chargent-ils pas aussi quelquefois de vous tromper? lui repartis-je. Vous ne feriez donc pas mal de vous garantir de leurs embûches. Ils ont des armes avec lesquelles ils attaquent votre équité; il seroit bon que vous en eussiez aussi pour la défendre, et que vous n'allassiez pas vous mettre dans la mêlée, habillés à la légère, parmi des gens cuirassés jusqu'aux dents.

De Paris, le 18 de la lune de Chahban, 1714.

LETTRE LXIX.

USBEK A RHÉDI.

A Venise.

Tu ne te serois jamais imaginé que je fusse devenu plus métaphysicien que je ne l'étois : cela est pourtant ; et tu en seras convaincu quand tu auras essuyé ce débordement de ma philosophie.

Les philosophes les plus sensés qui ont réfléchi sur la nature de Dieu ont dit qu'il étoit un être souverainement parfait ; mais ils ont extrêmement abusé de cette idée. Ils ont fait une énumération de toutes les perfections différentes que l'homme est capable d'avoir et d'imaginer, et en ont chargé l'idée de la Divinité, sans songer que souvent ses attributs s'entr'empêchent, et qu'ils ne peuvent subsister dans un même sujet sans se détruire.

Les poëtes d'Occident disent qu'un peintre ayant voulu faire le portrait de la déesse de la beauté, assembla les plus belles Grecques, et prit de chacune ce qu'elle avoit de plus agréable, dont il fit un tout pour ressembler à la plus belle de toutes les déesses. Si un homme en avoit conclu qu'elle étoit blonde et brune, qu'elle avoit les yeux noirs et bleus, qu'elle étoit douce et fière, il auroit passé pour ridicule.

Souvent Dieu manque d'une perfection qui pourroit lui donner une grande imperfection : mais il n'est jamais limité que par lui-même ; il est lui-même sa nécessité. Ainsi, quoique Dieu soit tout-puissant, il ne peut pas violer ses promesses ni tromper les hommes. Souvent même l'impuissance n'est pas dans lui, mais dans les choses relatives ; et c'est la raison pourquoi il ne peut pas changer l'essence des choses.

Ainsi il n'y a point sujet de s'étonner que quelques uns de nos docteurs aient osé nier la prescience infinie de Dieu sur ce fondement qu'elle est incompatible avec sa justice.

Quelque hardie que soit cette idée, la métaphysique s'y prête merveilleusement. Selon ses principes, il n'est pas possible que Dieu prévoie les choses qui dépendent de la détermination des causes libres ; parce que ce qui n'est point arrivé n'est point, et par conséquent ne peut être connu ; car le rien, qui n'a point de propriétés, ne peut être aperçu : Dieu ne peut point lire dans une volonté qui n'est point, et voir dans l'ame une chose qui n'existe point en elle ; car, jusqu'à ce qu'elle se soit déterminée, cette action qui la détermine n'est point en elle.

L'ame est l'ouvrière de sa détermination ; mais il y a des occasions où elle est tellement indéterminée qu'elle ne sait pas même de quel côté se

déterminer. Souvent même elle ne le fait que pour faire usage de sa liberté; de manière que Dieu ne peut voir cette détermination par avance ni dans l'action de l'ame ni dans l'action que les objets font sur elle.

Comment Dieu pourroit-il prévoir les choses qui dépendent de la détermination des causes libres? il ne pourroit les voir que de deux manières; par conjecture, ce qui est contradictoire avec la prescience infinie : ou bien il les verroit comme des effets nécessaires qui suivroient infailliblement d'une cause qui les produiroit de même, ce qui est encore plus contradictoire; car l'ame seroit libre par la supposition; et, dans le fait, elle ne le seroit pas plus qu'une boule de billard n'est libre de se remuer lorsqu'elle est poussée par une autre.

Ne crois pas pourtant que je veuille borner la science de Dieu. Comme il fait agir les créatures à sa fantaisie, il connoît tout ce qu'il veut connoître. Mais, quoiqu'il puisse voir tout, il ne se sert pas toujours de cette faculté; il laisse ordinairement à la créature la faculté d'agir ou de ne pas agir, pour lui laisser celle de mériter ou de démériter : c'est pour lors qu'il renonce au droit qu'il a d'agir sur elle et de la déterminer. Mais quand il veut savoir quelque chose il le sait toujours, parce qu'il n'a qu'à vouloir qu'elle arrive

comme il la voit, et déterminer les créatures conformément à sa volonté. C'est ainsi qu'il tire ce qui doit arriver du nombre des choses purement possibles, en fixant par ses décrets les déterminations futures des esprits, et les privant de la puissance qu'il leur a donnée d'agir ou de ne pas agir.

Si l'on peut se servir d'une comparaison dans une chose qui est au dessus des comparaisons, un monarque ignore ce que son ambassadeur fera dans une affaire importante; s'il le veut savoir, il n'a qu'à lui ordonner de se comporter d'une telle manière, et il pourra assurer que la chose arrivera comme il la projette.

L'Alcoran et le livre des Juifs s'élèvent sans cesse contre le dogme de la prescience absolue: Dieu y paroît partout ignorer la détermination future des esprits; et il semble que ce soit la première vérité que Moïse ait enseignée aux hommes.

Dieu met Adam dans le paradis terrestre à condition qu'il ne mangera point d'un certain fruit: précepte absurde dans un être qui connoîtroit les déterminations futures des ames; car enfin un tel être peut-il mettre des conditions à ses graces sans les rendre dérisoires? C'est comme si un homme qui auroit su la prise de Bagdad disoit à un autre: Je vous donne cent tomans si Bagdad n'est pas pris. Ne feroit-il pas là une bien mauvaise plaisanterie?

Mon cher Rhédi, pourquoi tant de philosophie? Dieu est si haut que nous n'apercevons pas même ses nuages : nous ne le connoissons bien que dans ses préceptes. Il est immense, spirituel, infini. Que sa grandeur nous ramène à notre foiblesse. S'humilier toujours, c'est l'adorer toujours.

De Paris, le dernier de la lune de Chahban, 1714.

LETTRE LXX.

ZÉLIS A USBEK.

A Paris.

Soliman, que tu aimes, est désespéré d'un affront qu'il vient de recevoir. Un jeune étourdi, nommé *Suphis*, recherchoit depuis trois mois sa fille en mariage : il paroissoit content de la figure de la fille sur le rapport et la peinture que lui en avoient faits les femmes qui l'avoient vue dans son enfance; on étoit convenu de la dot, et tout s'étoit passé sans aucun incident. Hier, après les premières cérémonies, la fille sortit à cheval, accompagnée de son eunuque, et couverte, selon la coutume, depuis la tête jusqu'aux pieds. Mais, dès qu'elle fut arrivée devant la maison de son mari prétendu, il lui fit fermer la porte, et il jura qu'il ne la recevroit jamais si on n'augmentoit la

dot. Les parents accoururent de côté et d'autre pour accommoder l'affaire; et, après bien de la résistance, Soliman convint de faire un petit présent à son gendre. Les cérémonies du mariage s'accomplirent, et l'on conduisit la fille dans le lit avec assez de violence; mais une heure après, cet étourdi se leva furieux, lui coupa le visage en plusieurs endroits, soutenant qu'elle n'étoit pas vierge, et la renvoya à son père. On ne peut pas être plus frappé qu'il l'est de cette injure. Il y a des personnes qui soutiennent que cette fille est innocente. Les pères sont bien malheureux d'être exposés à de tels affronts! Si ma fille recevoit un pareil traitement, je crois que j'en mourrois de douleur. Adieu.

<div style="text-align:right">Du sérail de Fatmé, le 9 de la lune de Gemmadi, 1, 1714.</div>

LETTRE LXXI.

USBEK A ZÉLIS.

Je plains Soliman, d'autant plus que le mal est sans remède, et que son gendre n'a fait que se servir de la liberté de la loi. Je trouve cette loi bien dure d'exposer ainsi l'honneur d'une famille aux caprices d'un fou. On a beau dire que l'on a des indices certains pour connoître la vérité: c'est une vieille erreur dont on est aujourd'hui revenu

parmi nous; et nos médecins donnent des raisons invincibles de l'incertitude de ces preuves : il n'y a pas jusqu'aux chrétiens qui ne les regardent comme chimériques, quoiqu'elles soient clairement établies par leurs livres sacrés, et que leur ancien législateur en ait fait dépendre l'innocence ou la condamnation de toutes les filles.

J'apprends avec plaisir le soin que tu te donnes de l'éducation de la tienne. Dieu veuille que son mari la trouve aussi belle et aussi pure que Fatima; qu'elle ait dix eunuques pour la garder; qu'elle soit l'honneur et l'ornement du sérail où elle est destinée; qu'elle n'ait sur sa tête que des lambris dorés, et ne marche que sur des tapis superbes! Et, pour comble de souhaits, puissent mes yeux la voir dans toute sa gloire!

De Paris, le 5 de la lune de Chalval, 1714.

LETTRE LXXII.

RICA A USBEK.

A ***.

Je me trouvai l'autre jour dans une compagnie où je vis un homme bien content de lui. Dans un quart d'heure il décida trois questions de morale, quatre problèmes historiques, et cinq points de

physique. Je n'ai jamais vu un décisionnaire si universel ; son esprit ne fut jamais suspendu par le moindre doute. On laissa les sciences ; on parla des nouvelles du temps ; il décida sur les nouvelles du temps. Je voulus l'attraper, et je dis en moi-même : il faut que je me mette dans mon fort ; je vais me réfugier dans mon pays. Je lui parlai de la Perse ; mais à peine lui eus-je dit quatre mots, qu'il me donna deux démentis, fondés sur l'autorité de MM. Tavernier et Chardin. Ah, bon dieu ! dis-je en moi-même, quel homme est-ce là ! Il connoîtra tout à l'heure les rues d'Ispahan mieux que moi. Mon parti fut bientôt pris : je me tus, je le laissai parler ; et il décide encore.

De Paris, le 8 de la lune de Zilcadé, 1715.

LETTRE LXXIII.

RICA A***.

J'ai ouï parler d'une espèce de tribunal qu'on appelle l'*Académie françoise*. Il n'y en a point de moins respecté dans le monde ; car on dit qu'aussitôt qu'il a décidé, le peuple casse ses arrêts, et lui impose des lois qu'il est obligé de suivre.

Il y a quelque temps que, pour fixer son autorité, il donna un code de ses jugements. Cet enfant de tant de pères étoit presque vieux quand

il naquit; et quoiqu'il fût légitime, un bâtard qui avoit déja paru l'avoit presque étouffé dans sa naissance.

Ceux qui le composent n'ont d'autres fonctions que de jaser sans cesse : l'éloge va se placer comme de lui-même dans leur babil éternel, et sitôt qu'ils sont initiés dans ses mystères, la fureur du panégyrique vient les saisir et ne les quitte plus.

Ce corps a quarante têtes, toutes remplies de figures, de métaphores et d'antithèses : tant de bouches ne parlent presque que par exclamation; ses oreilles veulent toujours être frappées par la cadence et l'harmonie. Pour les yeux, il n'en est pas question; il semble qu'il soit fait pour parler, et non pas pour voir. Il n'est point ferme sur ses pieds; car le temps, qui est son fléau, l'ébranle à tous les instants, et détruit tout ce qu'il a fait. On a dit autrefois que ses mains étoient avides; je ne t'en dirai rien, et je laisse décider cela à ceux qui le savent mieux que moi.

Voilà des bizarreries, ***, que l'on ne voit point dans notre Perse. Nous n'avons point l'esprit porté à ces établissements singuliers et bizarres : nous cherchons toujours la nature dans nos coutumes simples et nos manières naïves.

De Paris, le 27 de la lune de Zilhagé, 1715.

LETTRE LXXIV.

USBEK A RICA.

A ***.

Il y a quelques jours qu'un homme de ma connoissance me dit : Je vous ai promis de vous produire dans les bonnes maisons de Paris ; je vous mène à présent chez un grand seigneur, qui est un des hommes du royaume qui représentent le mieux.

Que veut dire cela, monsieur? Est-ce qu'il est plus poli, plus affable que les autres? Non, me dit-il. Ah! j'entends; il fait sentir à tous les instants la supériorité qu'il a sur tous ceux qui l'approchent : si cela est je n'ai que faire d'y aller ; je la lui passe tout entière, et je prends condamnation.

Il fallut pourtant marcher : et je vis un petit homme si fier, il prit une prise de tabac avec tant de hauteur, il se moucha si impitoyablement, il cracha avec tant de flegme, il caressa ses chiens d'une manière si offensante pour les hommes, que je ne pouvois me lasser de l'admirer. Ah, bon dieu! dis-je en moi-même, si lorsque j'étois à la cour de Perse je représentois ainsi, je représentois un

grand sot! Il auroit fallu, Rica, que nous eussions eu un bien mauvais naturel pour aller faire cent petites insultes à des gens qui venoient tous les jours chez nous nous témoigner leur bienveillance. Ils savoient bien que nous étions au dessus d'eux; et, s'ils l'avoient ignoré, nos bienfaits le leur auroient appris chaque jour. N'ayant rien à faire pour nous faire respecter, nous faisions tout pour nous rendre aimables; nous nous communiquions aux plus petits; au milieu des grandeurs, qui endurcissent toujours, ils nous trouvoient sensibles; ils ne voyoient que notre cœur au dessus d'eux; nous descendions jusqu'à leurs besoins. Mais lorsqu'il falloit soutenir la majesté du prince dans les cérémonies publiques, lorsqu'il falloit faire respecter la nation aux étrangers, lorsqu'enfin dans les occasions périlleuses, il falloit animer les soldats, nous remontions cent fois plus haut que nous n'étions descendus; nous ramenions la fierté sur notre visage; et l'on trouvoit quelquefois que nous représentions assez bien.

<div style="text-align:center">De Paris, le 10 de la lune de Saphar, 1715.</div>

LETTRE LXXV.

USBEK A RHÉDI.

A Venise.

Il faut que je te l'avoue, je n'ai point remarqué chez les chrétiens cette persuasion vive de leur religion qui se trouve parmi les musulmans. Il y a bien loin chez eux de la profession à la croyance, de la croyance à la conviction, de la conviction à la pratique. La religion est moins un sujet de sanctification qu'un sujet de disputes qui appartient à tout le monde. Les gens de cour, les gens de guerre, les femmes même, s'élèvent contre les ecclésiastiques, et leur demandent de leur prouver ce qu'ils sont résolus de ne pas croire. Ce n'est pas qu'ils se soient déterminés par raison et qu'ils aient pris la peine d'examiner la vérité ou la fausseté de cette religion qu'ils rejettent : ce sont des rebelles qui ont senti le joug, et l'ont secoué avant de l'avoir connu. Aussi ne sont-ils pas plus fermes dans leur incrédulité que dans leur foi : ils vivent dans un flux et reflux qui les porte sans cesse de l'un à l'autre. Un d'eux me disoit un jour : Je crois l'immortalité de l'ame par semestre; mes opinions dépendent absolument de la constitution

de mon corps; selon que j'ai plus ou moins d'esprits animaux, que mon estomac digère bien ou mal, que l'air que je respire est subtil ou grossier, que les viandes dont je me nourris sont légères ou solides, je suis spinosiste, socinien, catholique, impie ou dévot. Quand le médecin est auprès de mon lit, le confesseur me trouve à son avantage. Je sais bien empêcher la religion de m'affliger quand je me porte bien; mais je lui permets de me consoler quand je suis malade : lorsque je n'ai plus rien à espérer d'un côté, la religion se présente, et me gagne par ses promesses; je veux bien m'y livrer, et mourir du côté de l'espérance.

Il y a long-temps que les princes chrétiens affranchirent tous les esclaves de leurs états, parce que, disoient-ils, le christianisme rend tous les hommes égaux. Il est vrai que cet acte de religion leur étoit très utile : il abaissoit par là les seigneurs, de la puissance desquels ils retiroient le bas peuple. Ils ont ensuite fait des conquêtes dans des pays où ils ont vu qu'il leur étoit avantageux d'avoir des esclaves : ils ont permis d'en acheter et d'en vendre, oubliant ce principe de religion qui les touchoit tant. Que veux-tu que je te dise? Vérité dans un temps, erreur dans un autre. Que ne faisons-nous comme les chrétiens? Nous sommes bien simples de refuser des établissements et des conquêtes fa-

ciles dans des climats heureux [1], parce que l'eau n'y est pas assez pure pour nous laver selon les principes du saint Alcoran.

Je rends grace au Dieu tout-puissant, qui a envoyé Hali son grand prophète, de ce que je professe une religion qui se fait préférer à tous les intérêts humains, et qui est pure comme le ciel dont elle est descendue.

<div style="text-align:right">De Paris, le 13 de la lune de Saphar, 1715.</div>

LETTRE LXXVI.

USBEK A SON AMI IBBEN.

A Smyrne.

Les lois sont furieuses en Europe contre ceux qui se tuent eux-mêmes. On les fait mourir, pour ainsi dire, une seconde fois; ils sont traînés indignement par les rues; on les note d'infamie; on confisque leurs biens.

Il me paroît, Ibben, que ces lois sont bien injustes. Quand je suis accablé de douleur, de misère, de mépris, pourquoi veut-on m'empêcher de mettre fin à mes peines, et me priver cruellement d'un remède qui est en mes mains?

[1] Les mahométans ne se soucient point de prendre Venise, parce qu'ils n'y trouveroient point d'eau pour leurs purifications.

Pourquoi veut-on que je travaille pour une société dont je consens de n'être plus; que je tienne malgré moi une convention qui s'est faite sans moi? La société est fondée sur un avantage mutuel; mais, lorsqu'elle me devient onéreuse, qui m'empêche d'y renoncer? La vie m'a été donnée comme une faveur; je puis donc la rendre lorsqu'elle ne l'est plus : la cause cesse, l'effet doit donc cesser aussi.

Le prince veut-il que je sois son sujet quand je ne retire point les avantages de la sujétion? Mes concitoyens peuvent-ils demander ce partage inique de leur utilité et de mon désespoir? Dieu, différent de tous les bienfaiteurs, veut-il me condamner à recevoir des graces qui m'accablent?

Je suis obligé de suivre les lois quand je vis sous les lois; mais, quand je n'y vis plus, peuvent-elles me lier encore?

Mais, dira-t-on, vous troublez l'ordre de la providence. Dieu a uni votre ame avec votre corps, et vous l'en séparez : vous vous opposez donc à ses desseins, et vous lui résistez.

Que veut dire cela? Troublé-je l'ordre de la providence lorsque je change les modifications de la matière et que je rends carrée une boule que les premières lois du mouvement, c'est-à-dire les lois de la création et de la conservation, avoient faite ronde? Non, sans doute; je ne fais qu'user

du droit qui m'a été donné, et en ce sens je puis troubler à ma fantaisie toute la nature sans que l'on puisse dire que je m'oppose à la providence.

Lorsque mon ame sera séparée de mon corps, y aura-t-il moins d'ordre et moins d'arrangement dans l'univers? Croyez-vous que cette nouvelle combinaison soit moins parfaite et moins dépendante des lois générales, que le monde y ait perdu quelque chose, et que les ouvrages de Dieu en soient moins grands, ou plutôt moins immenses?

Pensez-vous que mon corps, devenu un épi de bled, un ver, un gazon, soit changé en un ouvrage de la nature moins digne d'elle; et que mon ame, dégagée de tout ce qu'elle avoit de terrestre, soit devenue moins sublime?

Toutes ces idées, mon cher Ibben, n'ont d'autre source que notre orgueil. Nous ne sentons point notre petitesse; et, malgré qu'on en ait, nous voulons être comptés dans l'univers, y figurer, et y être un objet important. Nous nous imaginons que l'anéantissement d'un être aussi parfait que nous dégraderoit toute la nature; et nous ne concevons pas qu'un homme de plus ou de moins dans le monde, que dis-je! tous les hommes ensemble, cent millions de terres comme la nôtre, ne font qu'un atome subtil et délié que Dieu n'aperçoit qu'à cause de l'immensité de ses connoissances.

<p style="text-align:center">De Paris, le 15 de la lune de Saphar, 1715.</p>

LETTRE LXXVII.

IBBEN A USBEK.

A Paris.

Mon cher Usbek, il me semble que, pour un vrai musulman, les malheurs sont moins des châtiments que des menaces. Ce sont des jours bien précieux que ceux qui nous portent à expier les offenses! C'est le temps des prospérités qu'il faudroit abréger. Que servent toutes ces impatiences, qu'à faire voir que nous voudrions être heureux indépendamment de celui qui donne les félicités, parce qu'il est la félicité même?

Si un être est composé de deux êtres, et que la nécessité de conserver l'union marque plus la soumission aux ordres du Créateur, on en a pu faire une loi religieuse : si cette nécessité de conserver l'union est un meilleur garant des actions des hommes, on en a pu faire une loi civile.

De Smyrne, le dernier de la lune de Saphar, 1715.

LETTRE LXXVIII.

RICA A USBEK.

A ***.

Je t'envoie la copie d'une lettre qu'un François qui est en Espagne a écrite ici, je crois que tu seras bien aise de la voir :

« Je parcours depuis six mois l'Espagne et le Portugal, et je vis parmi les peuples qui, méprisant tous les autres, font aux seuls François l'honneur de les haïr.

« La gravité est le caractère brillant des deux nations : elle se manifeste principalement de deux manières ; par les lunettes, et par la moustache.

« Les lunettes font voir démonstrativement que celui qui les porte est un homme consommé dans les sciences et enseveli dans de profondes lectures à un tel point que sa vue en est affoiblie ; et tout nez qui en est orné ou chargé peut passer sans contredit pour le nez d'un savant.

« Quant à la moustache, elle est respectable par elle-même et indépendamment des conséquences ; quoiqu'on ne laisse pas d'en tirer quelquefois de grandes utilités pour le service du prince et l'honneur de la nation, comme le fit bien voir un fameux

général portugais dans les Indes[1] ; car, se trouvant avoir besoin d'argent, il se coupa une de ses moustaches, et envoya demander aux habitants de Goa vingt mille pistoles sur ce gage : elles lui furent prêtées d'abord; et dans la suite il retira sa moustache avec honneur.

« On conçoit aisément que des peuples graves et flegmatiques comme ceux-là peuvent avoir de l'orgueil : aussi en ont-ils. Ils le fondent ordinairement sur deux choses bien considérables. Ceux qui vivent dans le continent de l'Espagne et du Portugal se sentent le cœur extrêmement élevé lorsqu'ils sont ce qu'ils appellent de vieux chrétiens, c'est-à-dire qu'ils ne sont pas originaires de ceux à qui l'inquisition a persuadé dans ces derniers siècles d'embrasser la religion chrétienne. Ceux qui sont dans les Indes ne sont pas moins flattés lorsqu'ils considèrent qu'ils ont le sublime mérite d'être, comme ils disent, hommes de chair blanche. Il n'y a jamais eu dans le sérail du grand-seigneur de sultane si orgueilleuse de sa beauté que le plus vieux et le plus vilain mâtin ne l'est de la blancheur olivâtre de son teint, lorsqu'il est dans une ville du Mexique, assis sur sa porte, les bras croisés. Un homme de cette conséquence, une créature si parfaite, ne travailleroit pas pour tous les trésors du monde, et ne se résoudroit ja-

[1] Jean de Castro.

mais, par une vile et mécanique industrie, de compromettre l'honneur et la dignité de sa peau.

« Car il faut savoir que, lorsqu'un homme a un certain mérite en Espagne, comme, par exemple, quand il peut ajouter aux qualités dont je viens de parler celle d'être le propriétaire d'une grande épée, ou d'avoir appris de son père l'art de faire jurer une discordante guitare, il ne travaille plus; son honneur s'intéresse au repos de ses membres. Celui qui reste assis dix heures par jour obtient précisément la moitié plus de considération qu'un autre qui n'en reste que cinq, parce que c'est sur les chaises que la noblesse s'acquiert.

«Mais quoique ces invincibles ennemis du travail fassent parade d'une tranquillité philosophique, ils ne l'ont pourtant pas dans le cœur; car ils sont toujours amoureux. Ils sont les premiers hommes du monde pour mourir de langueur sous la fenêtre de leurs maîtresses; et tout Espagnol qui n'est pas enrhumé, ne sauroit passer pour galant.

« Ils sont premièrement dévots, et secondement jaloux. Ils se garderont bien d'exposer leurs femmes aux entreprises d'un soldat criblé de coups, ou d'un magistrat décrépit; mais ils les enfermeront avec un novice fervent qui baisse les yeux, ou un robuste franciscain qui les élève.

« Ils permettent à leurs femmes de paroître avec

le sein découvert; mais ils ne veulent pas qu'on leur voie le talon et qu'on les surprenne par le bout des pieds.

« On dit partout que les rigueurs de l'amour sont cruelles; elles le sont encore plus pour les Espagnols. Les femmes les guérissent de leurs peines; mais elles ne font que leur en faire changer; et leur reste souvent un long et fâcheux souvenir d'une passion éteinte.

« Ils ont de petites politesses qui en France paroîtroient mal placées: par exemple, un capitaine ne bat jamais son soldat sans lui en demander permission; et l'inquisition ne fait jamais brûler un Juif sans lui faire ses excuses.

« Les Espagnols qu'on ne brûle pas paroissent si attachés à l'inquisition qu'il y auroit de la mauvaise humeur de la leur ôter. Je voudrois seulement qu'on en établît une autre, non pas contre les hérétiques, mais contre les hérésiarques qui attribuent à de petites pratiques monacales la même efficacité qu'aux sept sacrements, qui adorent tout ce qu'ils vénèrent, et qui sont si dévots qu'ils sont à peine chrétiens.

« Vous pourrez trouver de l'esprit et du bon sens chez les Espagnols; mais n'en cherchez point dans leurs livres. Voyez une de leurs bibliothèques, les romans d'un côté, et les scholastiques de l'autre; vous diriez que les parties en ont été faites et le

tout rassemblé par quelque ennemi secret de la raison humaine.

« Le seul de leurs livres qui soit bon est celui qui a fait voir le ridicule de tous les autres.

« Ils ont fait des découvertes immenses dans le Nouveau-Monde, et ils ne connoissent pas encore leur propre continent. Il y a sur leurs rivières tel pont qui n'a pas encore été découvert, et dans leurs montagnes des nations qui leur sont inconnues[1].

« Ils disent que le soleil se lève et se couche dans leur pays : mais il faut dire aussi qu'en faisant sa course il ne rencontre que des campagnes ruinées et des contrées désertes. »

Je ne serois pas fâché, Usbek, de voir une lettre écrite à Madrid par un Espagnol qui voyageroit en France; je crois qu'il vengeroit bien sa nation. Quel vaste champ pour un homme flegmatique et pensif! Je m'imagine qu'il commenceroit ainsi la description de Paris :

Il y a ici une maison où l'on met les fous : on croiroit d'abord qu'elle est la plus grande de la ville. Non : le remède est bien petit pour le mal. Sans doute que les François, extrêmement décriés chez leurs voisins, enferment quelques fous dans une maison pour persuader que ceux qui sont dehors ne le sont pas.

[1] Las Batuecas.

Je laisse là mon Espagnol. Adieu, mon cher Usbek.

De Paris, le 17 de la lune de Saphar, 1715.

LETTRE LXXIX.

LE GRAND EUNUQUE NOIR A USBEK.

A Paris.

Hier des Arméniens menèrent au sérail une jeune esclave de Circassie, qu'ils vouloient vendre. Je la fis entrer dans les appartements secrets, je la déshabillai, je l'examinai avec les regards d'un juge ; et plus je l'examinai, plus je lui trouvai de graces. Une pudeur virginale sembloit vouloir les dérober à ma vue : je vis tout ce qu'il lui en coûtoit pour obéir : elle rougissoit de se voir nue, même devant moi, qui, exempt des passions qui peuvent alarmer la pudeur, suis inanimé sous l'empire de ce sexe, et qui, ministre de la modestie, dans les actions les plus libres, ne porte que de chastes regards et ne puis inspirer que l'innocence.

Dès que je l'eus jugée digne de toi, je baissai les yeux, je lui jetai un manteau d'écarlate ; je lui mis au doigt un anneau d'or ; je me prosternai à ses pieds ; je l'adorai comme la reine de ton cœur. Je payai les Arméniens ; je la dérobai à tous les yeux.

Heureux Usbek, tu possèdes plus de beautés que n'en renferment tous les palais d'Orient. Quel plaisir pour toi de trouver à ton retour tout ce que la Perse a de plus ravissant, et de voir dans ton sérail renaître les graces à mesure que le temps et la possession travaillent à les détruire !

<div style="text-align:right"><small>Du sérail de Fatmé, le premier de la lune de Rebiab, 1, 1715.</small></div>

LETTRE LXXX.

USBEK A RHÉDI.

A Venise.

Depuis que je suis en Europe, mon cher Rhédi, j'ai vu bien des gouvernements. Ce n'est pas comme en Asie, où les règles de la politique se trouvent partout les mêmes.

J'ai souvent recherché quel étoit le gouvernement le plus conforme à la raison. Il m'a semblé que le plus parfait est celui qui va à son but à moins de frais; de sorte que celui qui conduit les hommes de la manière qui convient le plus à leur penchant et à leur inclination est le plus parfait.

Si, dans un gouvernement doux, le peuple est aussi soumis que dans un gouvernement sévère, le premier est préférable, puisqu'il est plus con-

forme à la raison, et que la sévérité est un motif étranger.

Compte, mon cher Rhédi, que dans un état les peines plus ou moins cruelles ne font pas que l'on obéisse plus aux lois. Dans les pays où les châtiments sont modérés, on les craint comme dans ceux où ils sont tyranniques et affreux.

Soit que le gouvernement soit doux, soit qu'il soit cruel, on punit toujours par degrés; on inflige un châtiment plus ou moins grand à un crime plus ou moins grand. L'imagination se plie d'elle-même aux mœurs du pays où l'on est : huit jours de prison ou une légère amende frappent autant l'esprit d'un Européen nourri dans un pays de douceur que la perte d'un bras intimide un Asiatique. Ils attachent un certain degré de crainte à un certain degré de peine, et chacun la partage à sa façon : le désespoir de l'infamie vient désoler un François condamné à une peine qui n'ôteroit pas un quart d'heure de sommeil à un Turc.

D'ailleurs je ne vois pas que la police, la justice et l'équité, soient mieux observées en Turquie, en Perse, chez le Mogol, que dans les républiques de Hollande, de Venise, et dans l'Angleterre même : je ne vois pas qu'on y commette moins de crimes, et que les hommes, intimidés par la grandeur des châtiments, y soient plus soumis aux lois.

Je remarque au contraire une source d'injus-

tices et de vexations au milieu de ces mêmes états.

Je trouve même le prince, qui est la loi même, moins maître que partout ailleurs.

Je vois que, dans ces moments rigoureux, il y a toujours des mouvements tumultueux où personne n'est le chef, et que, quand une fois l'autorité violente est méprisée, il n'en reste plus assez à personne pour la faire revenir :

Que le désespoir même de l'impunité confirme le désordre, et le rend plus grand :

Que, dans ces états, il ne se forme point de petite révolte, et qu'il n'y a jamais d'intervalle entre le murmure et la sédition :

Qu'il ne faut point que les grands événements y soient préparés par de grandes causes; au contraire, le moindre accident produit une grande révolution souvent aussi imprévue de ceux qui la font que de ceux qui la souffrent.

Lorsqu'Osman, empereur des Turcs, fut déposé, aucun de ceux qui commirent cet attentat ne songeoit à le commettre : ils demandoient seulement en suppliants qu'on leur fît justice sur quelque grief : une voix, qu'on n'a jamais connue, sortit de la foule par hasard; le nom de Mustapha fut prononcé, et soudain Mustapha fut empereur.

De Paris, le 2 de la lune de Rebiab, 1, 1715.

LETTRE LXXXI.

NARGUM, ENVOYÉ DE PERSE EN MOSCOVIE, A USBEK.

A Paris.

De toutes les nations du monde, mon cher Usbek, il n'y en a pas qui ait surpassé celle des Tartares par la gloire ou par la grandeur des conquêtes. Ce peuple est le vrai dominateur de l'univers; tous les autres semblent être faits pour le servir; il est également le fondateur et le destructeur des empires : dans tous les temps il a donné sur la terre des marques de sa puissance; dans tous les âges il a été le fléau des nations.

Les Tartares ont conquis deux fois la Chine, et ils la tiennent encore sous leur obéissance. Ils dominent sur les vastes pays qui forment l'empire du Mogol.

Maîtres de la Perse, ils sont assis sur le trône de Cyrus et de Gustaspe. Ils ont soumis la Moscovie. Sous le nom de Turcs ils ont fait des conquêtes immenses dans l'Europe, l'Asie et l'Afrique; et ils dominent sur ces trois parties de l'univers.

Et, pour parler de temps plus reculés, c'est d'eux que sont sortis quelques uns des peuples qui ont renversé l'empire romain.

Qu'est-ce que les conquêtes d'Alexandre en comparaison de celles de Gengiskan?

Il n'a manqué à cette victorieuse nation que des historiens pour célébrer la mémoire de ses merveilles.

Que d'actions immortelles ont été ensevelies dans l'oubli! que d'empires par eux fondés dont nous ignorons l'origine! Cette belliqueuse nation, uniquement occupée de sa gloire présente, sûre de vaincre dans tous les temps, ne songeoit point à se signaler dans l'avenir par la mémoire de ses conquêtes passées.

De Moscou, le 4 de la lune de Rebiab, 1, 1715.

LETTRE LXXXII.

RICA A IBBEN.

A Smyrne.

Quoique les François parlent beaucoup, il y a cependant parmi eux une espèce de dervis taciturnes qu'on appelle *chartreux*. On dit qu'ils se coupent la langue en entrant dans le couvent; et on souhaiteroit fort que tous les autres dervis se retranchassent de même tout ce que leur profession leur rend inutile.

A propos de gens taciturnes, il y en a de bien

plus singuliers que ceux-là, et qui ont un talent bien extraordinaire; ce sont ceux qui savent parler sans rien dire, et qui amusent une conversation pendant deux heures de temps, sans qu'il soit possible de les déceler, d'être leur plagiaire, ni de retenir un mot de ce qu'ils ont dit.

Ces sortes de gens sont adorés des femmes; mais ils ne le sont pas tant que d'autres qui ont reçu de la nature l'aimable talent de sourire à propos, c'est-à-dire à chaque instant, et qui portent la grace d'une joyeuse approbation sur tout ce qu'elles disent.

Mais ils sont au comble de l'esprit lorsqu'ils savent entendre finesse à tout, et trouver mille petits traits ingénieux dans les choses les plus communes.

J'en connois d'autres qui se sont bien trouvés d'introduire dans les conversations des choses inanimées, et d'y faire parler leur habit brodé, leur perruque blonde, leur tabatière, leur canne, et leurs gants. Il est bon de commencer de la rue à se faire écouter par le bruit du carrosse, et du marteau qui frappe rudement la porte : cet avant-propos prévient pour le reste du discours; et quand l'exorde est beau, il rend supportables toutes les sottises qui viennent ensuite, mais qui par bonheur arrivent trop tard.

Je te promets que ces petits talents, dont on ne

fait aucun cas chez nous, servent bien ici ceux qui sont assez heureux pour les avoir, et qu'un homme de bon sens ne brille guère devant eux.

De Paris, le 6 de la lune de Rebiab, 2, 1715.

LETTRE LXXXIII.

USBEK A RHÉDI.

A Venise.

S'il y a un Dieu, mon cher Rhédi, il faut nécessairement qu'il soit juste; car s'il ne l'étoit pas, il seroit le plus mauvais et le plus imparfait de tous les êtres.

La justice est un rapport de convenance qui se trouve réellement entre deux choses : ce rapport est toujours le même, quelque être qui le considère, soit que ce soit Dieu, soit que ce soit un ange, ou enfin que ce soit un homme.

Il est vrai que les hommes ne voient pas toujours ces rapports; souvent même lorsqu'ils les voient, ils s'en éloignent; et leur intérêt est toujours ce qu'ils voient le mieux. La justice élève sa voix; mais elle a peine à se faire entendre dans le tumulte des passions.

Les hommes peuvent faire des injustices, parce

qu'ils ont intérêt de les commettre, et qu'ils préfèrent leur propre satisfaction à celle des autres. C'est toujours par un retour sur eux-mêmes qu'ils agissent : nul n'est mauvais gratuitement; il faut qu'il y ait une raison qui détermine, et cette raison est toujours une raison d'intérêt.

Mais il n'est pas possible que Dieu fasse jamais rien d'injuste : dès qu'on suppose qu'il voit la justice, il faut nécessairement qu'il la suive; car, comme il n'a besoin de rien et qu'il se suffit à lui-même, il seroit le plus méchant de tous les êtres, puisqu'il le seroit sans intérêt.

Ainsi, quand il n'y auroit pas de Dieu, nous devrions toujours aimer la justice, c'est-à-dire faire nos efforts pour ressembler à cet être dont nous avons une si belle idée, et qui, s'il existoit, seroit nécessairement juste. Libres que nous serions du joug de la religion, nous ne devrions pas l'être de celui de l'équité.

Voilà, Rhédi, ce qui m'a fait penser que la justice est éternelle, et ne dépend point des conventions humaines; et, quand elle en dépendroit, ce seroit une vérité terrible qu'il faudroit se dérober à soi-même.

Nous sommes entourés d'hommes plus forts que nous; ils peuvent nous nuire de mille manières différentes; les trois quarts du temps ils peuvent le faire impunément. Quel repos pour nous de

savoir qu'il y a dans le cœur de tous ces hommes un principe intérieur qui combat en notre faveur et nous met à couvert de leurs entreprises !

Sans cela nous devrions être dans une frayeur continuelle ; nous passerions devant les hommes comme devant les lions, et nous ne serions jamais assurés un moment de notre bien, de notre honneur et de notre vie.

Toutes ces pensées m'animent contre ces docteurs qui représentent Dieu comme un être qui fait un exercice tyrannique de sa puissance ; qui le font agir d'une manière dont nous ne voudrions pas agir nous-mêmes de peur de l'offenser, qui le chargent de toutes les imperfections qu'il punit en nous, et, dans leurs opinions contradictoires, le représentent tantôt comme un être mauvais, tantôt comme un être qui hait le mal et le punit.

Quand un homme s'examine, quelle satisfaction pour lui de trouver qu'il a le cœur juste ! ce plaisir, tout sévère qu'il est, doit le ravir : il voit son être autant au dessus de ceux qui ne l'ont pas, qu'il se voit au dessus des tigres et des ours. Oui, Rhédi, si j'étois sûr de suivre toujours inviolablement cette équité que j'ai devant les yeux, je me croirois le premier des hommes.

<div style="text-align:center;">De Paris, le premier de la lune de Gemmadi, 1, 1715.</div>

LETTRE LXXXIV.

RICA A***.

Je fus hier aux Invalides : j'aimerois autant avoir fait cet établissement, si j'étois prince, que d'avoir gagné trois batailles. On y trouve partout la main d'un grand monarque. Je crois que c'est le lieu le plus respectable de la terre.

Quel spectacle de voir assemblées dans un même lieu toutes ces victimes de la patrie, qui ne respirent que pour la défendre, et qui, se sentant le même cœur et non pas la même force, ne se plaignent que de l'impuissance où elles sont de se sacrifier encore pour elle !

Quoi de plus admirable que de voir ces guerriers débiles, dans cette retraite, observer une discipline aussi exacte que s'ils y étoient contraints par la présence d'un ennemi, chercher leur dernière satisfaction dans cette image de la guerre, et partager leur cœur et leur esprit entre les devoirs de la religion et ceux de l'art militaire !

Je voudrois que les noms de ceux qui meurent pour la patrie fussent conservés dans les temples, et écrits dans des registres qui fussent comme la source de la gloire et de la noblesse.

De Paris, le 15 de la lune de Gemmadi, 1, 1715.

LETTRE LXXXV.

USBEK A MIRZA.

A Ispahan.

Tu sais, Mirza, que quelques ministres de Cha-Soliman avoient formé le dessein d'obliger tous les Arméniens de Perse de quitter le royaume ou de se faire mahométans, dans la pensée que notre empire seroit toujours pollué tandis qu'il garderoit dans son sein ces infidèles.

C'étoit fait de la grandeur persane si dans cette occasion l'aveugle dévotion avoit été écoutée.

On ne sait comment la chose manqua. Ni ceux qui firent la proposition ni ceux qui la rejetèrent n'en connurent les conséquences : le hasard fit l'office de la raison et de la politique, et sauva l'empire d'un péril plus grand que celui qu'il auroit pu courir de la perte d'une bataille et de la prise de deux villes.

En proscrivant les Arméniens on pensa détruire en un seul jour tous les négociants et presque tous les artisans du royaume. Je suis sûr que le grand Cha-Abas auroit mieux aimé se faire couper les deux bras que de signer un ordre pareil, et qu'en envoyant au mogol et aux autres rois des Indes

ses sujets les plus industrieux, il auroit cru leur donner la moitié de ses états.

Les persécutions que nos mahométans zélés ont faites aux guèbres les ont obligés de passer en foule dans les Indes, et ont privé la Perse de cette nation si appliquée au labourage, et qui seule, par son travail, étoit en état de vaincre la stérilité de nos terres.

Il ne restoit à la dévotion qu'un second coup à faire : c'étoit de ruiner l'industrie; moyennant quoi l'empire tomboit de lui-même, et avec lui, par une suite nécessaire, cette même religion qu'on vouloit rendre si florissante.

S'il faut raisonner sans prévention, je ne sais, Mirza, s'il n'est pas bon que, dans un état, il y ait plusieurs religions.

On remarque que ceux qui vivent dans des religions tolérées se rendent ordinairement plus utiles à leur patrie que ceux qui vivent dans la religion dominante, parce que, éloignés des honneurs, ne pouvant se distinguer que par leur opulence et leurs richesses, ils sont portés à en acquérir par leur travail, et à embrasser les emplois de la société les plus pénibles.

D'ailleurs, comme toutes les religions contiennent des préceptes utiles à la société, il est bon qu'elles soient observées avec zèle : or qu'y a-t-il de plus capable d'animer ce zèle que leur multiplicité?

Ce sont des rivales qui ne se pardonnent rien. La jalousie descend jusqu'aux particuliers; chacun se tient sur ses gardes, et craint de faire des choses qui déshonoreroient son parti et l'exposeroient aux mépris et aux censures impardonnables du parti contraire.

Aussi a-t-on toujours remarqué qu'une secte nouvelle, introduite dans un état, étoit le moyen le plus sûr pour corriger tous les abus de l'ancienne.

On a beau dire qu'il n'est pas de l'intérêt du prince de souffrir plusieurs religions dans son état : quand toutes les sectes du monde viendroient s'y rassembler, cela ne lui porteroit aucun préjudice, parce qu'il n'y en a aucune qui ne prescrive l'obéissance et ne prêche la soumission.

J'avoue que les histoires sont remplies de guerres de religion : mais, qu'on y prenne bien garde, ce n'est point la multiplicité des religions qui a produit ces guerres, c'est l'esprit d'intolérance qui animoit celle qui se croyoit la dominante.

C'est cet esprit de prosélytisme que les Juifs ont pris des Égyptiens, et qui d'eux est passé, comme une maladie épidémique et populaire, aux mahométans et aux chrétiens.

C'est enfin cet esprit de vertige dont les progrès

ne peuvent être regardés que comme une éclipse entière de la raison humaine.

Car enfin, quand il n'y auroit pas de l'inhumanité à affliger la conscience des autres, quand il n'en résulteroit aucun des mauvais effets qui en germent à milliers, il faudroit être fou pour s'en aviser. Celui qui veut me faire changer de religion ne le fait sans doute que parce qu'il ne changeroit pas la sienne quand on voudroit l'y forcer : il trouve donc étrange que je ne fasse pas une chose qu'il ne feroit pas lui-même peut-être pour l'empire du monde.

<div style="text-align:right">De Paris, le 26 de la lune de Gemmadi, 1, 1715.</div>

LETTRE LXXXVI.

RICA A***.

Il semble ici que les familles se gouvernent toutes seules. Le mari n'a qu'une ombre d'autorité sur sa femme, le père sur ses enfants, le maître sur ses esclaves. La justice se mêle de tous leurs différents ; et sois sûr qu'elle est toujours contre le mari jaloux, le père chagrin, le maître incommode.

J'allai l'autre jour dans le lieu où se rend la justice. Avant d'y arriver, il faut passer sous les armes d'un nombre infini de jeunes marchandes qui vous

appellent d'une voix trompeuse. Ce spectacle d'abord est assez riant; mais il devient lugubre lorsqu'on entre dans les grandes salles, où l'on ne voit que des gens dont l'habit est encore plus grave que la figure. Enfin on entre dans le lieu sacré où se révèlent tous les secrets des familles, et où les actions les plus cachées sont mises au grand jour.

Là, une fille modeste vient avouer les tourments d'une virginité trop long-temps gardée, ses combats et sa douloureuse résistance : elle est si peu fière de sa victoire qu'elle menace toujours d'une défaite prochaine; et, pour que son père n'ignore plus ses besoins, elle les expose à tout le peuple.

Une femme effrontée vient ensuite exposer les outrages qu'elle a faits à son époux comme une raison d'en être séparée.

Avec une modestie pareille, une autre vient dire qu'elle est lasse de porter le titre de femme sans en jouir; elle vient révéler les mystères cachés dans la nuit du mariage; elle veut qu'on la livre aux regards des experts les plus habiles, et qu'une sentence la rétablisse dans tous les droits de la virginité. Il y en a même qui osent défier leurs maris, et leur demander en public un combat que les témoins rendent si difficile; épreuve aussi flétrissante pour la femme qui la soutient que pour le mari qui y succombe.

Un nombre infini de filles, ravies ou séduites, font les hommes beaucoup plus mauvais qu'ils ne sont. L'amour fait retentir ce tribunal, on n'y entend parler que de pères irrités, de filles abusées, d'amants infidèles et de maris chagrins.

Par la loi qui y est observée, tout enfant né pendant le mariage est censé être au mari : il a beau avoir de bonnes raisons pour ne le pas croire, la loi le croit pour lui, et le soulage de l'examen et des scrupules.

Dans ce tribunal on prend les voix à la majeure : mais on dit qu'on a reconnu par expérience qu'il vaudroit mieux les recueillir à la mineure : et cela est assez naturel; car il y a très peu d'esprits justes, et tout le monde convient qu'il y en a une infinité de faux.

De Paris, le premier de la lune de Gemmadi, 2, 1715.

LETTRE LXXXVII.

RICA A ***.

On dit que l'homme est un animal sociable. Sur ce pied-là il me paroît qu'un François est plus homme qu'un autre : c'est l'homme par excellence; car il semble être fait uniquement pour la société.

Mais j'ai remarqué parmi eux des gens qui non seulement sont sociables, mais sont eux-mêmes la

société universelle. Ils se multiplient dans tous les coins; ils peuplent en un moment les quatre quartiers d'une ville : cent hommes de cette espèce abondent plus que deux mille citoyens; ils pourroient réparer aux yeux des étrangers les ravages de la peste et de la famine. On demande dans les écoles si un corps peut être en un instant en plusieurs lieux; ils sont une preuve de ce que les philosophes mettent en question.

Ils sont toujours empressés, parce qu'ils ont l'affaire importante de demander à tous ceux qu'ils voient où ils vont, et d'où ils viennent.

On ne leur ôteroit jamais de la tête qu'il est de la bienséance de visiter chaque jour le public en détail, sans compter les visites qu'ils font en gros dans les lieux où l'on s'assemble : mais, comme la voie en est trop abrégée, elles sont comptées pour rien dans les règles de leur cérémonial.

Ils fatiguent plus les portes des maisons à coups de marteau, que les vents et les tempêtes. Si l'on alloit examiner la liste de tous les portiers, on y trouveroit chaque jour leur nom estropié de mille manières en caractères suisses. Ils passent leur vie à la suite d'un enterrement, dans des compliments de condoléance, ou dans des félicitations de mariage. Le roi ne fait point de gratification à quelqu'un de ses sujets qu'il ne leur en coûte une voiture pour en aller témoigner leur joie.

Enfin, ils reviennent chez eux, bien fatigués, se reposer, pour pouvoir reprendre le lendemain leurs pénibles fonctions.

Un d'eux mourut l'autre jour de lassitude; et on mit cette épitaphe sur son tombeau : « C'est ici que repose celui qui ne s'est jamais reposé. Il s'est promené à cinq cent trente enterrements. Il s'est réjoui de la naissance de deux mille six cent quatre-vingts enfants. Les pensions dont il a félicité ses amis, toujours en des termes différents, montent à deux millions six cent mille livres; le chemin qu'il a fait sur le pavé, à neuf mille six cents stades; celui qu'il a fait dans la campagne, à trente-six. Sa conversation étoit amusante; il avoit un fonds tout fait de trois cent soixante-cinq contes; il possédoit d'ailleurs, depuis son jeune âge, cent dix-huit apophtegmes tirés des anciens, qu'il employoit dans les occasions brillantes. Il est mort enfin à la soixantième année de son âge. Je me tais, voyageur; car comment pourrois-je achever de te dire ce qu'il a fait et ce qu'il a vu? »

<div style="text-align:right">De Paris, le 3 de la lune de Gemmadi, 2, 1715.</div>

LETTRE LXXXVIII.

USBEK A RHÉDI.

A Venise.

A Paris règne la liberté et l'égalité. La naissance, la vertu, le mérite même de la guerre, quelque brillant qu'il soit, ne sauvent pas un homme de la foule dans laquelle il est confondu. La jalousie des rangs y est inconnue. On dit que le premier de Paris est celui qui a les meilleurs chevaux à son carrosse.

Un grand seigneur est un homme qui voit le roi, qui parle aux ministres, qui a des ancêtres, des dettes, et des pensions. S'il peut avec cela cacher son oisiveté par un air empressé, ou par un feint attachement pour les plaisirs, il croit être le plus heureux de tous les hommes.

En Perse il n'y a de grands que ceux à qui le monarque donne quelque part au gouvernement. Ici il y a des gens qui sont grands par leur naissance; mais ils sont sans crédit. Les rois sont comme ces ouvriers habiles qui, pour exécuter leurs ouvrages, se servent toujours des machines les plus simples.

La faveur est la grande divinité des François.

Le ministre est le grand-prêtre, qui lui offre bien des victimes. Ceux qui l'entourent ne sont point habillés de blanc; tantôt sacrificateurs et tantôt sacrifiés, ils se dévouent eux-mêmes à leur idole avec tout le peuple.

<div style="text-align: right">De Paris, le 9 de la lune de Gemmadi, 2, 1715.</div>

LETTRE LXXXIX.

USBEK A IBBEN.

A Smyrne.

Le désir de la gloire n'est point différent de cet instinct que toutes les créatures ont pour leur conservation. Il semble que nous augmentons notre être lorsque nous pouvons le porter dans la mémoire des autres : c'est une nouvelle vie que nous acquérons, et qui nous devient aussi précieuse que celle que nous avons reçue du ciel.

Mais comme tous les hommes ne sont pas également attachés à la vie, ils ne sont pas aussi également sensibles à la gloire. Cette noble passion est bien toujours gravée dans leur cœur, mais l'imagination et l'éducation la modifient de mille manières.

Cette différence qui se trouve d'homme à homme se fait encore plus sentir de peuple à peuple.

On peut poser pour maxime que, dans chaque état, le désir de la gloire croît avec la liberté des sujets, et diminue avec elle : la gloire n'est jamais compagne de la servitude.

Un homme de bon sens me disoit l'autre jour : On est en France, à bien des égards, plus libre qu'en Perse : aussi y aime-t-on plus la gloire. Cette heureuse fantaisie fait faire à un François avec plaisir et avec goût ce que votre sultan n'obtient de ses sujets qu'en leur mettant sans cesse devant les yeux les supplices et les récompenses.

Aussi parmi nous le prince est-il jaloux de l'honneur du dernier de ses sujets. Il y a pour le maintenir des tribunaux respectables : c'est le trésor sacré de la nation, et le seul dont le souverain n'est pas le maître, parce qu'il ne peut l'être sans choquer ses intérêts. Ainsi, si un sujet se trouve blessé dans son honneur par son prince, soit par quelque préférence, soit par la moindre marque de mépris, il quitte sur-le-champ sa cour, son emploi, son service, et se retire chez lui.

La différence qu'il y a des troupes françoises aux vôtres, c'est que les unes, composées d'esclaves naturellement lâches, ne surmontent la crainte de la mort que par celle du châtiment; ce qui produit dans l'ame un nouveau genre de terreur qui la rend comme stupide : au lieu que les autres se présentent aux coups avec délices,

et bannissent la crainte par une satisfaction qui lui est supérieure.

Mais le sanctuaire de l'honneur, de la réputation et de la vertu, semble être établi dans les républiques et dans les pays où l'on peut prononcer le mot de patrie. A Rome, à Athènes, à Lacédémone, l'honneur payoit seul les services les plus signalés; une couronne de chêne ou de laurier, une statue, un éloge, étoient une récompense immense pour une bataille gagnée ou une ville prise.

Là, un homme qui avoit fait une belle action se trouvoit suffisamment récompensé par cette action même. Il ne pouvoit voir un de ses compatriotes qu'il ne ressentît le plaisir d'être son bienfaiteur : il comptoit le nombre de ses services par celui de ses concitoyens. Tout homme est capable de faire du bien à un homme : mais c'est ressembler aux dieux que de contribuer au bonheur d'une société entière.

Or cette noble émulation ne doit-elle point être entièrement éteinte dans le cœur de vos Persans, chez qui les emplois et les dignités ne sont que des attributs de la fantaisie du souverain ? La réputation et la vertu y sont regardées comme imaginaires si elles ne sont accompagnées de la faveur du prince, avec laquelle elles naissent et meurent de même. Un homme qui a pour lui l'estime pu-

blique n'est jamais sûr de ne pas être déshonoré demain. Le voilà aujourd'hui général d'armée ; peut-être que le prince le va faire son cuisinier, et qu'il ne lui laissera plus à espérer d'autre éloge que celui d'avoir fait un bon ragoût.

<p style="text-align:center;">De Paris, le 15 de la lune de Gemmadi, 2, 1715.</p>

LETTRE XC.
USBEK A IBBEN.
A Smyrne.

De cette passion générale que la nation françoise a pour la gloire, il s'est formé dans l'esprit des particuliers un certain je ne sais quoi qu'on appelle point d'honneur ; c'est proprement le caractère de chaque profession : mais il est plus marqué chez les gens de guerre, et c'est le point d'honneur par excellence. Il me seroit bien difficile de te faire sentir ce que c'est, car nous n'en avons point précisément d'idée.

Autrefois les François, surtout les nobles, ne suivoient guère d'autres lois que celles de ce point d'honneur : elles régloient toute la conduite de leur vie ; et elles étoient si sévères qu'on ne pouvoit, sans une peine plus cruelle que la mort, je ne dis pas les enfreindre, mais en éluder la plus petite disposition.

Quand il s'agissoit de régler les différends, elles ne prescrivoient guère qu'une manière de décision, qui étoit le duel, qui tranchoit toutes les difficultés. Mais ce qu'il y avoit de mal, c'est que souvent le jugement se rendoit entre d'autres parties que celles qui y étoient intéressées.

Pour peu qu'un homme fût connu d'un autre, il falloit qu'il entrât dans la dispute, et qu'il payât de sa personne comme s'il avoit été lui-même en colère. Il se sentoit toujours honoré d'un tel choix et d'une préférence si flatteuse; et tel qui n'auroit pas voulu donner quatre pistoles à un homme pour le sauver de la potence lui et toute sa famille ne faisoit aucune difficulté d'aller risquer pour lui mille fois sa vie.

Cette manière de décider étoit assez mal imaginée; car, de ce qu'un homme étoit plus adroit ou plus fort qu'un autre, il ne s'ensuivoit pas qu'il eût de meilleures raisons.

Aussi les rois l'ont-ils défendue sous des peines très sévères; mais c'est en vain : l'honneur, qui veut toujours régner, se révolte, et il ne reconnoît point de lois.

Aussi les François sont dans un état bien violent; car les mêmes lois de l'honneur obligent un honnête homme de se venger quand il a été offensé; mais d'un autre côté la justice le punit des plus cruelles peines lorsqu'il se venge. Si l'on suit les

lois de l'honneur, on périt sur un échafaud ; si l'on suit celles de la justice, on est banni pour jamais de la société des hommes : il n'y a donc que cette cruelle alternative, ou de mourir, ou d'être indigne de vivre.

De Paris, le 18 de la lune de Gemmadi, 2, 1715.

LETTRE XCI.

USBEK A RUSTAN.

A Ispahan.

Il paroît ici un personnage travesti en ambassadeur de Perse, qui se joue insolemment des deux plus grands rois du monde. Il apporte au monarque des François des présents que le nôtre ne sauroit donner à un roi d'Imirette ou de Géorgie ; et, par sa lâche avarice, il a flétri la majesté des deux empires.

Il s'est rendu ridicule devant un peuple qui prétend être le plus poli de l'Europe ; et il a fait dire en Occident que le roi des rois ne domine que sur des barbares.

Il a reçu des honneurs qu'il sembloit avoir voulu se faire refuser lui-même ; et, comme si la cour de France avoit eu plus à cœur la grandeur persane que lui, elle l'a fait paroître avec dignité devant un peuple dont il est le mépris.

Ne dis point ceci à Ispahan : épargne la tête d'un malheureux. Je ne veux pas que nos ministres le punissent de leur propre imprudence et, de l'indigne choix qu'ils ont fait.

<div style="text-align:right">De Paris, le dernier de la lune de Gemmadi, 2, 1715.</div>

LETTRE XCII.

USBEK A RHÉDI.

A Venise.

Le monarque qui a si long-temps régné n'est plus[1]. Il a bien fait parler des gens pendant sa vie ; tout le monde s'est tu à sa mort. Ferme et courageux dans ce dernier moment, il a paru ne céder qu'au destin. Ainsi mourut le grand Cha-Abas, après avoir rempli toute la terre de son nom.

Ne crois pas que ce grand événement n'ait fait faire ici que des réflexions morales. Chacun a pensé à ses affaires, et à prendre ses avantages dans ce changement. Le roi, arrière-petit-fils du monarque défunt, n'ayant que cinq ans, un prince, son oncle, a été déclaré régent du royaume.

Le feu roi avoit fait un testament qui bornoit l'autorité du régent. Ce prince habile a été au par-

[1] Il mourut le 1er septembre 1715.

lement; et, y exposant tous les droits de sa naissance, il a fait casser la disposition du monarque, qui, voulant se survivre à lui-même, sembloit avoir prétendu régner encore après sa mort.

Les parlements ressemblent à ces ruines que l'on foule aux pieds, mais qui rappellent toujours l'idée de quelque temple fameux par l'ancienne religion des peuples. Ils ne se mêlent guère plus que de rendre la justice; et leur autorité est toujours languissante, à moins que quelque conjoncture imprévue ne vienne lui rendre la force et la vie. Ces grands corps ont suivi le destin des choses humaines : ils ont cédé au temps qui détruit tout, à la corruption des mœurs qui a tout affoibli, à l'autorité suprême qui a tout abattu.

Mais le régent, qui a voulu se rendre agréable au peuple, a paru d'abord respecter cette image de la liberté publique; et, comme s'il avoit pensé à relever de terre le temple et l'idole, il a voulu qu'on les regardât comme l'appui de la monarchie et le fondement de toute autorité légitime.

<div style="text-align:center">De Paris, le 4 de la lune de Rhégeb, 1715.</div>

LETTRE XCIII.

USBEK A SON FRÈRE,
SANTON AU MONASTÈRE DE CASBIN.

Je m'humilie devant toi, sacré santon, et je me prosterne : je regarde les vestiges de tes pieds comme la prunelle de mes yeux. Ta sainteté est si grande qu'il semble que tu aies le cœur de notre saint prophète; tes austérités étonnent le ciel même; les anges t'ont regardé du sommet de la gloire, et ont dit : Comment est-il encore sur la terre, puisque son esprit est avec nous, et vole autour du trône qui est soutenu par les nuées?

Et comment ne t'honorerois-je pas, moi qui ai appris de nos docteurs que les dervis, même infidèles, ont toujours un caractère de sainteté qui les rend respectables aux vrais croyants, et que Dieu s'est choisi dans tous les coins de la terre des ames plus pures que les autres, qu'il a séparées du monde impie, afin que leurs mortifications et leurs prières ferventes suspendissent sa colère prête à tomber sur tant de peuples rebelles?

Les chrétiens disent des merveilles de leurs premiers santons, qui se réfugièrent à milliers dans les déserts affreux de la Thébaïde, et eurent pour chefs Paul, Antoine et Pacôme. Si ce qu'ils

en disent est vrai, leurs vies sont aussi pleines de prodiges que celles de nos plus sacrés immaums. Ils passoient quelquefois dix ans entiers sans voir un seul homme; mais ils habitoient la nuit et le jour avec des démons : ils étoient sans cesse tourmentés par ces esprits malins; ils les trouvoient au lit, ils les trouvoient à table; jamais d'asile contre eux. Si tout ceci est vrai, santon vénérable, il faudroit avouer que personne n'auroit jamais vécu en plus mauvaise compagnie.

Les chrétiens sensés regardent toutes ces histoires comme une allégorie bien naturelle qui nous peut servir à nous faire sentir le malheur de la condition humaine. En vain cherchons-nous dans le désert un état tranquille, les tentations nous suivent toujours; nos passions, figurées par les démons, ne nous quittent point encore; ces monstres du cœur, ces illusions de l'esprit, ces vains fantômes de l'erreur et du mensonge, se montrent toujours à nous pour nous séduire, et nous attaquent jusque dans les jeûnes et les cilices, c'est-à-dire jusque dans notre force même.

Pour moi, santon vénérable, je sais que l'envoyé de Dieu a enchaîné satan, et l'a précipité dans les abîmes : il a purifié la terre, autrefois pleine de son empire, et l'a rendue digne du séjour des anges et des prophètes.

De Paris, le 9 de la lune de Chahban, 1715.

LETTRE XCIV.

USBEK A RHÉDI.

A Venise.

Je n'ai jamais ouï parler du droit public qu'on n'ait commencé par rechercher soigneusement quelle est l'origine des sociétés; ce qui me paroît ridicule. Si les hommes n'en formoient point, s'ils se quittoient et se fuyoient les uns les autres, il faudroit en demander la raison, et chercher pourquoi ils se tiennent séparés; mais ils naissent tous liés les uns aux autres; un fils est né auprès de son père, et il s'y tient: voilà la société et la cause de la société.

Le droit public est plus connu en Europe qu'en Asie: cependant on peut dire que les passions des princes, la patience des peuples, la flatterie des écrivains, en ont corrompu tous les principes.

Ce droit, tel qu'il est aujourd'hui, est une science qui apprend aux princes jusqu'à quel point ils peuvent violer la justice sans choquer leurs intérêts. Quel dessein, Rhédi, de vouloir, pour endurcir leur conscience, mettre l'iniquité en système, d'en donner des règles, d'en former des principes, et d'en tirer des conséquences!

La puissance illimitée de nos sublimes sultans, qui n'a d'autre règle qu'elle-même, ne produit pas plus de monstres que cet art indigne qui veut faire plier la justice tout inflexible qu'elle est.

On diroit, Rhédi, qu'il y a deux justices toutes différentes : l'une qui règle les affaires des particuliers, qui règne dans le droit civil ; l'autre qui règle les différents qui surviennent de peuple à peuple, qui tyrannise dans le droit public : comme si le droit public n'étoit pas lui-même un droit civil, non pas à la vérité d'un pays particulier, mais du monde.

Je t'expliquerai dans une autre lettre mes pensées là-dessus.

De Paris, le premier de la lune de Zilhagé, 1716.

LETTRE XCV.

USBEK A RHÉDI.

Les magistrats doivent rendre la justice de citoyen à citoyen ; chaque peuple la doit rendre lui-même de lui à un autre peuple. Dans cette seconde distribution de justice, on ne peut employer d'autres maximes que dans la première.

De peuple à peuple il est rarement besoin de tiers pour juger, parce que les sujets de dispute

sont presque toujours clairs et faciles à terminer. Les intérêts de deux nations sont ordinairement si séparés qu'il ne faut qu'aimer la justice pour la trouver; on ne peut guère se prévenir dans sa propre cause.

Il n'en est pas de même des différents qui arrivent entre particuliers. Comme ils vivent en société, leurs intérêts sont si mêlés et si confondus, il y en a de tant de sortes différentes, qu'il est nécessaire qu'un tiers débrouille ce que la cupidité des parties cherche à obscurcir.

Il n'y a que deux sortes de guerres justes; les unes qui se font pour repousser un ennemi qui attaque, les autres pour secourir un allié qui est attaqué.

Il n'y auroit point de justice de faire la guerre pour des querelles particulières du prince, à moins que le cas ne fût si grave qu'il méritât la mort du prince ou du peuple qui l'a commis. Ainsi un prince ne peut faire la guerre parce qu'on lui aura refusé un honneur qui lui est dû, ou parce qu'on aura eu quelque procédé peu convenable à l'égard de ses ambassadeurs, et autres choses pareilles; non plus qu'un particulier ne peut tuer celui qui lui refuse la préséance. La raison en est que, comme la déclaration de guerre doit être un acte de justice, dans laquelle il faut toujours que la peine soit proportionnée à la faute, il faut voir si

celui à qui on déclare la guerre mérite la mort : car, faire la guerre à quelqu'un, c'est vouloir le punir de mort.

Dans le droit public, l'acte de justice le plus sévère c'est la guerre, puisqu'elle peut avoir l'effet de détruire la société.

Les représailles sont du second degré : c'est une loi que les tribunaux n'ont pu s'empêcher d'observer, de mesurer la peine par le crime.

Un troisième acte de justice est de priver un prince des avantages qu'il peut tirer de nous, proportionnant toujours la peine à l'offense.

Le quatrième acte de justice, qui doit être le plus fréquent, est la renonciation à l'alliance du peuple dont on a à se plaindre. Cette peine répond à celle du bannissement, que les tribunaux ont établie pour retrancher les coupables de la société. Ainsi un prince à l'alliance duquel nous renonçons est retranché de notre société, et n'est plus un des membres qui la composent.

On ne peut pas faire de plus grand affront à un prince que de renoncer à son alliance, ni lui faire de plus grand honneur que de la contracter. Il n'y a rien parmi les hommes qui leur soit plus glorieux et même plus utile que d'en voir d'autres toujours attentifs à leur conservation.

Mais pour que l'alliance nous lie il faut qu'elle soit juste : ainsi une alliance faite entre deux

nations pour en opprimer une troisième n'est pas légitime, et on peut la violer sans crime.

Il n'est pas même de l'honneur et de la dignité du prince de s'allier avec un tyran. On dit qu'un monarque d'Égypte fit avertir le roi de Samos de sa cruauté et de sa tyrannie, et le somma de s'en corriger : comme il ne le fit pas, il lui envoya dire qu'il renonçoit à son amitié et à son alliance.

La conquête ne donne point un droit par elle-même. Lorsque le peuple subsiste, elle est un gage de la paix et de la réparation du tort; et, si le peuple est détruit ou dispersé, elle est le monument d'une tyrannie.

Les traités de paix sont si sacrés parmi les hommes qu'il semble qu'ils soient la voix de la nature qui réclame ses droits. Ils sont tous légitimes lorsque les conditions en sont telles que les deux peuples peuvent se conserver; sans quoi celle des deux sociétés qui doit périr, privée de sa défense naturelle par la paix, la peut chercher dans la guerre.

Car la nature, qui a établi les différents degrés de force et de foiblesse parmi les hommes, a encore souvent égalé la foiblesse à la force par le désespoir.

Voilà, cher Rhédi, ce que j'appelle le droit public : voilà le droit des gens, ou plutôt celui de la raison.

De Paris, le 4 de la lune de Zilhagé, 1716.

LETTRE XCVI.

LE PREMIER EUNUQUE A USBEK.

A Paris.

Il est arrivé ici beaucoup de femmes jaunes du royaume de Visapour : j'en ai acheté une pour ton frère le gouverneur de Mazanderan, qui m'envoya il y a un mois son commandement sublime et cent tomans.

Je me connois en femmes, d'autant mieux qu'elles ne me surprennent pas, et qu'en moi les yeux ne sont point troublés par les mouvements du cœur.

Je n'ai jamais vu de beauté si régulière et si parfaite : ses yeux brillants portent la vie sur son visage, et relèvent l'éclat d'une couleur qui pourroit effacer tous les charmes de la Circassie.

Le premier eunuque d'un négociant d'Ispahan la marchandoit avec moi ; mais elle se déroboit dédaigneusement à ses regards, et sembloit chercher les miens, comme si elle avoit voulu me dire qu'un vil marchand n'étoit pas digne d'elle, et qu'elle étoit destinée à un plus illustre époux.

Je te l'avoue, je sens dans moi-même une joie secrète quand je pense aux charmes de cette belle personne : il me semble que je la vois entrer dans

le sérail de ton frère : je me plais à prévoir l'étonnement de toutes ses femmes, la douleur impérieuse des unes, l'affection muette mais plus douloureuse des autres, la consolation maligne de celles qui n'espèrent plus rien, et l'ambition irritée de celles qui espèrent encore.

Je vais d'un bout du royaume à l'autre faire changer tout un sérail de face. Que de passions je vais émouvoir ! que de craintes et de peines je prépare !

Cependant, dans le trouble du dedans, le dehors ne sera pas moins tranquille ; les grandes révolutions seront cachées dans le fond du cœur ; les chagrins seront dévorés et les joies contenues ; l'obéissance ne sera pas moins exacte et la règle moins inflexible ; la douceur, toujours contrainte de paroître, sortira du fond même du désespoir.

Nous remarquons que plus nous avons de femmes sous nos yeux, moins elles nous donnent d'embarras. Une plus grande nécessité de plaire, moins de facilité de s'unir, plus d'exemples de soumission, tout cela leur forme des chaînes. Les unes sont sans cesse attentives sur les démarches des autres : il semble que, de concert avec nous, elles travaillent à se rendre plus dépendantes : elles font une partie de notre ouvrage, et nous ouvrent les yeux quand nous les fermons. Que dis-je ! elles irritent sans cesse le maître contre leurs

rivales; et elles ne voient pas combien elles se trouvent près de celles qu'on punit.

Mais tout cela, magnifique seigneur, tout cela n'est rien sans la présence du maître. Que pouvons-nous faire avec ce vain fantôme d'une autorité qui ne se communique jamais tout entière? Nous ne représentons que foiblement la moitié de toi-même : nous ne pouvons que leur montrer une odieuse sévérité. Toi, tu tempères la crainte par les espérances; plus absolu quand tu caresses que tu ne l'es quand tu menaces.

Reviens donc, magnifique seigneur, reviens dans ces lieux porter partout les marques de ton empire; viens adoucir des passions désespérées; viens ôter tout prétexte de faillir; viens apaiser l'amour qui murmure, et rendre le devoir même aimable; viens enfin soulager tes fidèles eunuques d'un fardeau qui s'appesantit chaque jour.

Du sérail d'Ispahan, le 8 de la lune de Zilhagé, 1716.

LETTRE XCVII.

USBEK A HASSEIN,
DERVIS DE LA MONTAGNE DE JARON.

O toi, sage dervis, dont l'esprit curieux brille de tant de connoissances, écoute ce que je vais te dire.

Il y a ici des philosophes qui à la vérité n'ont point atteint jusqu'au faîte de la sagesse orientale ; ils n'ont point été ravis jusqu'au trône lumineux ; ils n'ont ni entendu les paroles ineffables dont les concerts des anges retentissent, ni senti les formidables accès d'une fureur divine : mais, laissés à eux-mêmes, privés des saintes merveilles, ils suivent dans le silence les traces de la raison humaine.

Tu ne saurois croire jusqu'où ce guide les a conduits. Ils ont débrouillé le chaos, et ont expliqué, par une mécanique simple, l'ordre de l'architecture divine. L'Auteur de la nature a donné du mouvement à la matière ; il n'en a pas fallu davantage pour produire cette prodigieuse variété d'effets que nous voyons dans l'univers.

Que les législateurs ordinaires nous proposent des lois pour régler les sociétés des hommes, des lois aussi sujettes au changement que l'esprit de ceux qui les proposent et des peuples qui les ob-

servent; ceux-ci ne nous parlent que des lois générales, immuables, éternelles, qui s'observent sans aucune exception, avec un ordre, une régularité, et une promptitude infinie, dans l'immensité des espaces.

Et que crois-tu, homme divin, que soient ces lois? Tu t'imagines peut-être qu'entrant dans le conseil de l'Éternel tu vas être étonné par la sublimité des mystères : tu renonces par avance à comprendre; tu ne te proposes que d'admirer.

Mais tu changeras bientôt de pensée: elles n'éblouissent point par un faux respect; leur simplicité les a fait long-temps méconnoître; et ce n'est qu'après bien des réflexions qu'on en a vu toute la fécondité et toute l'étendue.

La première est que tout corps tend à décrire une ligne droite, à moins qu'il ne rencontre quelque obstacle qui l'en détourne; et la seconde, qui n'en est qu'une suite, c'est que tout corps qui tourne autour d'un centre tend à s'en éloigner; parce que plus il en est loin, plus la ligne qu'il décrit approche de la ligne droite.

Voilà, sublime dervis, la clef de la nature; voilà des principes féconds dont on tire des conséquences à perte de vue.

La connoissance de cinq ou six vérités a rendu leur philosophie pleine de miracles, et leur a fait faire presque autant de prodiges et de merveilles

que tout ce qu'on nous raconte de nos saints prophètes.

Car enfin je suis persuadé qu'il n'y a aucun de nos docteurs qui n'eût été embarrassé si on lui eût dit de peser dans une balance tout l'air qui est autour de la terre, ou de mesurer toute l'eau qui tombe chaque année sur sa surface; et qui n'eût pensé plus de quatre fois avant de dire combien de lieues le son fait dans une heure, quel temps un rayon de lumière emploie à venir du soleil à nous; combien de toises il y a d'ici à Saturne; quelle est la courbe selon laquelle un vaisseau doit être taillé pour être le meilleur voilier qu'il soit possible.

Peut-être que si quelque homme divin avoit orné les ouvrages de ces philosophes de paroles hautes et sublimes, s'il y avoit mêlé des figures hardies et des allégories mystérieuses, il auroit fait un bel ouvrage qui n'auroit cédé qu'au saint Alcoran.

Cependant, s'il te faut dire ce que je pense, je ne m'accommode guère du style figuré. Il y a dans notre Alcoran un grand nombre de petites choses qui me paroissent toujours telles, quoiqu'elles soient relevées par la force et la vie de l'expression. Il semble d'abord que les livres inspirés ne sont que les idées divines rendues en langage humain : au contraire, dans notre Alcoran,

on trouve souvent le langage de Dieu et les idées des hommes; comme si, par un admirable caprice, Dieu y avoit dicté les paroles, et que l'homme eût fourni les pensées.

Tu diras peut-être que je parle trop librement de ce qu'il y a de plus saint parmi nous, tu croiras que c'est le fruit de l'indépendance où l'on vit dans ce pays. Non : grace au ciel, l'esprit n'a pas corrompu le cœur; et, tandis que je vivrai, Hali sera mon prophète.

<div style="text-align:right">De Paris, le 15 de la lune de Chahban, 1716.</div>

LETTRE XCVIII.

USBEK A IBBEN.

A Smyrne.

Il n'y a point de pays au monde où la fortune soit si inconstante que dans celui-ci. Il arrive tous les dix ans des révolutions qui précipitent le riche dans la misère, et enlèvent le pauvre avec des ailes rapides au comble des richesses. Celui-ci est étonné de sa pauvreté; celui-là l'est de son abondance. Le nouveau riche admire la sagesse de la Providence; le pauvre, l'aveugle fatalité du destin.

Ceux qui lèvent les tributs nagent au milieu

des trésors ; parmi eux il y a peu de Tantales. Ils commencent pourtant ce métier par la dernière misère. Ils sont méprisés comme de la boue pendant qu'ils sont pauvres ; quand ils sont riches on les estime assez : aussi ne négligent-ils rien pour acquérir de l'estime.

Ils sont à présent dans une situation bien terrible. On vient d'établir une chambre qu'on appelle de *justice*, parce qu'elle va leur ravir tout leur bien. Ils ne peuvent ni détourner ni cacher leurs effets, car on les oblige de les déclarer au juste, sous peine de la vie : ainsi on les fait passer par un défilé bien étroit, je veux dire entre la vie et leur argent. Pour comble d'infortune, il y a un ministre, connu par son esprit, qui les honore de ses plaisanteries, et badine sur toutes les délibérations du conseil. On ne trouve pas tous les jours des ministres disposés à faire rire le peuple ; et l'on doit savoir bon gré à celui-ci de l'avoir entrepris.

Le corps des laquais est plus respectable en France qu'ailleurs : c'est un séminaire de grands seigneurs ; il remplit le vide des autres états. Ceux qui le composent prennent la place des grands malheureux, des magistrats ruinés, des gentilshommes tués dans les fureurs de la guerre ; et, quand ils ne peuvent pas suppléer par eux-mêmes, ils relèvent toutes les grandes maisons

par le moyen de leurs filles, qui sont comme une espèce de fumier qui engraisse les terres montagneuses et arides.

Je trouve, Ibben, la Providence admirable dans la manière dont elle a distribué les richesses. Si elle ne les avoit accordées qu'aux gens de bien, on ne les auroit pas assez distinguées de la vertu, et on n'en auroit plus senti tout le néant. Mais quand on examine qui sont les gens qui en sont le plus chargés, à force de mépriser les riches on vient enfin à mépriser les richesses.

De Paris, le 26 de la lune de Maharram, 1717.

LETTRE XCIX.

RICA A RHÉDI.

A Venise.

Je trouve les caprices de la mode, chez les François, étonnants. Ils ont oublié comment ils étoient habillés cet été; ils ignorent encore plus comment ils le seront cet hiver; mais surtout on ne sauroit croire combien il en coûte à un mari pour mettre sa femme à la mode.

Que me serviroit de te faire une description exacte de leur habillement et de leurs parures?

une mode nouvelle viendroit détruire tout mon ouvrage, comme celui de leurs ouvriers; et avant que tu eusses reçu ma lettre, tout seroit changé.

Une femme qui quitte Paris pour aller passer six mois à la campagne en revient aussi antique que si elle s'y étoit oubliée trente ans. Le fils méconnoît le portrait de sa mère, tant l'habit avec lequel elle est peinte lui paroît étranger; il s'imagine que c'est quelque Américaine qui y est représentée, ou que le peintre a voulu exprimer quelqu'une de ses fantaisies.

Quelquefois les coiffures montent insensiblement, et une révolution les fait descendre tout à coup. Il a été un temps que leur hauteur immense mettoit le visage d'une femme au milieu d'elle-même; dans un autre, c'étoient les pieds qui occupoient cette place, les talons faisoient un piédestal qui les tenoit en l'air. Qui pourroit le croire! les architectes ont été souvent obligés de hausser, de baisser et d'élargir leurs portes, selon que les parures des femmes exigeoient d'eux ce changement; et les règles de leur art ont été asservies à ces caprices. On voit quelquefois sur un visage une quantité prodigieuse de mouches, et elles disparoissent toutes le lendemain. Autrefois les femmes avoient de la taille et des dents; aujourd'hui il n'en est pas question. Dans cette changeante nation, quoi qu'en disent les mau-

vais plaisants, les filles se trouvent autrement faites que leurs mères.

Il en est des manières et de la façon de vivre comme des modes : les François changent de mœurs selon l'âge de leur roi. Le monarque pourroit même parvenir à rendre la nation grave s'il l'avoit entrepris. Le prince imprime le caractère de son esprit à la cour, la cour à la ville, la ville aux provinces. L'ame du souverain est un moule qui donne la forme à toutes les autres.

<div style="text-align:center">De Paris, le 8 de la lune de Saphar, 1717.</div>

LETTRE C.

RICA A RHÉDI.

Je te parlai l'autre jour de l'inconstance prodigieuse des François sur leurs modes. Cependant il est inconcevable à quel point ils en sont entêtés ; ils y rappellent tout : c'est la règle avec laquelle ils jugent de tout ce qui se fait chez les autres nations ; ce qui est étranger leur paroît toujours ridicule. Je t'avoue que je ne saurois guère ajuster cette fureur pour leurs coutumes avec l'inconstance avec laquelle ils en changent tous les jours.

Quand je te dis qu'ils méprisent tout ce qui est

étranger, je ne parle que des bagatelles; car sur les choses importantes, ils semblent s'être méfiés d'eux-mêmes jusqu'à se dégrader. Ils avouent de bon cœur que les autres peuples sont plus sages, pourvu qu'on convienne qu'ils sont mieux vêtus : ils veulent bien s'assujettir aux lois d'une nation rivale, pourvu que les perruquiers françois décident en législateurs sur la forme des perruques étrangères. Rien ne leur paroît si beau que de voir le goût de leurs cuisiniers régner du septentrion au midi, et les ordonnances de leurs coiffeuses portées dans toutes les toilettes de l'Europe.

Avec ces nobles avantages, que leur importe que le bon sens leur vienne d'ailleurs, et qu'ils aient pris de leurs voisins tout ce qui concerne le gouvernement politique et civil?

Qui peut penser qu'un royaume, le plus ancien et le plus puissant de l'Europe, soit gouverné, depuis plus de dix siècles, par des lois qui ne sont point faites pour lui? Si les François avoient été conquis, ceci ne seroit pas difficile à comprendre; mais ils sont les conquérants.

Ils ont abandonné les lois anciennes, faites par leurs premiers rois dans les assemblées générales de la nation; et, ce qu'il y a de singulier, c'est que les lois romaines, qu'ils ont prises à la place, étoient en partie faites et en partie rédigées par des empereurs contemporains de leurs législateurs.

Et, afin que l'acquisition fût entière et que tout le bon sens leur vînt d'ailleurs, ils ont adopté toutes les constitutions des papes, et en ont fait une nouvelle partie de leur droit : nouveau genre de servitude.

Il est vrai que, dans les derniers temps, on a rédigé par écrit quelques statuts des villes et des provinces ; mais ils sont presque tous pris du droit romain.

Cette abondance de lois adoptées, et pour ainsi dire naturalisées, est si grande qu'elle accable également la justice et les juges. Mais ces volumes de lois ne sont rien en comparaison de cette armée effroyable de glossateurs, de commentateurs, de compilateurs, gens aussi foibles par le peu de justesse de leur esprit, qu'ils sont forts par leur nombre prodigieux.

Ce n'est pas tout : ces lois étrangères ont introduit des formalités dont l'excès est la honte de la raison humaine. Il seroit assez difficile de décider si la forme s'est rendue plus pernicieuse lorsqu'elle est entrée dans la jurisprudence, ou lorsqu'elle s'est logée dans la médecine ; si elle a fait plus de ravages sous la robe d'un jurisconsulte que sous le large chapeau d'un médecin ; et si dans l'une elle a plus ruiné de gens qu'elle n'en a tué dans l'autre.

De Paris, le 17 de la lune de Saphar, 1717.

LETTRE CI.

USBEK A ***.

On parle toujours ici de la constitution. J'entrai l'autre jour dans une maison où je vis d'abord un gros homme avec un teint vermeil, qui disoit d'une voix forte : J'ai donné mon mandement; je n'irai point répondre à tout ce que vous dites; mais lisez-le, ce mandement, et vous verrez que j'y ai résolu tous vos doutes. J'ai bien sué pour le faire, dit-il en portant la main sur le front : j'ai eu besoin de toute ma doctrine; et il m'a fallu lire bien des auteurs latins. Je le crois, dit un homme qui se trouva là; car c'est un bel ouvrage; et je défierois bien ce jésuite qui vient si souvent vous voir d'en faire un meilleur. Lisez-le donc, reprit-il; et vous serez plus instruit sur ces matières dans un quart d'heure que si je vous en avois parlé toute la journée. Voilà comme il évitoit d'entrer en conversation et de commettre sa suffisance. Mais, comme il se vit pressé, il fut obligé de sortir de ses retranchements, et il commença à dire théologiquement force sottises, soutenu d'un dervis qui les lui rendoit très respectueusement. Quand deux hommes qui étoient là lui nioient quelque principe, il disoit d'abord : Cela est certain, nous

l'avons jugé ainsi, et nous sommes des juges infaillibles. Et comment, lui dis-je alors, êtes-vous des juges infaillibles? Ne voyez-vous pas, reprit-il, que le saint Esprit nous éclaire? Cela est heureux, lui répondis-je; car, de la manière dont vous avez parlé tout aujourd'hui, je reconnois que vous avez grand besoin d'être éclairé.

De Paris, le 18 de la lune de Rebiab, 1, 1717.

LETTRE CII.

USBEK A IBBEN.

A Smyrne.

Les plus puissants états de l'Europe sont ceux de l'Empereur, des rois de France, d'Espagne et d'Angleterre. L'Italie et une grande partie de l'Allemagne sont partagées en un nombre infini de petits états dont les princes sont, à proprement parler, les martyrs de la souveraineté. Nos glorieux sultans ont plus de femmes que quelques-uns de ces princes n'ont de sujets. Ceux d'Italie, qui ne sont pas si unis, sont plus à plaindre; leurs états sont ouverts comme des caravanserails, où ils sont obligés de loger les premiers qui viennent : il faut donc qu'ils s'attachent aux grands princes, et leur

fassent part de leur frayeur plutôt que de leur amitié.

La plupart des gouvernements d'Europe sont monarchiques, ou plutôt sont ainsi appelés; car je ne sais pas s'il y en a jamais eu véritablement de tels; au moins est-il difficile qu'ils aient subsisté long-temps dans leur pureté. C'est un état violent qui dégénère toujours en despotisme ou en république. La puissance ne peut jamais être également partagée entre le peuple et le prince; l'équilibre est trop difficile à garder : il faut que le pouvoir diminue d'un côté pendant qu'il augmente de l'autre; mais l'avantage est ordinairement du côté du prince qui est à la tête des armées.

Aussi le pouvoir des rois d'Europe est-il bien grand, et on peut dire qu'ils l'ont tel qu'ils le veulent; mais ils ne l'exercent point avec tant d'étendue que nos sultans : premièrement, parce qu'ils ne veulent point choquer les mœurs et la religion des peuples; secondement, parce qu'il n'est pas de leur intérêt de le porter si loin.

Rien ne rapproche plus nos princes de la condition de leurs sujets que cet immense pouvoir qu'ils exercent sur eux; rien ne les soumet plus aux revers et aux caprices de la fortune.

L'usage où ils sont de faire mourir tous ceux qui leur déplaisent, au moindre signe qu'ils font, renverse la proportion qui doit être entre les fautes

et les peines, qui est comme l'état et l'harmonie des empires; et cette proportion, scrupuleusement gardée par les princes chrétiens, leur donne un avantage infini sur nos sultans.

Un Persan qui, par imprudence ou par malheur, s'est attiré la disgrace du prince, est sûr de mourir; la moindre faute ou le moindre caprice le met dans cette nécessité; mais s'il avoit attenté à la vie de son souverain, s'il avoit voulu livrer ses places aux ennemis, il en seroit quitte aussi pour perdre la vie: il ne court donc pas plus de risque dans ce dernier cas que dans le premier.

Aussi, dans la moindre disgrace, voyant la mort certaine, et ne voyant rien de pis, il se porte naturellement à troubler l'état et à conspirer contre le souverain, seule ressource qui lui reste.

Il n'en est pas de même des grands d'Europe, à qui la disgrace n'ôte rien que la bienveillance et la faveur. Ils se retirent de la cour, et ne songent qu'à jouir d'une vie tranquille et des avantages de leur naissance. Comme on ne les fait guère périr que pour le crime de lèse-majesté, ils craignent d'y tomber, par la considération de ce qu'ils ont à perdre et du peu qu'ils ont à gagner; ce qui fait qu'on voit peu de révoltes, et peu de princes qui périssent d'une mort violente.

Si, dans cette autorité illimitée qu'ont nos princes, ils n'apportoient pas tant de précautions

pour mettre leur vie en sûreté, ils ne vivroient pas un jour; et s'ils n'avoient à leur solde un nombre innombrable de troupes pour tyranniser le reste de leurs sujets, leur empire ne subsisteroit pas un mois.

Il n'y a que quatre ou cinq siècles qu'un roi de France prit des gardes contre l'usage de ces temps-là, pour se garantir des assassins qu'un petit prince d'Asie avoit envoyés pour le faire périr; jusque là les rois avoient vécu tranquilles au milieu de leurs sujets, comme des pères au milieu de leurs enfants.

Bien loin que les rois de France puissent de leur propre mouvement ôter la vie à un de leurs sujets, comme nos sultans, ils portent au contraire toujours avec eux la grace de tous les criminels : il suffit qu'un homme ait été assez heureux pour voir l'auguste visage de son prince, pour qu'il cesse d'être indigne de vivre. Ces monarques sont comme le soleil, qui porte partout la chaleur et la vie.

De Paris, le 8 de la lune de Rebiab, 2, 1717.

LETTRE CIII.

USBEK A IBBEN.

Pour suivre l'idée de ma dernière lettre, voici à peu près ce que me disoit l'autre jour un Européen assez sensé :

Le plus mauvais parti que les princes d'Asie aient pu prendre, c'est de se cacher comme ils font. Ils veulent se rendre plus respectables; mais ils font respecter la royauté, et non pas le roi, et attachent l'esprit des sujets à un certain trône, et non pas à une certaine personne.

Cette puissance invisible qui gouverne est toujours la même pour le peuple. Quoique dix rois, qu'il ne connoît que de nom, se soient égorgés l'un après l'autre, il ne sent aucune différence : c'est comme s'il avoit été gouverné successivement par des esprits.

Si le détestable parricide de notre grand roi Henri IV avoit porté ce coup sur un roi des Indes, maître du sceau royal et d'un trésor immense qui auroit semblé amassé pour lui, il auroit pris tranquillement les rênes de l'empire sans qu'un seul homme eût pensé à réclamer son roi, sa famille et ses enfants.

On s'étonne de ce qu'il n'y a presque jamais de

changement dans le gouvernement des princes d'Orient : d'où vient cela, si ce n'est de ce qu'il est tyrannique et affreux ?

Les changements ne peuvent être faits que par le prince ou par le peuple : mais là les princes n'ont garde d'en faire; parce que, dans un si haut degré de puissance, ils ont tout ce qu'ils peuvent avoir : s'ils changeoient quelque chose, ce ne pourroit être qu'à leur préjudice.

Quant aux sujets, si quelqu'un d'eux forme quelque résolution, il ne sauroit l'exécuter sur l'état; il faudroit qu'il contrebalançât tout à coup une puissance redoutable et toujours unique; le temps lui manque comme les moyens : mais il n'a qu'à aller à la source de ce pouvoir; et il ne lui faut qu'un bras et qu'un instant.

Le meurtrier monte sur le trône pendant que le monarque en descend, tombe, et va expirer à ses pieds.

Un mécontent en Europe songe à entretenir quelque intelligence secrète, à se jeter chez les ennemis, à se saisir de quelque place, à exciter quelques vains murmures parmi les sujets. Un mécontent en Asie va droit au prince, étonne, frappe, renverse : il en efface jusqu'à l'idée; dans un instant, esclave et maître; dans un instant, usurpateur et légitime.

Malheureux le roi qui n'a qu'une tête! Il semble

ne réunir sur elle toute sa puissance que pour indiquer au premier ambitieux l'endroit où il la trouvera tout entière.

<p style="text-align:center">De Paris, le 17 de la lune de Rebiab, 2, 1717.</p>

LETTRE CIV.

USBEK A IBBEN.

Tous les peuples d'Europe ne sont pas également soumis à leurs princes; par exemple, l'humeur impatiente des Anglois ne laisse guère à leur roi le temps d'appesantir son autorité. La soumission et l'obéissance sont les vertus dont ils se piquent le moins : ils disent là dessus des choses bien extraordinaires. Selon eux, il n'y a qu'un lien qui puisse attacher les hommes, qui est celui de la gratitude : un mari, une femme, un père et un fils, ne sont liés entre eux que par l'amour qu'ils se portent ou par les bienfaits qu'ils se procurent : et ces motifs divers de reconnoissance sont l'origine de tous les royaumes et de toutes les sociétés.

Mais si un prince, bien loin de faire vivre ses sujets heureux, veut les accabler et les détruire, le fondement de l'obéissance cesse; rien ne les lie, rien ne les attache à lui; et ils rentrent dans leur liberté naturelle. Ils soutiennent que tout pouvoir

sans bornes ne sauroit être légitime, parce qu'il n'a jamais pu avoir d'origine légitime. Car nous ne pouvons pas, disent-ils, donner à un autre plus de pouvoir sur nous que nous n'en avons nous-mêmes : or nous n'avons pas sur nous-mêmes un pouvoir sans bornes; par exemple, nous ne pouvons pas nous ôter la vie : personne n'a donc, concluent-ils, sur la terre un tel pouvoir.

Le crime de lèse-majesté n'est autre chose, selon eux, que le crime que le plus foible commet contre le plus fort en lui désobéissant, de quelque manière qu'il lui désobéisse. Aussi le peuple d'Angleterre, qui se trouva le plus fort contre un de leurs rois, déclara-t-il que c'étoit un crime de lèse-majesté à un prince de faire la guerre à ses sujets. Ils ont donc grande raison quand ils disent que le précepte de leur Alcoran qui ordonne de se soumettre aux puissances n'est pas bien difficile à suivre, puisqu'il leur est impossible de ne le pas observer; d'autant que ce n'est pas au plus vertueux qu'on les oblige de se soumettre, mais à celui qui est le plus fort.

Les Anglois disent qu'un de leurs rois, ayant vaincu et fait prisonnier un prince qui lui disputoit la couronne, voulut lui reprocher son infidélité et sa perfidie. Il n'y a qu'un moment, dit le prince infortuné, qu'il vient d'être décidé lequel de nous deux est le traître.

Un usurpateur déclare rebelles tous ceux qui n'ont point opprimé la patrie comme lui; et, croyant qu'il n'y a pas de lois là où il ne voit point de juges, il fait révérer comme des arrêts du ciel les caprices du hasard et de la fortune.

<div style="text-align: right;">De Paris, le 20 de la lune de Rebiab, 2, 1717.</div>

LETTRE CV.

RHÉDI A USBEK.

A Paris.

Tu m'as beaucoup parlé dans une de tes lettres des sciences et des arts cultivés en Occident. Tu me vas regarder comme un barbare; mais je ne sais si l'utilité que l'on en retire dédommage les hommes du mauvais usage que l'on en fait tous les jours.

J'ai ouï dire que la seule invention des bombes avoit ôté la liberté à tous les peuples de l'Europe. Les princes ne pouvant plus confier la garde des places aux bourgeois, qui, à la première bombe, se seroient rendus, ont eu un prétexte pour entretenir de gros corps de troupes réglées avec lesquelles ils ont dans la suite opprimé leurs sujets.

Tu sais que depuis l'invention de la poudre il n'y a plus de places imprenables, c'est-à-dire,

Usbek, qu'il n'y a plus d'asile sur la terre contre l'injustice et la violence.

Je tremble toujours qu'on ne parvienne à la fin à découvrir quelque secret qui fournisse une voie plus abrégée pour faire périr les hommes, détruire les peuples et les nations entières.

Tu as lu les historiens : fais-y bien attention ; presque toutes les monarchies n'ont été fondées que sur l'ignorance des arts, et n'ont été détruites que parce qu'on les a trop cultivés. L'ancien empire de Perse peut nous en fournir un exemple domestique.

Il n'y a pas long-temps que je suis en Europe ; mais j'ai ouï parler à des gens sensés des ravages de la chimie. Il semble que ce soit un quatrième fléau qui ruine les hommes et les détruit en détail, mais continuellement ; tandis que la guerre, la peste, la famine, les détruisent en gros, mais par intervalles.

Que nous a servi l'invention de la boussole et la découverte de tant de peuples, qu'à nous communiquer leurs maladies plutôt que leurs richesses? L'or et l'argent avoient été établis, par une convention générale, pour être le prix de toutes les marchandises et un gage de leur valeur, par la raison que ces métaux étoient rares et inutiles à tout autre usage. Que nous importoit-il donc qu'ils devinssent plus communs, et que, pour marquer la valeur d'une denrée, nous eussions deux ou trois signes

au lieu d'un? cela n'en étoit que plus incommode.

Mais, d'un autre côté, cette invention a été bien pernicieuse aux pays qui ont été découverts. Les nations entières ont été détruites; et les hommes qui ont échappé à la mort ont été réduits à une servitude si rude que le récit en fait frémir les musulmans.

Heureuse l'ignorance des enfants de Mahomet! Aimable simplicité si chérie de notre saint prophète, vous me rappelez toujours la naïveté des anciens temps et la tranquillité qui régnoit dans le cœur de nos premiers pères!

<div style="text-align:right">De Venise, le 5 de la lune de Rahmazan, 1717.</div>

LETTRE CVI.

USBEK A RHÉDI.

A Venise.

Ou tu ne penses pas à ce que tu dis, ou bien tu fais mieux que tu ne penses. Tu as quitté ta patrie pour t'instruire, et tu méprises toute instruction : tu viens pour te former dans un pays où l'on cultive les beaux arts, et tu les regardes comme pernicieux. Te le dirai-je, Rhédi? Je suis plus d'accord avec toi que tu ne l'es avec toi-même.

As-tu bien réfléchi à l'état barbare et malheu-

reux où nous entraîneroit la perte des arts? Il n'est pas nécessaire de se l'imaginer, on peut le voir. Il y a encore des peuples sur la terre chez lesquels un singe passablement instruit pourroit vivre avec honneur; il s'y trouveroit à peu près à la portée des autres habitants; on ne lui trouveroit point l'esprit singulier ni le caractère bizarre; il passeroit tout comme un autre, et seroit même distingué par sa gentillesse.

Tu dis que les fondateurs des empires ont presque tous ignoré les arts. Je ne te nie pas que des peuples barbares n'aient pu, comme des torrents impétueux, se répandre sur la terre, et couvrir de leurs armées féroces les royaumes les plus policés: mais, prends-y garde, ils ont appris les arts, ou les ont fait exercer aux peuples vaincus; sans cela leur puissance auroit passé comme le bruit du tonnerre et des tempêtes.

Tu crains, dis-tu, que l'on n'invente quelque manière de destruction plus cruelle que celle qui est en usage. Non : si une fatale invention venoit à se découvrir, elle seroit bientôt prohibée par le droit des gens; et le consentement unanime des nations enseveliroit cette découverte. Il n'est point de l'intérêt des princes de faire des conquêtes par de pareilles voies; ils doivent chercher des sujets et non pas des terres.

Tu te plains de l'invention de la poudre et des

bombes; tu trouves étrange qu'il n'y ait plus de place imprenable; c'est-à-dire que tu trouves étrange que les guerres soient aujourd'hui terminées plus tôt qu'elles ne l'étoient autrefois.

Tu dois avoir remarqué, en lisant les histoires, que, depuis l'invention de la poudre, les batailles sont beaucoup moins sanglantes qu'elles ne l'étoient parce qu'il n'y a presque plus de mêlée.

Et quand il se seroit trouvé quelque cas particulier où un art auroit été préjudiciable, doit-on pour cela le rejeter? Penses-tu, Rhédi, que la religion que notre saint prophète a apportée du ciel soit pernicieuse parce qu'elle servira un jour à confondre les perfides chrétiens?

Tu crois que les arts amollissent les peuples, et par là sont cause de la chute des empires. Tu parles de la ruine de celui des anciens Perses, qui fut l'effet de leur mollesse: mais il s'en faut bien que cet exemple décide, puisque les Grecs qui les vainquirent tant de fois et les subjuguèrent, cultivoient les arts avec infiniment plus de soin qu'eux.

Quand on dit que les arts rendent les hommes efféminés, on ne parle pas du moins des gens qui s'y appliquent, puisqu'ils ne sont jamais dans l'oisiveté, qui de tous les vices est celui qui amollit le plus le courage.

Il n'est donc question que de ceux qui en

jouissent. Mais comme dans un pays policé ceux qui jouissent des commodités d'un art sont obligés d'en cultiver un autre, à moins de se voir réduits à une pauvreté honteuse, il suit que l'oisiveté et la mollesse sont incompatibles avec les arts.

Paris est peut-être la ville du monde la plus sensuelle et où l'on raffine le plus sur les plaisirs; mais c'est peut-être celle où l'on mène une vie plus dure. Pour qu'un homme vive délicieusement, il faut que cent autres travaillent sans relâche. Une femme s'est mis dans la tête qu'elle devoit paroître à une assemblée avec une certaine parure; il faut que dès ce moment cinquante artisans ne dorment plus, et n'aient plus le loisir de boire et de manger : elle commande, et elle est obéie plus promptement que ne seroit notre monarque, parce que l'intérêt est le plus grand monarque de la terre.

Cette ardeur pour le travail, cette passion de s'enrichir passe de condition en condition, depuis les artisans jusqu'aux grands. Personne n'aime à être plus pauvre que celui qu'il vient de voir immédiatement au dessous de lui. Vous voyez à Paris un homme qui a de quoi vivre jusqu'au jour du jugement, qui travaille sans cesse et court risque d'accourcir ses jours pour amasser, dit-il, de quoi vivre.

Le même esprit gagne la nation; on n'y voit

que travail et qu'industrie. Où est donc ce peuple efféminé dont tu parles tant?

Je suppose, Rhédi, qu'on ne souffrît dans un royaume que les arts absolument nécessaires à la culture des terres, qui sont pourtant en grand nombre, et qu'on en bannît tous ceux qui ne servent qu'à la volupté ou à la fantaisie; je le soutiens, cet état seroit un des plus misérables qu'il y eût au monde.

Quand les habitants auroient assez de courage pour se passer de tant de choses qu'ils doivent à leurs besoins, le peuple dépériroit tous les jours; et l'état deviendroit si foible qu'il n'y auroit si petite puissance qui ne pût le conquérir.

Il seroit aisé d'entrer dans un long détail, et de te faire voir que les revenus des particuliers cesseroient presque absolument, et par conséquent ceux du prince. Il n'y auroit presque plus de relation de facultés entre les citoyens; on verroit finir cette circulation de richesses et cette progression de revenus qui vient de la dépendance où sont les arts les uns des autres; chaque particulier vivroit de sa terre, et n'en retireroit que ce qu'il lui faut précisément pour ne pas mourir de faim. Mais, comme ce n'est pas quelquefois la vingtième partie des revenus d'un état, il faudroit que le nombre des habitants diminuât à proportion, et qu'il n'en restât que la vingtième partie.

Fais bien attention jusqu'où vont les revenus de l'industrie. Un fonds ne produit annuellement à son maître que la vingtième partie de sa valeur; mais avec une pistole de couleur un peintre fera un tableau qui lui en vaudra cinquante. On en peut dire de même des orfèvres, des ouvriers en laine, en soie, et de toutes sortes d'artisans.

De tout ceci on doit conclure, Rhédi, que, pour qu'un prince soit puissant, il faut que ses sujets vivent dans les délices : il faut qu'il travaille à leur procurer toutes sortes de superfluités avec autant d'attention que les nécessités de la vie.

De Paris, le 14 de la lune de Chalval, 1717.

LETTRE CVII.

RICA A IBBEN.

A Smyrne.

J'ai vu le jeune monarque. Sa vie est bien précieuse à ses sujets; elle ne l'est pas moins à toute l'Europe par les grands troubles que sa mort pourroit produire. Mais les rois sont comme les dieux; et pendant qu'ils vivent on doit les croire immortels. Sa physionomie est majestueuse, mais charmante : une belle éducation semble concourir avec un heureux naturel, et promet déja un grand prince.

On dit que l'on ne peut jamais connoître le caractère des rois d'Occident jusqu'à ce qu'ils aient passé par les deux grandes épreuves de leur maîtresse et de leur confesseur. On verra bientôt l'un et l'autre travailler à se saisir de l'esprit de celui-ci; et il se livrera pour cela de grands combats. Car sous un jeune prince ces deux puissances sont toujours rivales; mais elles se concilient et se réunissent sous un vieux. Sous un jeune prince le dervis a un rôle bien difficile à soutenir; la force du roi fait sa foiblesse : mais l'autre triomphe également de sa foiblesse et de sa force.

Lorsque j'arrivai en France je trouvai le feu roi absolument gouverné par les femmes; et cependant, dans l'âge où il étoit, je crois que c'étoit le monarque de la terre qui en avoit le moins besoin. J'entendis un jour une femme qui disoit : Il faut que l'on fasse quelque chose pour ce jeune colonel; sa valeur m'est connue; j'en parlerai au ministre. Une autre disoit : Il est surprenant que ce jeune abbé ait été oublié; il faut qu'il soit évêque; il est homme de naissance, et je pourrois répondre de ses mœurs. Il ne faut pas pourtant que tu t'imagines que celles qui tenoient ces discours fussent des favorites du prince : elles ne lui avoient peut-être pas parlé deux fois en leur vie; chose pourtant très facile à faire chez les princes européens : mais c'est qu'il n'y a personne qui ait

quelque emploi à la cour, dans Paris, ou dans les provinces, qui n'ait une femme par les mains de laquelle passent toutes les graces et quelquefois les injustices qu'il peut faire. Ces femmes ont toutes des relations les unes avec les autres, et forment une espèce de république dont les membres toujours actifs se secourent et se servent mutuellement; c'est comme un nouvel état dans l'état : et celui qui est à la cour, à Paris, et dans les provinces, qui voit agir des ministres, des magistrats, des prélats, s'il ne connoît les femmes qui les gouvernent, est comme un homme qui voit une machine qui joue, mais qui n'en connoît point les ressorts.

Crois-tu, Ibben, qu'une femme s'avise d'être la maîtresse d'un ministre pour coucher avec lui? Quelle idée! c'est pour lui présenter cinq ou six placets tous les matins : et la bonté de leur naturel paroît dans l'empressement qu'elles ont de faire du bien à une infinité de gens malheureux qui leur procurent cent mille livres de rente.

On se plaint en Perse de ce que le royaume est gouverné par deux ou trois femmes : c'est bien pis en France, où les femmes en général gouvernent, et non seulement prennent en gros, mais même se partagent en détail toute l'autorité.

De Paris, le dernier de la lune de Chalval, 1717.

LETTRE CVIII.

USBEK A ***.

Il y a une espèce de livres que nous ne connoissons point en Perse, et qui me paroissent ici fort à la mode : ce sont les journaux. La paresse se sent flattée en les lisant ; on est ravi de pouvoir parcourir trente volumes en un quart d'heure.

Dans la plupart des livres, l'auteur n'a pas fait les compliments ordinaires que les lecteurs sont aux abois : il les fait entrer à demi morts dans une matière noyée au milieu d'une mer de paroles. Celui-ci veut s'immortaliser par un in-douze, celui-là par un in-quarto ; un autre, qui a de plus belles inclinations, vise à l'in-folio : il faut donc qu'il étende son sujet à proportion ; ce qu'il fait sans pitié, comptant pour rien la peine du pauvre lecteur, qui se tue à réduire ce que l'auteur a pris tant de peine à amplifier.

Je ne sais, ***, quel mérite il y a à faire de pareils ouvrages : j'en ferois bien autant si je voulois ruiner ma santé et un libraire.

Le grand tort qu'ont les journalistes, c'est qu'ils ne parlent que des livres nouveaux ; comme si la vérité étoit jamais nouvelle ! Il me semble que, jusqu'à ce qu'un homme ait lu tous les livres an-

ciens, il n'a aucune raison de leur préférer les nouveaux.

Mais, lorsqu'ils s'imposent la loi de ne parler que des ouvrages encore tout chauds de la forge, ils s'en imposent une autre, qui est d'être très ennuyeux. Ils n'ont garde de critiquer les livres dont ils font les extraits, quelque raison qu'ils en aient : et en effet quel est l'homme assez hardi pour vouloir se faire dix ou douze ennemis tous les mois?

La plupart des auteurs ressemblent aux poëtes qui souffriront une volée de coups de bâton sans se plaindre; mais qui, peu jaloux de leurs épaules, le sont si fort de leurs ouvrages qu'ils ne sauroient soutenir la moindre critique. Il faut donc bien se donner de garde de les attaquer par un endroit si sensible; et les journalistes le savent bien. Ils font donc tout le contraire : ils commencent par louer la matière qui est traitée; première fadeur : de là ils passent aux louanges de l'auteur; louanges forcées, car ils ont affaire à des gens qui sont encore en haleine, tout prêts à se faire faire raison, et à foudroyer à coups de plume un téméraire journaliste.

De Paris, le 5 de la lune de Zilcadé, 1718.

LETTRE CIX.

RICA A ***.

L'Université de Paris est la fille aînée des rois de France; et très aînée, car elle a plus de neuf cents ans : aussi rêve-t-elle quelquefois.

On m'a conté qu'elle eut, il y a quelque temps, un grand démêlé avec quelques docteurs à l'occasion de la lettre Q[1], qu'elle vouloit que l'on prononçât comme un K. La dispute s'échauffa si fort, que quelques uns furent dépouillés de leurs biens : il fallut que le parlement terminât le différent; et il accorda permission, par un arrêt solennel, à tous les sujets du roi de France de prononcer cette lettre à leur fantaisie. Il faisoit beau voir les deux corps de l'Europe les plus respectables occupés à décider du sort d'une lettre de l'alphabet !

Il semble, mon cher ***, que les têtes des plus grands hommes s'étrécissent lorsqu'elles sont assemblées, et que là où il y a plus de sages, il y ait aussi moins de sagesse. Les grands corps s'attachent toujours si fort aux minuties, aux vains usages, que l'essentiel ne va jamais qu'après. J'ai

[1] Il veut parler de la querelle de Ramus.

ouï dire qu'un roi d'Aragon[1] ayant assemblé les états d'Aragon et de Catalogne, les premières séances s'employèrent à décider en quelle langue les délibérations seroient conçues : la dispute étoit vive ; et les états se seroient rompus mille fois si l'on n'avoit imaginé un expédient qui étoit que la demande seroit faite en langage catalan et la réponse en aragonois.

<div style="text-align: right">De Paris, le 25 de la lune de Zilhagé, 1718.</div>

LETTRE CX.

RICA A***.

Le rôle d'une jolie femme est beaucoup plus grave que l'on ne pense. Il n'y a rien de plus sérieux que ce qui se passe le matin à sa toilette au milieu de ses domestiques : un général d'armée n'emploie pas plus d'attention à placer sa droite ou son corps de réserve qu'elle en met à poster une mouche, qui peut manquer, mais dont elle espère ou prévoit le succès.

Quelle gêne d'esprit, quelle attention pour concilier sans cesse les intérêts de deux rivaux; pour paroître neutre à tous les deux, pendant qu'elle est livrée à l'un et à l'autre ; et se rendre média-

[1] C'étoit en 1610.

trice sur tous les sujets de plainte qu'elle leur donne !

Quelle occupation pour faire succéder et renaître les parties de plaisir, et prévenir tous les accidents qui pourroient les rompre !

Avec tout cela, la plus grande peine n'est pas de se divertir, c'est de le paroître. Ennuyez-les tant que vous voudrez, elles vous le pardonneront, pourvu que l'on puisse croire qu'elles se sont réjouies.

Je fus il y a quelques jours d'un souper que des femmes firent à la campagne. Dans le chemin elles disoient sans cesse : Au moins il faudra bien nous divertir.

Nous nous trouvâmes assez mal assortis, et par conséquent assez sérieux. Il faut avouer, dit une de ces femmes, que nous nous divertissons bien : il n'y a pas aujourd'hui dans Paris une partie si gaie que la nôtre. Comme l'ennui me gagnoit, une femme me secoua, et me dit : Eh bien ! ne sommes-nous pas de bonne humeur? Oui, lui répondis-je en bâillant: je crois que je crèverai à force de rire. Cependant la tristesse triomphoit toujours des réflexions; et, quant à moi, je me sentis conduit de bâillement en bâillement dans un sommeil léthargique qui finit tous mes plaisirs.

<p style="text-align:center">De Paris, le 11 de la lune de Maharram, 1718.</p>

LETTRE CXI.

USBEK A ***.

Le règne du feu roi a été si long que la fin en avoit fait oublier le commencement. C'est aujourd'hui la mode de ne s'occuper que des événements arrivés dans sa minorité; et on ne lit plus que les mémoires de ces temps-là.

Voici le discours qu'un des généraux de la ville de Paris prononça dans un conseil de guerre; et j'avoue que je n'y comprends pas grand'chose.

« Messieurs,

« Quoique nos troupes aient été repoussées
« avec perte, je crois qu'il nous sera facile de
« réparer cet échec. J'ai six couplets de chanson
« tout prêts à mettre au jour, qui, je m'assure,
« remettront toutes choses dans l'équilibre. J'ai
« fait choix de quelques voix très nettes, qui, sor-
« tant de la cavité de certaines poitrines très
« fortes, émouvront merveilleusement le peuple.
« Ils sont sur un air qui a fait jusqu'à présent
« un effet tout particulier.

« Si cela ne suffit pas, nous ferons paroître
« une estampe qui fera voir Mazarin pendu.

« Par bonheur pour nous, il ne parle pas bien

« françois; et il l'écorche tellement qu'il n'est pas
« possible que ses affaires ne déclinent. Nous ne
« manquons pas de faire bien remarquer au peuple
« le ton ridicule dont il prononce. Nous relevâmes
« il y a quelques jours une faute de grammaire si
« grossière qu'on en fit des farces par tous les
« carrefours.

« J'espère qu'avant qu'il soit huit jours le peuple
« fera du nom de Mazarin un mot générique pour
« exprimer toutes les bêtes de somme, et celles
« qui servent à tirer.

« Depuis notre défaite notre musique l'a si
« furieusement vexé sur le péché originel que,
« pour ne pas voir ses partisans réduits à la moitié,
« il a été obligé de renvoyer tous ses pages.

« Ranimez-vous donc, reprenez courage; et
« soyez sûrs que nous lui ferons repasser les monts
« à coups de sifflets. »

De Paris, le 4 de la lune de Chabban, 1718.

LETTRE CXII.

RHÉDI A USBEK.

A Paris.

Pendant le séjour que je fais en Europe, je lis les historiens anciens et modernes; je compare tous les temps; j'ai du plaisir à les voir passer, pour ainsi dire, devant moi; et j'arrête surtout mon esprit à ces grands changements qui ont rendu les âges si différents des âges, et la terre si peu semblable à elle-même.

Tu n'as peut-être pas fait attention à une chose qui cause tous les jours ma surprise. Comment le monde est-il si peu peuplé en comparaison de ce qu'il étoit autrefois? Comment la nature a-t-elle pu perdre cette prodigieuse fécondité des premiers temps? Seroit-elle déja dans sa vieillesse? et tomberoit-elle de langueur?

J'ai resté plus d'un an en Italie, où je n'ai vu que les débris de cette ancienne Italie si fameuse autrefois. Quoique tout le monde habite les villes, elles sont entièrement désertes et dépeuplées; il semble qu'elles ne subsistent encore que pour marquer le lieu où étoient ces cités puissantes dont l'histoire a tant parlé.

Il y a des gens qui prétendent que la seule ville de Rome contenoit autrefois plus de peuple qu'un grand royaume de l'Europe n'en a aujourd'hui. Il y a eu tel citoyen romain qui avoit dix et même vingt mille esclaves, sans compter ceux qui travailloient dans les maisons de campagne ; et, comme on y comptoit quatre ou cinq cent mille citoyens, on ne peut fixer le nombre de ses habitants sans que l'imagination ne se révolte.

Il y avoit autrefois dans la Sicile de puissants royaumes et des peuples nombreux qui en ont disparu depuis : cette île n'a plus rien de considérable que ses volcans.

La Grèce est si déserte qu'elle ne contient pas la centième partie de ses anciens habitants.

L'Espagne, autrefois si remplie, ne fait voir aujourd'hui que des campagnes inhabitées ; et la France n'est rien en comparaison de cette ancienne Gaule dont parle César.

Les pays du nord sont fort dégarnis ; et il s'en faut bien que les peuples y soient, comme autrefois, obligés de se partager, et d'envoyer dehors, comme des essaims, des colonies et des nations entières chercher de nouvelles demeures.

La Pologne et la Turquie en Europe n'ont presque plus de peuples.

On ne sauroit trouver dans l'Amérique la cin-

quantième partie des hommes qui y formoient de si grands empires.

L'Asie n'est guère en meilleur état. Cette Asie mineure, qui contenoit tant de puissantes monarchies, et un nombre si prodigieux de grandes villes, n'en a plus que deux ou trois. Quant à la grande Asie, celle qui est soumise au Turc n'est pas plus peuplée : pour celle qui est sous la domination de nos rois, si on la compare à l'état florissant où elle étoit autrefois, on verra qu'elle n'a qu'une très petite partie des habitants qui y étoient sans nombre du temps des Xerxès et des Darius.

Quant aux petits états qui sont autour de ces grands empires, ils sont réellement déserts : tels sont les royaumes d'Imirette, de Circassie, et de Guriel. Ces princes, avec de vastes états, comptent à peine cinquante mille sujets.

L'Égypte n'a pas moins manqué que les autres pays.

Enfin je parcours la terre, et je n'y trouve que des délabrements : je crois la voir sortir des ravages de la peste et de la famine.

L'Afrique a toujours été si inconnue qu'on ne peut en parler si précisément que des autres parties du monde : mais, à ne faire attention qu'aux côtes de la Méditerranée connues de tout temps, on voit qu'elle a extrêmement déchu de ce qu'elle étoit sous les Carthaginois et les Romains. Aujour-

d'hui ses princes sont si foibles que ce sont les plus petites puissances du monde.

Après un calcul aussi exact qu'il peut l'être dans ces sortes de choses, j'ai trouvé qu'il y a à peine sur la terre la dixième partie des hommes qui y étoient dans les anciens temps. Ce qu'il y a d'étonnant, c'est qu'elle se dépeuple tous les jours; et si cela continue, dans dix siècles elle ne sera qu'un désert.

Voilà, mon cher Usbek, la plus terrible catastrophe qui soit jamais arrivée dans le monde. Mais à peine s'en est-on aperçu, parce qu'elle est arrivée insensiblement et dans le cours d'un grand nombre de siècles; ce qui marque un vice intérieur, un venin secret et caché, une maladie de langueur qui afflige la nature humaine.

De Venise, le 10 de la lune de Rhégeb, 1718.

LETTRE CXIII.

USBEK A RHÉDI.

A Venise.

Le monde, mon cher Rhédi, n'est point incorruptible; les cieux même ne le sont pas: les astronomes sont des témoins oculaires de leurs changements, qui sont des effets bien naturels du mouvement universel de la matière.

La terre est soumise, comme les autres planètes, aux lois des mouvements; elle souffre au dedans d'elle un combat perpétuel de ses principes : la mer et le continent semblent être dans une guerre éternelle; chaque instant produit de nouvelles combinaisons.

Les hommes, dans une demeure si sujette aux changements, sont dans un état aussi incertain : cent mille causes peuvent agir, capables de les détruire, et à plus forte raison d'augmenter ou de diminuer leur nombre.

Je ne te parlerai pas de ces catastrophes particulières si communes chez les historiens, qui ont détruit des villes et des royaumes entiers : il y en a de générales, qui ont mis bien des fois le genre humain à deux doigts de sa perte.

Les histoires sont pleines de ces pestes universelles qui ont tour à tour désolé l'univers. Elles parlent d'une, entre autres, qui fut si violente qu'elle brûla jusqu'à la racine des plantes, et se fit sentir dans tout le monde connu, jusqu'à l'empire du Catay : un degré de plus de corruption auroit, peut-être dans un seul jour, détruit toute la nature humaine.

Il n'y a pas deux siècles que la plus honteuse de toutes les maladies se fit sentir en Europe, en Asie et en Afrique; elle fit en très peu de temps des effets prodigieux : c'étoit fait des hommes si

elle avoit continué ses progrès avec la même furie. Accablés de maux dès leur naissance, incapables de soutenir le poids des charges de la société, ils auroient péri misérablement.

Qu'auroit-ce été si le venin eût été un peu plus exalté? et il le seroit devenu sans doute si l'on n'avoit été assez heureux pour trouver un remède aussi puissant que celui qu'on a découvert. Peut-être que cette maladie attaquant les parties de la génération auroit attaqué la génération même.

Mais pourquoi parler de la destruction qui auroit pu arriver au genre humain? N'est-elle pas arrivée en effet? et le déluge ne le réduisit-il pas à une seule famille?

Il y a des philosophes qui distinguent deux créations: celle des choses et celle de l'homme. Ils ne peuvent comprendre que la matière et les choses créées n'aient que six mille ans; que Dieu ait différé pendant toute l'éternité ses ouvrages, et n'ait usé que d'hier de sa puissance créatrice. Seroit-ce parce qu'il ne l'auroit pas pu, ou parce qu'il ne l'auroit pas voulu? Mais, s'il ne l'a pas pu dans un temps, il ne l'a pas pu dans l'autre. C'est donc parce qu'il ne l'a pas voulu. Mais, comme il n'y a point de succession dans Dieu, si l'on admet qu'il ait voulu quelque chose une fois, il l'a voulu toujours, et dès le commencement.

[1] Cependant tous les historiens nous parlent d'un premier père : ils nous font voir la nature humaine naissante. N'est-il pas naturel de penser qu'Adam fut sauvé d'un malheur commun comme Noé le fut du déluge, et que ces grands événements ont été fréquents sur la terre depuis la création du monde?

Mais toutes les destructions ne sont pas violentes. Nous voyons plusieurs parties de la terre se lasser de fournir à la subsistance des hommes : que savons-nous si la terre entière n'a pas des causes générales, lentes et imperceptibles, de lassitude?

J'ai été bien aise de te donner ces idées générales avant de répondre plus particulièrement à ta lettre sur la diminution des peuples arrivée depuis dix-sept à dix-huit siècles. Je te ferai voir dans une lettre suivante qu'indépendamment des causes physiques il y en a de morales qui ont produit cet effet.

De Paris, le 8 de la lune de Chahban, 1718.

[1] Dans les précédentes éditions, avant cet alinéa on lisoit celui-ci : « Il ne faut donc pas compter les années du monde; le nombre des grains de sable de la mer ne leur est pas plus comparable qu'un instant. »

LETTRE CXIV.

USBEK A RHÉDI.

Tu cherches la raison pourquoi la terre est moins peuplée qu'elle ne l'étoit autrefois; et, si tu y fais bien attention, tu verras que la grande différence vient de celle qui est arrivée dans les mœurs.

Depuis que la religion chrétienne et la mahométane ont partagé le monde romain, les choses sont bien changées : il s'en faut de beaucoup que ces deux religions soient aussi favorables à la propagation de l'espèce que celle de ces maîtres de l'univers.

Dans cette dernière la polygamie étoit défendue, et en cela elle avoit un très grand avantage sur la religion mahométane : le divorce y étoit permis; ce qui lui en donnoit un autre non moins considérable sur la chrétienne.

Je ne trouve rien de si contradictoire que cette pluralité des femmes permise par le saint Alcoran, et l'ordre de les satisfaire donné dans le même livre. Voyez vos femmes, dit le prophète, parce que vous leur êtes nécessaire comme leurs vêtements, et qu'elles vous sont nécessaires comme vos vêtements. Voilà un précepte qui rend la vie

d'un véritable musulman bien laborieuse. Celui qui a les quatre femmes établies par la loi, et seulement autant de concubines ou d'esclaves, ne doit-il pas être accablé de tant de vêtements?

Vos femmes sont vos labourages, dit encore le prophète; approchez-vous donc de vos labourages : faites du bien pour vos ames, et vous le trouverez un jour.

Je regarde un bon musulman comme un athlète destiné à combattre sans relâche, mais qui, bientôt foible et accablé de ses premières fatigues, languit dans le champ même de la victoire, et se trouve pour ainsi dire enseveli sous ses propres triomphes.

La nature agit toujours avec lenteur, et pour ainsi dire avec épargne : ses opérations ne sont jamais violentes. Jusque dans ses productions elle veut de la tempérance : elle ne va jamais qu'avec règle et mesure : si on la précipite, elle tombe bientôt dans la langueur; elle emploie toute la force qui lui reste à se conserver, perdant absolument sa vertu productrice et sa puissance générative.

C'est dans cet état de défaillance que nous met toujours ce grand nombre de femmes, plus propre à nous épuiser qu'à nous satisfaire. Il est très ordinaire parmi nous de voir un homme dans un sérail prodigieux avec un très petit nombre d'enfants; ces enfants même sont la plupart du temps

foibles et malsains, et se sentent de la langueur de leur père.

Ce n'est pas tout : ces femmes, obligées à une continence forcée, ont besoin d'avoir des gens pour les garder, qui ne peuvent être que des eunuques ; la religion, la jalousie et la raison même ne permettent pas d'en laisser approcher d'autres : ces gardiens doivent être en grand nombre, soit afin de maintenir la tranquillité au dedans parmi les guerres que ces femmes se font sans cesse, soit pour empêcher les entreprises du dehors. Ainsi un homme qui a dix femmes ou concubines n'a pas trop d'autant d'eunuques pour les garder. Mais quelle perte pour la société que ce grand nombre d'hommes morts dès leur naissance ! quelle dépopulation ne doit-il pas s'ensuivre !

Les filles esclaves qui sont dans le sérail pour servir avec les eunuques ce grand nombre de femmes y vieillissent presque toujours dans une affligeante virginité : elles ne peuvent pas se marier pendant qu'elles y restent ; et leurs maîtresses une fois accoutumées à elles ne s'en défont presque jamais.

Voilà comme un seul homme occupe à ses plaisirs tant de sujets de l'un et de l'autre sexe, les fait mourir pour l'état, et les rend inutiles à la propagation de l'espèce.

Constantinople et Ispahan sont les capitales des

deux plus grands empires du monde ; c'est là que tout doit aboutir, et que les peuples, attirés de mille manières, se rendent de toutes parts. Cependant elles périssent d'elles-mêmes ; et elles seroient bientôt détruites, si les souverains n'y faisoient venir presque à chaque siècle des nations entières pour les repeupler. J'épuiserai ce sujet dans une autre lettre.

<div style="text-align:right">De Paris, le 13 de la lune de Chabban, 1718.</div>

LETTRE CXV.

USBEK A RHÉDI.

Les Romains n'avoient pas moins d'esclaves que nous ; ils en avoient même plus : mais ils en faisoient un meilleur usage.

Bien loin d'empêcher par des voies forcées la multiplication de ces esclaves, ils la favorisoient au contraire de tout leur pouvoir ; ils les associoient le plus qu'ils pouvoient par des espèces de mariages : par ce moyen ils remplissoient leurs maisons de domestiques de tous les sexes, de tous les âges ; et l'état, d'un peuple innombrable.

Ces enfants, qui faisoient à la longue la richesse d'un maître, naissoient sans nombre autour de lui : il étoit seul chargé de leur nourriture et de

leur éducation : les pères, libres de ce fardeau, suivoient uniquement le penchant de la nature, et multiploient sans craindre une trop nombreuse famille.

Je t'ai dit que parmi nous tous les esclaves sont occupés à garder nos femmes, et à rien de plus; qu'ils sont, à l'égard de l'état, dans une perpétuelle léthargie : de manière qu'il faut restreindre à quelques hommes libres, à quelques chefs de famille, la culture des arts et des terres, lesquels même s'y donnent le moins qu'ils peuvent.

Il n'en étoit pas de même chez les Romains. La république se servoit avec un avantage infini de ce peuple d'esclaves. Chacun d'eux avoit son pécule, qu'il possédoit aux conditions que son maître lui imposoit : avec ce pécule il travailloit, et se tournoit du côté où le portoit son industrie. Celui-ci faisoit la banque : celui-là se donnoit au commerce de la mer; l'un vendoit des marchandises en détail; l'autre s'appliquoit à quelque art mécanique, ou bien affermoit et faisoit valoir des terres : mais il n'y en avoit aucun qui ne s'attachât de tout son pouvoir à faire profiter ce pécule qui lui procuroit en même temps l'aisance dans la servitude présente, et l'espérance d'une liberté future : cela faisoit un peuple laborieux, animoit les arts et l'industrie.

Ces esclaves, devenus riches par leurs soins et

leur travail, se faisoient affranchir et devenoient citoyens. La république se réparoit sans cesse, et recevoit dans son sein de nouvelles familles, à mesure que les anciennes se détruisoient.

J'aurai peut-être, dans mes lettres suivantes, occasion de te prouver que plus il y a d'hommes dans un état, plus le commerce y fleurit : je prouverai aussi facilement que plus le commerce y fleurit, plus le nombre des hommes y augmente : ces deux choses s'entr'aident et se favorisent nécessairement.

Si cela est, combien ce nombre prodigieux d'esclaves toujours laborieux devoit-il s'accroître et s'augmenter ! L'industrie et l'abondance les faisoient naître ; et eux de leur côté faisoient naître l'abondance et l'industrie.

De Paris, le 16 de la lune de Chahban, 1718.

LETTRE CXVI.

USBEK A RHÉDI.

Nous avons jusqu'ici parlé des pays mahométans, et cherché la raison pourquoi ils sont moins peuplés que ceux qui étoient soumis à la domination des Romains : examinons à présent ce qui a produit cet effet chez les chrétiens.

Le divorce étoit permis dans la religion païenne, et il fut défendu aux chrétiens.

Ce changement, qui parut d'abord de si petite conséquence, eut insensiblement des suites terribles, et telles qu'on peut à peine les croire.

On ôta non seulement toute la douceur du mariage, mais aussi l'on donna atteinte à sa fin : en voulant resserrer ses nœuds on les relâcha ; et au lieu d'unir les cœurs, comme on le prétendoit, on les sépara pour jamais.

Dans une action si libre et où le cœur doit avoir tant de part on mit la gêne, la nécessité, et la fatalité du destin même. On compta pour rien les dégoûts, les caprices, et l'insociabilité des humeurs : on voulut fixer le cœur, c'est-à-dire ce qu'il y a de plus variable et de plus inconstant dans la nature : on attacha, sans retour et sans espérance, des gens accablés l'un de l'autre, et presque toujours mal assortis : et l'on fit comme ces tyrans qui faisoient lier des hommes vivants à des corps morts.

Rien ne contribuoit plus à l'attachement mutuel que la faculté du divorce : un mari et une femme étoient portés à soutenir patiemment les peines domestiques, sachant qu'ils étoient maîtres de les faire finir ; et ils gardoient souvent ce pouvoir en main toute leur vie sans en user, par cette seule considération qu'ils étoient libres de le faire.

Il n'en est pas de même des chrétiens, que leurs peines présentes désespèrent pour l'avenir. Ils ne voient dans les désagréments du mariage que leur durée, et pour ainsi dire leur éternité : de là viennent les dégoûts, les discordes, les mépris ; et c'est autant de perdu pour la postérité. A peine a-t-on trois ans de mariage qu'on en néglige l'essentiel ; on passe ensemble trente ans de froideur : il se forme des séparations intestines aussi fortes, et peut-être plus pernicieuses que si elles étoient publiques : chacun vit et reste de son côté, et tout cela au préjudice des races futures. Bientôt un homme, dégoûté d'une femme éternelle, se livrera aux filles de joie : commerce honteux et si contraire à la société, lequel, sans remplir l'objet du mariage, n'en représente tout au plus que les plaisirs.

Si de deux personnes ainsi liées il y en a une qui n'est pas propre au dessein de la nature et à la propagation de l'espèce, soit par son tempérament, soit par son âge, elle ensevelit l'autre avec elle, et la rend aussi inutile qu'elle l'est elle-même.

Il ne faut donc point s'étonner si l'on voit chez les chrétiens tant de mariages fournir un si petit nombre de citoyens. Le divorce est aboli ; les mariages mal assortis ne se raccommodent plus : les femmes ne passent plus, comme chez les Romains,

successivement dans les mains de plusieurs maris, qui en tiroient dans le chemin le meilleur parti qu'il étoit possible.

J'ose le dire; si, dans une république comme Lacédémone, où les citoyens étoient sans cesse gênés par des lois singulières et subtiles, et dans laquelle il n'y avoit qu'une famille, qui étoit la république, il avoit été établi que les maris changeassent de femmes tous les ans, il en seroit né un peuple innombrable.

Il est assez difficile de faire bien comprendre la raison qui a porté les chrétiens à abolir le divorce. Le mariage, chez toutes les nations du monde, est un contrat susceptible de toutes les conventions, et on n'en a dû bannir que celles qui auroient pu en affoiblir l'objet; mais les chrétiens ne le regardent pas dans ce point de vue: aussi ont-ils bien de la peine à dire ce que c'est. Ils ne le font pas consister dans le plaisir des sens; au contraire, comme je te l'ai déja dit, il semble qu'ils veuillent l'en bannir autant qu'ils peuvent: mais c'est une image, une figure, et quelque chose de mystérieux, que je ne comprends point.

De Paris, le 19 de la lune de Chahban, 1718.

LETTRE CXVII.

USBEK A RHÉDI.

La prohibition du divorce n'est pas la seule cause de la dépopulation des pays chrétiens; le grand nombre d'eunuques qu'ils ont parmi eux n'en est pas une moins considérable.

Je parle des prêtres et des dervis de l'un et de l'autre sexe, qui se vouent à une continence éternelle : c'est chez les chrétiens la vertu par excellence; en quoi je ne les comprends pas, ne sachant ce que c'est qu'une vertu dont il ne résulte rien.

Je trouve que leurs docteurs se contredisent manifestement quand ils disent que le mariage est saint, et que le célibat, qui lui est opposé, l'est encore davantage; sans compter qu'en fait de préceptes et de dogmes fondamentaux le bien est toujours le mieux.

Le nombre de ces gens faisant profession de célibat est prodigieux. Les pères y condamnoient autrefois les enfants dès le berceau : aujourd'hui ils s'y vouent eux-mêmes dès l'âge de quatorze ans; ce qui revient à peu près à la même chose.

Ce métier de continence a anéanti plus d'hommes que les pestes et les guerres les plus sanglantes n'ont jamais fait. On voit dans chaque maison re-

ligieuse une famille éternelle où il ne naît personne, et qui s'entretient aux dépens de toutes les autres. Ces maisons sont toujours ouvertes comme autant de gouffres où s'ensevelissent les races futures.

Cette politique est bien différente de celle des Romains, qui établissoient des lois pénales contre ceux qui se refusoient aux lois du mariage, et vouloient jouir d'une liberté si contraire à l'utilité publique.

Je ne te parle ici que des pays catholiques. Dans la religion protestante, tout le monde est en droit de faire des enfants; elle ne souffre ni prêtres ni dervis; et si, dans l'établissement de cette religion qui ramenoit tout aux premiers temps, ses fondateurs n'avoient été accusés sans cesse d'intempérance, il ne faut pas douter qu'après avoir rendu la pratique du mariage universelle, ils n'en eussent encore adouci le joug, et achevé d'ôter toute la barrière qui sépare en ce point le Nazaréen et Mahomet.

Mais, quoi qu'il en soit, il est certain que la religion donne aux protestants un avantage infini sur les catholiques.

J'ose le dire; dans l'état présent où est l'Europe, il n'est pas possible que la religion catholique y subsiste cinq cents ans.

Avant l'abaissement de la puissance d'Espagne, les catholiques étoient beaucoup plus forts que les

protestants. Ces derniers sont peu à peu parvenus à un équilibre. Les protestants deviendront plus riches et plus puissants, et les catholiques plus foibles.

Les pays protestants doivent être et sont réellement plus peuplés que les catholiques : d'où il suit premièrement que les tributs y sont plus considérables, parce qu'ils augmentent à proportion du nombre de ceux qui les paient; secondement, que les terres y sont mieux cultivées; enfin que le commerce y fleurit davantage, parce qu'il y a plus de gens qui ont une fortune à faire, et qu'avec plus de besoins on y a plus de ressources pour les remplir. Quand il n'y a que le nombre de gens suffisant pour la culture des terres, il faut que le commerce périsse; et, lorsqu'il n'y a que celui qui est nécessaire pour entretenir le commerce, il faut que la culture des terres manque : c'est-à-dire il faut que tous les deux tombent en même temps, parce que l'on ne s'attache jamais à l'un que ce ne soit aux dépens de l'autre.

Quant aux pays catholiques, non seulement la culture des terres y est abandonnée, mais même l'industrie y est pernicieuse : elle ne consiste qu'à apprendre cinq ou six mots d'une langue morte. Dès qu'un homme a cette provision par devers lui, il ne doit plus s'embarrasser de sa fortune; il trouve dans le cloître une vie tranquille,

qui dans le monde lui auroit coûté des sueurs et des peines.

Ce n'est pas tout. Les dervis ont en leurs mains presque toutes les richesses de l'état; c'est une société de gens avares qui prennent toujours et ne rendent jamais; ils accumulent sans cesse des revenus pour acquérir des capitaux. Tant de richesses tombent pour ainsi dire en paralysie; plus de circulation, plus de commerce, plus d'arts, plus de manufactures.

Il n'y a point de prince protestant qui ne lève sur ses peuples beaucoup plus d'impôts que le pape n'en lève sur ses sujets : cependant ces derniers sont pauvres pendant que les autres vivent dans l'opulence. Le commerce ranime tout chez les uns, et le monachisme porte la mort partout chez les autres.

De Paris, le 26 de la lune de Chabban, 1718.

LETTRE CXVIII.

USBEK A RHÉDI.

Nous n'avons plus rien à dire de l'Asie et de l'Europe; passons à l'Afrique. On ne peut guère parler que de ses côtes, parce qu'on n'en connoît pas l'intérieur.

Celles de Barbarie, où la religion mahométane est établie, ne sont plus si peuplées qu'elles étoient du temps des Romains, par les raisons que je t'ai déja dites. Quant aux côtes de la Guinée, elles doivent être furieusement dégarnies depuis deux cents ans que les petits rois ou chefs des villages vendent leurs sujets aux princes de l'Europe pour les porter dans leurs colonies en Amérique.

Ce qu'il y a de singulier, c'est que cette Amérique, qui reçoit tous les ans tant de nouveaux habitants, est elle-même déserte, et ne profite point des pertes continuelles de l'Afrique. Ces esclaves qu'on transporte dans un autre climat y périssent à milliers; et les travaux des mines où l'on occupe sans cesse et les naturels du pays et les étrangers, les exhalaisons malignes qui en sortent, le vif-argent dont il faut faire un continuel usage, les détruisent sans ressource.

Il n'y a rien de si extravagant que de faire périr un nombre innombrable d'hommes pour tirer du fond de la terre l'or et l'argent, ces métaux d'eux-mêmes absolument inutiles, et qui ne sont des richesses que parce qu'on les a choisis pour en être les signes.

De Paris, le dernier de la lune de Chahban, 1718.

LETTRE CXIX.

USBEK A RHÉDI.

La fécondité d'un peuple dépend quelquefois des plus petites circonstances du monde ; de manière qu'il ne faut souvent qu'un nouveau tour dans son imagination pour le rendre beaucoup plus nombreux qu'il n'étoit.

Les Juifs, toujours exterminés et toujours renaissants, ont réparé leurs pertes et leurs destructions continuelles par cette seule espérance qu'ont parmi eux toutes les familles d'y voir naître un roi puissant qui sera le maître de la terre.

Les anciens rois de Perse n'avoient tant de milliers de sujets qu'à cause de ce dogme de la religion des mages, que les actes les plus agréables à Dieu que les hommes puissent faire, c'étoit de faire un enfant, labourer un champ et planter un arbre.

Si la Chine a dans son sein un peuple si prodigieux, cela ne vient que d'une certaine manière de penser, car, comme les enfants regardent leurs pères comme des dieux, qu'ils les respectent comme tels dès cette vie, qu'ils les honorent après leur mort par des sacrifices, dans lesquels ils croient que leurs ames anéanties dans le Tien reprennent une nouvelle vie, chacun est porté à

augmenter une famille si soumise dans cette vie, et si nécessaire dans l'autre.

D'un autre côté, les pays des mahométans deviennent tous les jours déserts, à cause d'une opinion qui, toute sainte qu'elle est, ne laisse pas d'avoir des effets très pernicieux lorsqu'elle est enracinée dans les esprits. Nous nous regardons comme des voyageurs qui ne doivent penser qu'à une autre patrie : les travaux utiles et durables, les soins pour assurer la fortune de nos enfants, les projets qui tendent au delà d'une vie courte et passagère, nous paroissent quelque chose d'extravagant. Tranquilles pour le présent, sans inquiétude pour l'avenir, nous ne prenons la peine ni de réparer les édifices publics, ni de défricher les terres incultes, ni de cultiver celles qui sont en état de recevoir nos soins : nous vivons dans une insensibilité générale, et nous laissons tout faire à la providence.

C'est un esprit de vanité qui a établi chez les Européens l'injuste droit d'aînesse, si défavorable à la propagation, en ce qu'il porte l'attention d'un père sur un seul de ses enfants, et détourne ses yeux de tous les autres; en ce qu'il l'oblige, pour rendre solide la fortune d'un seul, de s'opposer à l'établissement de plusieurs; enfin, en ce qu'il détruit l'égalité des citoyens qui en fait toute l'opulence.

De Paris, le 4 de la lune de Rahmazan, 1718.

LETTRE CXX.

USBEK A RHÉDI.

Les pays habités par les sauvages sont ordinairement peu peuplés, par l'éloignement qu'ils ont presque tous pour le travail et la culture de la terre. Cette malheureuse aversion est si forte que, lorsqu'ils font quelque imprécation contre quelqu'un de leurs ennemis, ils ne lui souhaitent autre chose que d'être réduit à labourer un champ, croyant qu'il n'y a que la chasse et la pêche qui soient un exercice noble et digne d'eux.

Mais, comme il y a souvent des années où la chasse et la pêche rendent très peu, ils sont désolés par des famines fréquentes : sans compter qu'il n'y a pas de pays si abondant en gibier et en poisson qu'il puisse donner la subsistance à un grand peuple, parce que les animaux fuient toujours les endroits trop habités.

D'ailleurs les bourgades de sauvages, au nombre de deux ou trois cents habitants, détachées les unes des autres, ayant des intérêts aussi séparés que ceux de deux empires, ne peuvent pas se soutenir, parce qu'elles n'ont pas la ressource des grands états, dont toutes les parties se répondent et se secourent mutuellement.

Il y a chez les sauvages une autre coutume qui n'est pas moins pernicieuse que la première; c'est la cruelle habitude où sont les femmes de se faire avorter, afin que leur grossesse ne les rende pas désagréables à leurs maris.

Il y a ici des lois terribles contre ce désordre; elles vont jusqu'à la fureur. Toute fille qui n'a point été déclarer sa grossesse au magistrat est punie de mort si son fruit périt : la pudeur et la honte, les accidents même, ne l'excusent jamais.

De Paris, le 9 de la lune de Rahmazan, 1718.

LETTRE CXXI.

USBEK A RHÉDI.

L'effet ordinaire des colonies est d'affoiblir les pays d'où on les tire, sans peupler ceux où on les envoie.

Il faut que les hommes restent où ils sont : il y a des maladies qui viennent de ce qu'on change un bon air contre un mauvais; d'autres qui viennent précisément de ce qu'on en change.

L'air se charge, comme les plantes, des particules de la terre de chaque pays. Il agit tellement sur nous que notre tempérament en est fixé. Lorsque nous sommes transportés dans un autre pays, nous

devenons malades. Les liquides étant accoutumés à une certaine consistance, les solides à une certaine disposition, tous les deux à un certain degré de mouvement, n'en peuvent plus souffrir d'autres, et ils résistent à un nouveau pli.

Quand un pays est désert, c'est un préjugé de quelque vice particulier de la nature du terrain ou du climat : ainsi, quand on ôte les hommes d'un ciel heureux pour les envoyer dans un tel pays, on fait précisément le contraire de ce qu'on se propose.

Les Romains savoient cela par expérience ; ils réléguoient tous les criminels en Sardaigne, et ils y faisoient passer des Juifs. Il fallut se consoler de leur perte ; chose que le mépris qu'ils avoient pour ces misérables rendoit très facile.

Le grand Cha-Abas, voulant ôter aux Turcs le moyen d'entretenir de grosses armées sur les frontières, transporta presque tous les Arméniens hors de leur pays, et en envoya plus de vingt mille familles dans la province de Guilan, qui périrent presque toutes en très peu de temps.

Tous les transports de peuples faits à Constantinople n'ont jamais réussi.

Ce nombre prodigieux de Nègres dont nous avons parlé n'a point rempli l'Amérique.

Depuis la destruction des Juifs, sous Adrien, la Palestine est sans habitants.

Il faut donc avouer que les grandes destructions sont presque irréparables, parce qu'un peuple qui manque à un certain point reste dans le même état; et si par hasard il se rétablit, il faut des siècles pour cela.

Que si dans un état de défaillance la moindre des circonstances dont je t'ai parlé vient à concourir, non seulement il ne se répare pas, mais il dépérit tous les jours et tend à son anéantissement.

L'expulsion des Maures d'Espagne se fait encore sentir comme le premier jour: bien loin que ce vide se remplisse, il devient tous les jours plus grand.

Depuis la dévastation de l'Amérique, les Espagnols, qui ont pris la place de ses anciens habitants, n'ont pu la repeupler; au contraire, par une fatalité que je ferois mieux de nommer une justice divine, les destructeurs se détruisent eux-mêmes et se consument tous les jours.

Les princes ne doivent donc point songer à peupler de grands pays par des colonies. Je ne dis pas qu'elles ne réussissent quelquefois: il y a des climats si heureux que l'espèce s'y multiplie toujours; témoin ces îles[1] qui ont été peuplées par des malades que quelques vaisseaux y avoient abandonnés, et qui y recouvroient aussitôt la santé.

Mais quand ces colonies réussiroient, au lieu d'augmenter la puissance, elles ne feroient que la

[1] L'auteur parle peut-être de l'île de Bourbon.

partager, à moins qu'elles n'eussent très peu d'étendue, comme sont celles que l'on envoie pour occuper quelque place pour le commerce.

Les Carthaginois avoient, comme les Espagnols, découvert l'Amérique, ou au moins de grandes îles dans lesquelles ils faisoient un commerce prodigieux; mais quand ils virent le nombre de leurs habitants diminuer, cette sage république défendit à ses sujets ce commerce et cette navigation.

J'ose le dire; au lieu de faire passer les Espagnols dans les Indes, il faudroit faire repasser les Indiens et les métis en Espagne; il faudroit rendre à cette monarchie tous ses peuples dispersés; et si la moitié seulement des grandes colonies se conservoit, l'Espagne deviendroit la puissance de l'Europe la plus redoutable.

On peut comparer les empires à un arbre dont les branches trop étendues ôtent tout le suc du tronc, et ne servent qu'à faire de l'ombrage.

Rien n'est plus propre à corriger les princes de la fureur des conquêtes lointaines que l'exemple des Portugais et des Espagnols.

Ces deux nations, ayant conquis avec une rapidité inconcevable des royaumes immenses, plus étonnées de leurs victoires que les peuples vaincus de leur défaite, songèrent aux moyens de les conserver, et prirent chacune pour cela une voie différente.

Les Espagnols, désespérant de retenir les nations vaincues dans la fidélité, prirent le parti de les exterminer, et d'y envoyer d'Espagne des peuples fidèles : jamais dessein horrible ne fut plus ponctuellement exécuté. On vit un peuple aussi nombreux que tous ceux de l'Europe ensemble disparoître de la terre à l'arrivée de ces barbares, qui semblèrent, en découvrant les Indes, n'avoir pensé qu'à découvrir aux hommes quel étoit le dernier période de la cruauté.

Par cette barbarie ils conservèrent ce pays sous leur domination. Juge par là combien les conquêtes sont funestes puisque les effets en sont tels. Car enfin ce remède affreux étoit unique. Comment auroient-ils pu retenir tant de millions d'hommes dans l'obéissance? Comment soutenir une guerre civile de si loin? Que seroient-ils devenus s'ils avoient donné le temps à ces peuples de revenir de l'admiration où ils étoient de l'arrivée de ces nouveaux dieux, et de la crainte de leurs foudres?

Quant aux Portugais, ils prirent une voie tout opposée; ils n'employèrent pas les cruautés; aussi furent-ils bientôt chassés de tous les pays qu'ils avoient découverts. Les Hollandois favorisèrent la rébellion de ces peuples, et en profitèrent.

Quel prince envieroit le sort de ces conquérants? qui voudroit de ces conquêtes à ces conditions? Les uns en furent aussitôt chassés; les

autres en firent des déserts, et rendirent leur propre pays un désert encore.

C'est le destin des héros de se ruiner à conquérir des pays qu'ils perdent soudain, ou à soumettre des nations qu'ils sont obligés eux-mêmes de détruire ; comme cet insensé qui se consumoit à acheter des statues qu'il jetoit dans la mer, et des glaces qu'il brisoit aussitôt.

<div style="text-align: center;">De Paris, le 18 de la lune de Rahmazan, 1718.</div>

LETTRE CXXII.

USBEK A RHÉDI.

La douceur du gouvernement contribue merveilleusement à la propagation de l'espèce. Toutes les républiques en sont une preuve constante ; et, plus que toutes, la Suisse et la Hollande, qui sont les deux plus mauvais pays de l'Europe si l'on considère la nature du terrain, et qui cependant sont les plus peuplés.

Rien n'attire plus les étrangers que la liberté, et l'opulence qui la suit toujours : l'une se fait rechercher par elle-même, et nous sommes conduits par nos besoins dans les pays où l'on trouve l'autre.

L'espèce se multiplie dans un pays où l'abon-

dance fournit aux enfants sans rien diminuer de la subsistance des pères.

L'égalité même des citoyens, qui produit ordinairement l'égalité dans les fortunes, porte l'abondance et la vie dans toutes les parties du corps politique, et la répand partout.

Il n'en est pas de même des pays soumis au pouvoir arbitraire : le prince, les courtisans, et quelques particuliers, possèdent toutes les richesses, pendant que tous les autres gémissent dans une pauvreté extrême.

Si un homme est mal à son aise, et qu'il sente qu'il fera des enfants plus pauvres que lui, il ne se mariera pas ; ou, s'il se marie, il craindra d'avoir un trop grand nombre d'enfants, qui pourroient achever de déranger sa fortune, et qui descendroient de la condition de leur père.

J'avoue que le rustique ou paysan, étant une fois marié, peuplera indifféremment, soit qu'il soit riche, soit qu'il soit pauvre : cette considération ne le touche pas : il a toujours un héritage sûr à laisser à ses enfants, qui est son hoyau ; et rien ne l'empêche de suivre aveuglément l'instinct de la nature.

Mais à quoi sert dans un état ce nombre d'enfants qui languissent dans la misère? Ils périssent presque tous à mesure qu'ils naissent ; ils ne prospèrent jamais ; foibles et débiles, ils meurent en détail de

mille manières, tandis qu'ils sont emportés en gros par les fréquentes maladies populaires que la misère et la mauvaise nourriture produisent toujours : ceux qui en échappent atteignent l'âge viril sans en avoir la force, et languissent tout le reste de leur vie.

Les hommes sont comme les plantes, qui ne croissent jamais heureusement si elles ne sont bien cultivées. Chez les peuples misérables, l'espèce perd, et même quelquefois dégénère.

La France peut fournir un grand exemple de tout ceci. Dans les guerres passées, la crainte où étoient tous les enfants de famille d'être enrôlés dans la milice, les obligeoit de se marier, et cela dans un âge trop tendre et dans le sein de la pauvreté. De tant de mariages il naissoit bien des enfants que l'on cherche encore en France, et que la misère, la famine, et les maladies, en ont fait disparoître.

Que si, sous un ciel aussi heureux, dans un royaume aussi policé que la France, on fait de pareilles remarques, que sera-ce dans les autres états ?

De Paris, le 23 de la lune de Rahmazan, 1718.

LETTRE CXXIII.

USBEK AU MOLLAK MÉHÉMET ALI,

GARDIEN DES TROIS TOMBEAUX.

A Com.

Que nous servent les jeûnes des immaums et les cilices des mollaks ? La main de Dieu s'est deux fois appesantie sur les enfants de la loi : le soleil s'obscurcit, et semble n'éclairer plus que leurs défaites : leurs armées s'assemblent, et elles sont dissipées comme la poussière.

L'empire des Osmanlins est ébranlé par les deux plus grands échecs qu'il ait jamais reçus. Un moufti chrétien ne le soutient qu'avec peine : le grand-visir d'Allemagne est le fléau de Dieu, envoyé pour châtier les sectateurs d'Omar : il porte partout la colère du ciel irrité contre leur rébellion et leur perfidie.

Esprit sacré des immaums, tu pleures nuit et jour sur les enfants du prophète que le détestable Omar a dévoyés ; tes entrailles s'émeuvent à la vue de leurs malheurs ; tu désires leur conversion, et non pas leur perte ; tu voudrois les voir réunis sous l'étendard d'Hali par les larmes des saints, et non

pas dispersés dans les montagnes et dans les déserts par la terreur des infidèles.

De Paris, le premier de la lune de Chalval, 1718.

LETTRE CXXIV.

USBEK A RHÉDI.

A Venise.

Quel peut être le motif de ces libéralités immenses que les princes versent sur leurs courtisans? Veulent-ils se les attacher? ils leur sont déja acquis autant qu'ils peuvent l'être, et d'ailleurs, s'ils acquièrent quelques uns de leurs sujets en les achetant, il faut bien, par la même raison, qu'ils en perdent une infinité d'autres en les appauvrissant.

Quand je pense à la situation des princes, toujours entourés d'hommes avides et insatiables, je ne puis que les plaindre; et je les plains encore davantage lorsqu'ils n'ont pas la force de résister à des demandes toujours onéreuses à ceux qui ne demandent rien.

Je n'entends jamais parler de leurs libéralités, des graces et des pensions qu'ils accordent, que je ne me livre à mille réflexions : une foule d'idées se présente à mon esprit; il me semble que j'entends publier cette ordonnance :

« Le courage infatigable de quelques uns de

« nos sujets à nous demander des pensions ayant
« exercé sans relâche notre magnificence royale,
« nous avons enfin cédé à la multitude des re-
« quêtes qu'ils nous ont présentées, lesquelles ont
« fait jusqu'ici la plus grande sollicitude du trône.
« Ils nous ont représenté qu'ils n'ont point manqué,
« depuis notre avénement à la couronne, de se
« trouver à notre lever, que nous les avons tou-
« jours vus sur notre passage, immobiles comme
« des bornes, et qu'ils se sont extrêmement élevés
« pour regarder, sur les épaules les plus hautes,
« notre sérénité. Nous avons même reçu plusieurs
« requêtes de la part de quelques personnes du
« beau sexe, qui nous ont supplié de faire attention
« qu'il est notoire qu'elles sont d'un entretien
« très difficile ; quelques unes même très surannées
« nous ont prié, branlant la tête, de faire attention
« qu'elles ont fait l'ornement de la cour des rois
« nos prédécesseurs ; et que, si les généraux de
« leurs armées ont rendu l'état redoutable par
« leurs faits militaires, elles n'ont point rendu la
« cour moins célèbre par leurs intrigues. Ainsi,
« désirant traiter les suppliants avec bonté et leur
« accorder toutes leurs prières, nous avons or-
« donné ce qui suit :

« Que tout laboureur ayant cinq enfants retran-
« chera journellement la cinquième partie du pain
« qu'il leur donne. Enjoignons aux pères de fa-

« mille de faire la diminution sur chacun d'eux
« aussi juste que faire se pourra.

« Défendons expressément à tous ceux qui s'appliquent à la culture de leurs héritages, ou qui les ont donnés à titre de ferme, d'y faire aucune réparation, de quelque espèce qu'elle soit.

« Ordonnons que toutes personnes qui s'exercent à des travaux vils et mécaniques, lesquelles n'ont jamais été au lever de notre majesté, n'achètent désormais d'habits à eux, à leurs femmes, et à leurs enfants, que de quatre ans en quatre ans; leur interdisons en outre très étroitement ces petites réjouissances qu'ils avoient coutume de faire dans leurs familles les principales fêtes de l'année.

« Et, d'autant que nous demeurons averti que la plupart des bourgeois de nos bonnes villes sont entièrement occupés à pourvoir à l'établissement de leurs filles, lesquelles ne se sont rendues recommandables dans notre état que par une triste et ennuyeuse modestie; nous ordonnons qu'ils attendront à les marier jusqu'à ce qu'ayant atteint l'âge limité par les ordonnances, elles viennent à les y contraindre. Défendons à nos magistrats de pourvoir à l'éducation de leurs enfants. »

<p style="text-align:center">De Paris, le premier de la lune de Chalval, 1718.</p>

LETTRE CXXV.

RICA A***.

On est bien embarrassé dans toutes les religions quand il s'agit de donner une idée des plaisirs qui sont destinés à ceux qui ont bien vécu. On épouvante facilement les méchants par une longue suite de peines dont on les menace : mais, pour les gens vertueux, on ne sait que leur promettre. Il semble que la nature des plaisirs soit d'être d'une courte durée; l'imagination a peine à en représenter d'autres.

J'ai vu des descriptions du paradis capables d'y faire renoncer tous les gens de bon sens : les uns font jouer sans cesse de la flûte ces ombres heureuses; d'autres les condamnent au supplice de se promener éternellement; d'autres enfin, qui les font rêver là haut aux maîtresses d'ici bas, n'ont pas cru que cent millions d'années fussent un terme assez long pour leur ôter le goût de ces inquiétudes amoureuses.

Je me souviens à ce propos d'une histoire que j'ai ouï raconter à un homme qui avoit été dans le pays du Mogol; elle fait voir que les prêtres indiens ne sont pas moins stériles que les autres dans les idées qu'ils ont des plaisirs du paradis.

Une femme qui venoit de perdre son mari vint en cérémonie chez le gouverneur de la ville lui demander la permission de se brûler; mais comme dans les pays soumis aux mahométans on abolit tant qu'on peut cette cruelle coutume, il la refusa absolument.

Lorsqu'elle vit ses prières impuissantes, elle se jeta dans un furieux emportement. Voyez, disoit-elle, comme on est gêné! Il ne sera seulement pas permis à une pauvre femme de se brûler quand elle en a envie! A-t-on jamais rien vu de pareil? Ma mère, ma tante, mes sœurs, se sont bien brûlées! Et quand je vais demander permission à ce maudit gouverneur, il se fâche, et se met à crier comme un enragé.

Il se trouva là par hasard un jeune bonze. Homme infidèle, lui dit le gouverneur, est-ce toi qui as mis cette fureur dans l'esprit de cette femme? Non, dit-il, je ne lui ai jamais parlé; mais, si elle m'en croit, elle consommera son sacrifice; elle fera une action agréable au dieu Brama : aussi en sera-t-elle bien récompensée; car elle retrouvera dans l'autre monde son mari, et elle recommencera avec lui un second mariage. Que dites-vous? dit la femme surprise. Je retrouverai mon mari? Ah! je ne me brûle pas. Il étoit jaloux, chagrin, et d'ailleurs si vieux que, si le dieu Brama n'a point fait sur lui quelque réforme, sûrement il

n'a pas besoin de moi. Me brûler pour lui!... pas seulement le bout du doigt pour le retirer du fond des enfers. Deux vieux bonzes qui me séduisoient, et qui savoient de quelle manière je vivois avec lui, n'avoient garde de me tout dire; mais si le dieu Brama n'a que ce présent à me faire, je renonce à cette béatitude. Monsieur le gouverneur, je me fais mahométane. Et pour vous, dit-elle en regardant le bonze, vous pouvez, si vous voulez, aller dire à mon mari que je me porte fort bien.

De Paris, le 2 de la lune de Chalval, 1718.

LETTRE CXXVI.

RICA A USBEK.

A ***.

Je t'attends ici demain; cependant je t'envoie tes lettres d'Ispahan. Les miennes portent que l'ambassadeur du grand-mogol a reçu ordre de sortir du royaume. On ajoute qu'on a fait arrêter le prince, oncle du roi, qui est chargé de son éducation; qu'on l'a fait conduire dans un château, où il est très étroitement gardé; et qu'on l'a privé de tous ses honneurs. Je suis touché du sort de ce prince, et je le plains.

Je te l'avoue, Usbek, je n'ai jamais vu couler

les larmes de personne sans en être attendri : je sens de l'humanité pour les malheureux comme s'il n'y avoit qu'eux qui fussent hommes; et les grands même, pour lesquels je trouve dans mon cœur de la dureté quand ils sont élevés, je les aime sitôt qu'ils tombent.

En effet, qu'ont-ils à faire, dans la prospérité, d'une inutile tendresse ? elle approche trop de l'égalité. Ils aiment bien mieux du respect, qui ne demande point de retour. Mais, sitôt qu'ils sont déchus de leur grandeur, il n'y a que nos plaintes qui puissent leur en rappeler l'idée.

Je trouve quelque chose de bien naïf et même de bien grand dans les paroles d'un prince qui, près de tomber entre les mains de ses ennemis, voyant ses courtisans autour de lui qui pleuroient, leur dit : Je sens à vos larmes que je suis encore votre roi.

De Paris, le 3 de la lune de Chalval, 1718.

LETTRE CXXVII.

RICA A IBBEN.

A Smyrne.

Tu as ouï parler mille fois du fameux roi de Suède : il assiégeoit une place dans un royaume qu'on nomme *la Norwége* : comme il visitoit la tranchée seul avec un ingénieur, il a reçu un coup dans la tête, dont il est mort. On a fait sur-le-champ arrêter son premier ministre : les états se sont assemblés, et l'ont condamné à perdre la tête.

Il étoit accusé d'un grand crime ; c'étoit d'avoir calomnié la nation, et de lui avoir fait perdre la confiance de son roi : forfait qui, selon moi, mérite mille morts.

Car enfin, si c'est une mauvaise action de noircir dans l'esprit du prince le dernier de ses sujets, qu'est-ce lorsque l'on noircit la nation entière, et qu'on lui ôte la bienveillance de celui que la providence a établi pour faire son bonheur ?

Je voudrois que les hommes parlassent aux rois comme les anges parlent à notre saint prophète.

Tu sais que, dans les banquets sacrés où le seigneur des seigneurs descend du plus sublime trône du monde pour se communiquer à ses esclaves, je

me suis fait une loi sévère de captiver une langue indocile : on ne m'a jamais vu abandonner une seule parole qui pût être amère au dernier de ses sujets. Quand il m'a fallu cesser d'être sobre, je n'ai point cessé d'être honnête homme; et, dans cette épreuve de notre fidélité, j'ai risqué ma vie et jamais ma vertu.

Je ne sais comment il arrive qu'il n'y a presque jamais de prince si méchant que son ministre ne le soit encore davantage : s'il fait quelque action mauvaise, elle a presque toujours été suggérée; de manière que l'ambition des princes n'est jamais si dangereuse que la bassesse d'ame de leurs conseillers. Mais comprends-tu qu'un homme qui n'est que d'hier dans le ministère, qui peut-être n'y sera pas demain, puisse devenir dans un moment l'ennemi de lui-même, de sa famille, de sa patrie, et du peuple qui naîtra à jamais de celui qu'il va faire opprimer ?

Un prince a des passions; le ministre les remue; c'est de ce côté-là qu'il dirige son ministère; il n'a point d'autre but ni n'en veut connoître. Les courtisans le séduisent par leurs louanges; et lui le flatte plus dangereusement par ses conseils, par les desseins qu'il lui inspire, et par les maximes qu'il lui propose.

<div style="text-align:center">De Paris, le 25 de la lune de Saphar, 1719.</div>

LETTRE CXXVIII.

RICA A USBEK.

A ***.

Je passois l'autre jour sur le Pont-Neuf avec un de mes amis : il rencontra un homme de sa connoissance, qu'il me dit être un géomètre ; et il n'y avoit rien qui n'y parût, car il étoit dans une rêverie profonde : il fallut que mon ami le tirât long-temps par la manche et le secouât pour le faire descendre jusqu'à lui, tant il étoit occupé d'une courbe qui le tourmentoit peut-être depuis plus de huit jours. Ils se firent tous deux beaucoup d'honnêtetés, et s'apprirent réciproquement quelques nouvelles littéraires. Ces discours les menèrent jusque sur la porte d'un café, où j'entrai avec eux.

Je remarquai que notre géomètre y fut reçu de tout le monde avec empressement, et que les garçons du café en faisoient beaucoup plus de cas que de deux mousquetaires qui étoient dans un coin. Pour lui, il parut qu'il se trouvoit dans un lieu agréable, car il dérida un peu son visage, et se mit à rire comme s'il n'avoit pas eu la moindre teinture de géométrie.

Cependant son esprit régulier toisoit tout ce qui se disoit dans la conversation. Il ressembloit à celui qui, dans un jardin, coupoit avec son épée la tête des fleurs qui s'élevoient au dessus des autres. Martyr de sa justesse, il étoit offensé d'une saillie comme une vue délicate est offensée par une lumière trop vive. Rien pour lui n'étoit indifférent pourvu qu'il fût vrai. Aussi sa conversation étoit-elle singulière. Il étoit arrivé ce jour-là de la campagne avec un homme qui avoit vu un château superbe et des jardins magnifiques; et il n'avoit vu, lui, qu'un bâtiment de soixante pieds de long sur trente-cinq de large, et un bosquet barlong de dix arpents: il auroit fort souhaité que les règles de la perspective eussent été tellement observées que les allées des avenues eussent paru partout de même largeur, et il auroit donné pour cela une méthode infaillible. Il parut fort satisfait d'un cadran qu'il y avoit démêlé, d'une structure fort singulière; et il s'échauffa fort contre un savant qui étoit auprès de moi, qui malheureusement lui demanda si ce cadran marquoit les heures babyloniennes. Un nouvelliste parla du bombardement du château de Fontarabie; et il nous donna soudain les propriétés de la ligne que les bombes avoient décrite en l'air; et charmé de savoir cela, il voulut en ignorer entièrement le succès. Un homme se plaignoit d'avoir été ruiné l'hiver d'au-

paravant par une inondation : Ce que vous me dites là m'est fort agréable, dit alors le géomètre : je vois que je ne me suis pas trompé dans l'observation que j'ai faite, et qu'il est au moins tombé sur la terre deux pouces d'eau de plus que l'année passée.

Un moment après il sortit, et nous le suivîmes. Comme il alloit assez vite, et qu'il négligeoit de regarder devant lui, il fut rencontré directement par un autre homme; ils se choquèrent rudement, et de ce coup ils rejaillirent chacun de leur côté, en raison réciproque de leur vitesse et de leurs masses. Quand ils furent un peu revenus de leur étourdissement, cet homme, portant la main sur le front, dit au géomètre : Je suis bien aise que vous m'ayez heurté, car j'ai une grande nouvelle à vous apprendre. Je viens de donner mon Horace au public. Comment! dit le géomètre; il y a deux mille ans qu'il y est. Vous ne m'entendez pas, reprit l'autre : c'est une traduction de cet ancien auteur que je viens de mettre au jour : il y a vingt ans que je m'occupe à faire des traductions.

Quoi! monsieur, dit le géomètre, il y a vingt ans que vous ne pensez pas! Vous parlez pour les autres, et ils pensent pour vous. Monsieur, dit le savant, croyez-vous que je n'aie pas rendu un grand service au public de lui rendre la lecture des bons auteurs familière? Je ne dis pas tout-à-fait cela : j'es-

time autant qu'un autre les sublimes génies que vous travestissez : mais vous ne leur ressemblerez point; car si vous traduisez toujours, on ne vous traduira jamais.

Les traductions sont comme ces monnoies de cuivre qui ont bien la même valeur qu'une pièce d'or, et même sont d'un plus grand usage pour le peuple; mais elles sont toujours foibles et d'un mauvais aloi.

Vous voulez, dites-vous, faire renaître parmi nous ces illustres morts; et j'avoue que vous leur donnez bien un corps, mais vous ne leur rendez pas la vie; il y manque toujours un esprit pour les animer.

Que ne vous appliquez-vous plutôt à la recherche de tant de belles vérités qu'un calcul facile nous fait découvrir tous les jours? Après ce petit conseil, ils se séparèrent, je crois, très mécontents l'un de l'autre.

De Paris, le dernier de la lune de Rebiab, 2, 1719.

LETTRE CXXIX.

USBEK A RHÉDI.

A Venise.

La plupart des législateurs ont été des hommes bornés que le hasard a mis à la tête des autres, et qui n'ont presque consulté que leurs préjugés et leurs fantaisies.

Il semble qu'ils aient méconnu la grandeur et la dignité même de leur ouvrage : ils se sont amusés à faire des institutions puériles, avec lesquelles ils se sont, à la vérité, conformés aux petits esprits, mais décrédités auprès des gens de bon sens.

Ils se sont jetés dans des détails inutiles; ils ont donné dans les cas particuliers; ce qui marque un génie étroit, qui ne voit les choses que par parties, et n'embrasse rien d'une vue générale.

Quelques uns ont affecté de se servir d'une autre langue que la vulgaire; chose absurde pour un faiseur de lois : comment peut-on les observer si elles ne sont pas connues?

Ils ont souvent aboli sans nécessité celles qu'ils ont trouvées établies; c'est-à-dire qu'ils ont jeté les peuples dans les désordres inséparables des changements.

Il est vrai que, par une bizarrerie qui vient plutôt de la nature que de l'esprit des hommes, il est quelquefois nécessaire de changer certaines lois. Mais le cas est rare; et, lorsqu'il arrive, il n'y faut toucher que d'une main tremblante : on y doit observer tant de solennités et apporter tant de précautions, que le peuple en conclue naturellement que les lois sont bien saintes, puisqu'il faut tant de formalités pour les abroger.

Souvent ils les ont faites trop subtiles, et ont suivi des idées logiciennes plutôt que l'équité naturelle. Dans la suite elles ont été trouvées trop dures, et par un esprit d'équité on a cru devoir s'en écarter; mais ce remède étoit un nouveau mal. Quelles que soient les lois, il faut toujours les suivre, et les regarder comme la conscience publique, à laquelle celle des particuliers doit se conformer toujours.

Il faut pourtant avouer que quelques uns d'entre eux ont eu une attention qui marque beaucoup de sagesse; c'est qu'ils ont donné aux pères une grande autorité sur leurs enfants. Rien ne soulage plus les magistrats, rien ne dégarnit plus les tribunaux, rien enfin ne répand plus de tranquillité dans un état, où les mœurs font toujours de meilleurs citoyens que les lois.

C'est de toutes les puissances celle dont on abuse le moins; c'est la plus sacrée de toutes les magis-

tratures; c'est la seule qui ne dépend pas des conventions, et qui les a même précédées.

On remarque que, dans les pays où l'on met dans les mains paternelles plus de récompenses et de punitions, les familles sont mieux réglées : les pères sont l'image du créateur de l'univers, qui, quoiqu'il puisse conduire les hommes par son amour, ne laisse pas de se les attacher encore par les motifs de l'espérance et de la crainte.

Je ne finirai pas cette lettre sans te faire remarquer la bizarrerie de l'esprit des François. On dit qu'ils ont retenu des lois romaines un nombre infini de choses inutiles, et même pis, et ils n'ont pas pris d'elles la puissance paternelle, qu'elles ont établie comme la première autorité légitime.

De Paris, le 4 de la lune de Gemmadi, 2, 1719.

LETTRE CXXX.

RICA A***.

Je te parlerai dans cette lettre d'une certaine nation qu'on appelle les nouvellistes, qui s'assemblent dans un jardin magnifique, où leur oisiveté est toujours occupée. Ils sont très inutiles à l'état, et leurs discours de cinquante ans n'ont pas un effet différent de celui qu'auroit pu produire

un silence aussi long : cependant ils se croient considérables, parce qu'ils s'entretiennent de projets magnifiques et traitent de grands intérêts.

La base de leurs conversations est une curiosité frivole et ridicule : il n'y a point de cabinet si mystérieux qu'ils ne prétendent pénétrer; ils ne sauroient consentir à ignorer quelque chose ; ils savent combien notre auguste sultan a de femmes, combien il fait d'enfants toutes les années; et, quoiqu'ils ne fassent aucune dépense en espions, ils sont instruits des mesures qu'il prend pour humilier l'empereur des Turcs et celui des Mogols.

A peine ont-ils épuisé le présent, qu'ils se précipitent dans l'avenir; et marchant au devant de la Providence, ils la préviennent sur toutes les démarches des hommes. Ils conduisent un général par la main; et après l'avoir loué de mille sottises qu'il n'a pas faites, ils lui en préparent mille autres qu'il ne fera pas.

Ils font voler les armées comme les grues, et tomber les murailles comme des cartons : ils ont des ponts sur toutes les rivières, des routes secrètes dans toutes les montagnes, des magasins immenses dans les sables brûlants : il ne leur manque que le bon sens.

Il y a un homme avec qui je loge qui reçut

cette lettre d'un nouvelliste : comme elle m'a paru singulière, je la gardai ; la voici :

« Monsieur,

« Je me trompe rarement dans mes conjectures
« sur les affaires du temps. Le 1er janvier 1711 je
« prédis que l'empereur Joseph mourroit dans le
« cours de l'année : il est vrai que, comme il se
« portoit fort bien, je crus que je me ferois moquer
« de moi si je m'expliquois d'une manière bien
« claire ; ce qui fit que je me servis de termes un
« peu énigmatiques : mais les gens qui savent rai-
« sonner m'entendirent bien. Le 17 avril de la
« même année il mourut de la petite-vérole.

« Dès que la guerre fut déclarée entre l'empe-
« reur et les Turcs, j'allai chercher nos messieurs
« dans tous les coins des Tuileries ; je les assemblai
« près du bassin, et leur prédis qu'on feroit le siége
« de Belgrade, et qu'il seroit pris. J'ai été assez heu-
« reux pour que ma prédiction ait été accomplie.
« Il est vrai que vers le milieu du siége je pariai
« cent pistoles qu'il seroit pris le 18 août [1] ; il ne
« fut pris que le lendemain : peut-on perdre à si
« beau jeu ?

« Lorsque je vis que la flotte d'Espagne débar-
« quoit en Sardaigne, je jugeai qu'elle en feroit la
« conquête : je le dis, et cela se trouva vrai. Enflé

[1] 1717.

« de ce succès, j'ajoutai que cette flotte victorieuse
« iroit débarquer à Final pour faire la conquête du
« Milanais. Comme je trouvai de la résistance à
« faire recevoir cette idée, je voulus la soutenir
« glorieusement : je pariai cinquante pistoles, et
« je les perdis encore ; car ce diable d'Albéroni,
« malgré la foi des traités, envoya sa flotte en
« Sicile, et trompa tout à la fois deux grands poli-
« tiques, le duc de Savoie et moi.

« Tout cela, monsieur, me déroute si fort que
« j'ai résolu de prédire toujours et de ne parier ja-
« mais. Autrefois nous ne connoissions point aux
« Tuileries l'usage des paris, et feu M. le comte de L.
« ne les souffroit guère : mais depuis qu'une troupe
« de petits-maîtres s'est mêlée parmi nous, nous ne
« savons plus où nous en sommes. A peine ou-
« vrons-nous la bouche pour dire une nouvelle,
« qu'un de ces jeunes gens propose de parier
« contre.

« L'autre jour, comme j'ouvrois mon manuscrit
« et accommodois mes lunettes sur mon nez, un
« de ces fanfarons, saisissant justement l'intervalle
« du premier mot au second, me dit : Je parie cent
« pistoles que non. Je fis semblant de n'avoir pas
« fait d'attention à cette extravagance ; et, repre-
« nant la parole d'une voix plus forte, je dis :
« M. le maréchal de *** ayant appris... Cela est
« faux, me dit-il : vous avez toujours des nouvelles

« extravagantes ; il n'y a pas le sens commun à
« tout cela. Je vous prie, monsieur, de me faire le
« plaisir de me prêter trente pistoles ; car je vous
« avoue que ces paris m'ont fort dérangé. Je vous
« envoie la copie de deux lettres que j'ai écrites au
« ministre. Je suis, etc. »

LETTRES D'UN NOUVELLISTE AU MINISTRE.

« Monseigneur,

« Je suis le sujet le plus zélé que le roi ait jamais
« eu. C'est moi qui obligeai un de mes amis d'exé-
« cuter le projet que j'avois formé d'un livre pour
« démontrer que Louis-le-Grand étoit le plus
« grand de tous les princes qui ont mérité le nom
« de *grand*. Je travaille depuis long-temps à un
« autre ouvrage, qui fera encore plus d'honneur à
« notre nation, si votre grandeur veut m'accorder
« un privilége : mon dessein est de prouver que
« depuis le commencement de la monarchie, les
« François n'ont jamais été battus, et que ce que
« les historiens ont dit de nos désavantages sont de
« véritables impostures. Je suis obligé de les re-
« dresser en bien des occasions ; et j'ose me flatter
« que je brille surtout dans la critique. Je suis,
« monseigneur, etc. »

« Monseigneur,

« Depuis la perte que nous avons faite de

« M. le comte de L., nous vous supplions d'avoir
« la bonté de nous permettre d'élire un président.
« Le désordre se met dans nos conférences, et les
« affaires d'état n'y sont pas traitées avec la même
« discussion que par le passé : nos jeunes gens
« vivent absolument sans égard pour les anciens,
« et entre eux sans discipline : c'est le véritable
« conseil de Roboam, où les jeunes imposent aux
« vieillards. Nous avons beau leur représenter
« que nous étions paisibles possesseurs des Tuile-
« ries vingt ans avant qu'ils fussent au monde : je
« crois qu'ils nous en chasseront à la fin, et qu'o-
« bligés de quitter ces lieux où nous avons tant de
« fois évoqué les ombres de nos héros françois, il
« faudra que nous allions tenir nos conférences
« au jardin du roi, ou dans quelque lieu plus
« écarté. Je suis, etc. »

De Paris, le 7 de la lune de Gemmadi, 2, 1719.

LETTRE CXXXI.

RHÉDI A RICA.

A Paris.

Une des choses qui a le plus exercé ma curio-
sité en arrivant en Europe, c'est l'histoire et l'ori-
gine des républiques. Tu sais que la plupart des
Asiatiques n'ont pas seulement d'idée de cette sorte

de gouvernement, et que l'imagination ne les a pas servis jusqu'à leur faire comprendre qu'il puisse y en avoir sur la terre d'autre que le despotique.

Les premiers gouvernements que nous connoissons étoient monarchiques : ce ne fut que par hasard et par la succession des siècles que les républiques se formèrent.

La Grèce ayant été abîmée par un déluge, de nouveaux habitants vinrent la peupler : elle tira presque toutes ses colonies d'Égypte et des contrées de l'Asie les plus voisines; et comme ces pays étoient gouvernés par des rois, les peuples qui en sortirent furent gouvernés de même. Mais la tyrannie de ces princes devenant trop pesante, on secoua le joug ; et du débris de tant de royaumes s'élevèrent ces républiques qui firent si fort fleurir la Grèce, seule polie au milieu des Barbares.

L'amour de la liberté, la haine des rois, conserva long-temps la Grèce dans l'indépendance, et étendit au loin le gouvernement républicain. Les villes grecques trouvèrent des alliés dans l'Asie mineure : elles y envoyèrent des colonies aussi libres qu'elles, qui leur servirent de remparts contre les entreprises des rois de Perse. Ce n'est pas tout : la Grèce peupla l'Italie; l'Italie l'Espagne, et peut-être les Gaules. On sait que cette grande

Hespérie, si fameuse chez les anciens, étoit au commencement la Grèce, que ses voisins regardoient comme un séjour de félicité : les Grecs, qui ne trouvoient point chez eux ce pays heureux, l'allèrent chercher en Italie ; ceux d'Italie en Espagne ; ceux d'Espagne dans la Bétique ou le Portugal : de manière que toutes ces régions portèrent ce nom chez les anciens. Ces colonies grecques apportèrent avec elles un esprit de liberté qu'elles avoient pris dans ce doux pays. Ainsi on ne voit guère, dans ces temps reculés, de monarchie dans l'Italie, l'Espagne, les Gaules. Tu verras bientôt que les peuples du Nord et d'Allemagne n'étoient pas moins libres : et si l'on trouve des vestiges de quelque royauté parmi eux, c'est qu'on a pris pour des rois les chefs des armées ou des républiques.

Tout ceci se passoit en Europe : car, pour l'Asie et l'Afrique, elles ont toujours été accablées sous le despotisme, si vous en exceptez quelques villes de l'Asie mineure dont nous avons parlé, et la république de Carthage en Afrique.

Le monde fut partagé entre deux puissantes républiques, celle de Rome et celle de Carthage. Il n'y a rien de si connu que les commencements de la république romaine, et rien qui le soit si peu que l'origine de Carthage. On ignore absolument la suite des princes africains depuis Didon, et comme ils perdirent leur puissance. C'eût été

un grand bonheur pour le monde que l'agrandissement prodigieux de la république romaine, s'il n'y avoit pas eu cette différence injuste entre les citoyens romains et les peuples vaincus ; si l'on avoit donné aux gouverneurs des provinces une autorité moins grande ; si les lois si saintes pour empêcher leur tyrannie avoient été observées ; et s'ils ne s'étoient pas servis pour les faire taire des mêmes trésors que leur injustice avoit amassés.

Il semble que la liberté soit faite pour le génie des peuples d'Europe, et la servitude pour celui des peuples d'Asie. C'est en vain que les Romains offrirent aux Cappadociens ce précieux trésor : cette nation lâche le refusa, et elle courut à la servitude avec le même empressement que les autres peuples couroient à la liberté.

César opprima la république romaine, et la soumit au pouvoir arbitraire.

L'Europe gémit long-temps sous un gouvernement militaire et violent : et la douceur romaine fut changée en une cruelle oppression.

Cependant une infinité de nations inconnues sortirent du Nord, se répandirent comme des torrents dans les provinces romaines ; et, trouvant autant de facilité à faire des conquêtes qu'à exercer leurs pirateries, elles démembrèrent l'empire, et fondèrent des royaumes. Ces peuples étoient libres ; et ils bornoient si fort l'autorité de leurs rois qu'ils n'é-

toient proprement que des chefs ou des généraux.
Ainsi ces royaumes, quoique fondés par la force,
ne sentirent point le joug du vainqueur. Lorsque
les peuples d'Asie, comme les Turcs et les Tartares,
firent des conquêtes, soumis à la volonté d'un
seul, ils ne songèrent qu'à lui donner de nouveaux
sujets, et à établir par les armes son autorité
violente : mais les peuples du Nord, libres dans
leur pays, s'emparant des provinces romaines, ne
donnèrent point à leurs chefs une grande autorité.
Quelques uns même de ces peuples, comme les
Vandales en Afrique, les Goths en Espagne, déposoient leurs rois dès qu'ils n'en étoient pas satisfaits; et, chez les autres, l'autorité du prince
étoit bornée de mille manières différentes : un
grand nombre de seigneurs la partageoient avec
lui; les guerres n'étoient entreprises que de leur
consentement; les dépouilles étoient partagées
entre le chef et les soldats; aucun impôt en faveur
du prince; les lois étoient faites dans les assemblées
de la nation. Voilà le principe fondamental de tous
ces états qui se formèrent des débris de l'empire
romain.

De Venise, le 20 de la lune de Rhégeb, 1719.

LETTRE CXXXII.

RICA A ***.

Je fus il y a cinq ou six mois dans un café; j'y remarquai un gentilhomme assez bien mis, qui se faisoit écouter : il parloit du plaisir qu'il y avoit de vivre à Paris; il déploroit sa situation d'être obligé d'aller languir dans la province. J'ai, dit-il, quinze mille livres de rente en fonds de terre, et je me croirois plus heureux si j'avois le quart de ce bien-là en argent et en effets portables partout. J'ai beau presser mes fermiers, les accabler de frais de justice, je ne fais que les rendre plus insolvables : je n'ai jamais pu voir cent pistoles à la fois. Si je devois dix mille francs, on me feroit saisir toutes mes terres, et je serois à l'hôpital.

Je sortis sans avoir fait grande attention à tout ce discours : mais, me trouvant hier dans ce quartier, j'entrai dans la même maison, et j'y vis un homme grave, d'un visage pâle et allongé, qui, au milieu de cinq ou six discoureurs, paroissoit morne et pensif, jusqu'à ce que, prenant brusquement la parole : Oui, messieurs, dit-il en haussant la voix, je suis ruiné; je n'ai plus de quoi vivre; car j'ai actuellement chez moi deux cent

mille livres de billets de banque, et cent mille écus d'argent : je me trouve dans une situation affreuse ; je me suis cru riche, et me voilà à l'hôpital : au moins si j'avois seulement une petite terre où je pusse me retirer, je serois sûr d'avoir de quoi vivre ; mais je n'ai pas grand comme ce chapeau en fonds de terre.

Je tournai par hasard la tête d'un autre côté, et je vis un autre homme qui faisoit des grimaces de possédé. A qui se fier désormais ? s'écrioit-il. Il y a un traître que je croyois si fort de mes amis que je lui avois prêté mon argent, et il me l'a rendu ! quelle perfidie horrible ! Il a beau faire, dans mon esprit il sera toujours déshonoré.

Tout près de là étoit un homme très mal vêtu, qui, élevant les yeux au ciel, disoit : Dieu bénisse les projets de nos ministres ! puissé-je voir les actions à deux mille, et tous les laquais de Paris plus riches que leurs maîtres ! J'eus la curiosité de demander son nom. C'est un homme extrêmement pauvre, me dit-on ; aussi a-t-il un pauvre métier : il est généalogiste ; et il espère que son art rendra si les fortunes continuent, et que tous ces nouveaux riches auront besoin de lui pour réformer leur nom, décrasser leurs ancêtres, et orner leurs carrosses : il s'imagine qu'il va faire autant de gens de qualité qu'il voudra ; et il tressaillit de joie de voir multiplier ses pratiques.

Enfin je vis entrer un vieillard pâle et sec, que je reconnus pour nouvelliste avant qu'il se fût assis : il n'étoit pas du nombre de ceux qui ont une assurance victorieuse contre tous les revers, et présagent toujours les victoires et les trophées ; c'étoit au contraire un de ces trembleurs qui n'ont que des nouvelles tristes. Les affaires vont bien mal du côté d'Espagne, dit-il : nous n'avons point de cavalerie sur la frontière; et il est à craindre que le prince Pio, qui en a un gros corps, ne fasse contribuer tout le Languedoc. Il y avoit vis-à-vis de moi un philosophe assez mal en ordre, qui prenoit le nouvelliste en pitié, et haussoit les épaules à mesure que l'autre haussoit la voix. Je m'approchai de lui, et il me dit à l'oreille : Vous voyez que ce fat nous entretient il y a une heure de sa frayeur pour le Languedoc : et moi j'aperçus hier au soir une tache dans le soleil, qui, si elle augmentoit, pourroit faire tomber toute la nature en engourdissement; et je n'ai pas dit un seul mot.

De Paris, le 17 de la lune de Rahmazan, 1719.

LETTRE CXXXIII.

RICA A ***.

J'allai l'autre jour voir une grande bibliothèque dans un couvent de dervis, qui en sont comme les dépositaires, mais qui sont obligés d'y laisser entrer tout le monde à certaines heures.

En entrant je vis un homme grave qui se promenoit au milieu d'un nombre innombrable de volumes qui l'entouroient. J'allai à lui et le priai de me dire quels étoient quelques uns de ces livres que je voyois mieux reliés les uns que les autres. Monsieur, me dit-il, j'habite ici une terre étrangère; je n'y connois personne. Bien des gens me font de pareilles questions; mais vous voyez bien que je n'irai pas lire tous ces livres pour les satisfaire : j'ai mon bibliothécaire qui vous donnera satisfaction, car il s'occupe nuit et jour à déchiffrer tout ce que vous voyez là : c'est un homme qui n'est bon à rien, et qui nous est très à charge parce qu'il ne travaille point pour le couvent. Mais j'entends l'heure du réfectoire qui sonne : ceux qui, comme moi, sont à la tête d'une communauté doivent être les premiers à tous les exercices. En disant cela le moine me poussa dehors,

ferma la porte, et, comme s'il eût volé, disparut à mes yeux.

<p style="text-align:right">De Paris, le 21 de la lune de Rahmazan, 1719.</p>

LETTRE CXXXIV.

RICA A ***.

Je retournai le lendemain à cette bibliothèque, où je trouvai tout un autre homme que celui que j'avois vu la première fois. Son air étoit simple, sa physionomie spirituelle, et son abord très affable. Dès que je lui eus fait connoître ma curiosité, il se mit en devoir de la satisfaire, et même en qualité d'étranger, de m'instruire.

Mon père, lui dis-je, quels sont ces gros volumes qui tiennent tout ce côté de bibliothèque? Ce sont, me dit-il, les interprètes de l'Écriture. Il y en a un grand nombre! lui repartis-je : il faut que l'Écriture fût bien obscure autrefois, et bien claire à présent. Reste-t-il encore quelques doutes? peut-il y avoir des points contestés? S'il y en a, bon dieu! s'il y en a! me répondit-il; il y en a presque autant que de lignes. Oui! lui dis-je : et qu'ont donc fait tous ces auteurs? Ces auteurs, me repartit-il, n'ont point cherché dans l'Écriture ce qu'il faut croire, mais ce qu'ils croient eux-mêmes : ils ne l'ont point regardée comme un livre où étoient

contenus les dogmes qu'ils devoient recevoir, mais comme un ouvrage qui pourroit donner de l'autorité à leurs propres idées : c'est pour cela qu'ils en ont corrompu tous les sens, et ont donné la torture à tous les passages. C'est un pays où les hommes de toutes les sectes font des descentes, et vont comme au pillage ; c'est un champ de bataille où les nations ennemies qui se rencontrent livrent bien des combats, où l'on s'attaque, où l'on s'escarmouche de bien des manières.

Tout près de là vous voyez les livres ascétiques ou de dévotion ; ensuite les livres de morale, bien plus utiles; ceux de théologie doublement inintelligibles et par la matière qui y est traitée et par la manière de la traiter ; les ouvrages des mystiques, c'est-à-dire des dévots qui ont le cœur tendre. Ah! mon père, lui dis-je, un moment; n'allez pas si vite; parlez-moi de ces mystiques. Monsieur, dit-il, la dévotion échauffe un cœur disposé à la tendresse, et lui fait envoyer des esprits au cerveau qui l'échauffent de même, d'où naissent les extases et les ravissements. Cet état est le délire de la dévotion; souvent il se perfectionne, ou plutôt dégénère en quiétisme : vous savez qu'un quiétiste n'est autre chose qu'un homme fou, dévot et libertin.

Voici les casuistes qui mettent au jour les secrets de la nuit, qui forment dans leur imagination tous

les monstres que le démon d'amour peut produire, les rassemblent, les comparent, et en font l'objet éternel de leurs pensées : heureux si leur cœur ne se met pas de la partie, et ne devient pas lui-même complice de tant d'égarements si naïvement décrits et si nuement peints?

Vous voyez, monsieur, que je pense librement et que je vous dis tout ce que je pense. Je suis naturellement naïf, et plus encore avec vous qui êtes un étranger, qui voulez savoir les choses, et les savoir telles qu'elles sont. Si je voulois, je ne vous parlerois de tout ceci qu'avec admiration; je vous dirois sans cesse : Cela est divin! cela est respectable! il y a du merveilleux! Et il en arriveroit, de deux choses l'une, ou que je vous tromperois, ou que je me déshonorerois dans votre esprit.

Nous en restâmes là : une affaire qui survint au dervis rompit notre conversation jusqu'au lendemain.

De Paris, le 23 de la lune de Rahmazan, 1719.

LETTRE CXXXV.

RICA A ***.

Je revins à l'heure marquée, et mon homme me mena précisément dans l'endroit où nous nous étions quittés. Voici, me dit-il, les grammairiens, les glossateurs et les commentateurs. Mon père, lui dis-je, tous ces gens-là ne peuvent-ils pas se dispenser d'avoir du bon sens? Oui, dit-il, ils le peuvent; et même il n'y paroît pas: leurs ouvrages n'en sont pas plus mauvais; ce qui est très commode pour eux. Cela est vrai, lui dis-je; et je connois bien des philosophes qui feroient bien de s'appliquer à ces sortes de sciences.

Voilà, poursuivit-il, les orateurs qui ont le talent de persuader indépendamment des raisons; et les géomètres qui obligent un homme malgré lui d'être persuadé, et le convainquent avec tyrannie.

Voici les livres de métaphysique qui traitent de si grands intérêts, et dans lesquels l'infini se rencontre partout; les livres de physique qui ne trouvent pas plus de merveilleux dans l'économie du vaste univers que dans la machine la plus simple de nos artisans.

Les livres de médecine, ces monuments de la

fragilité de la nature et de la puissance de l'art, qui font trembler quand ils traitent des maladies même les plus légères, tant ils nous rendent la mort présente, mais qui nous mettent dans une sécurité entière quand ils parlent de la vertu des remèdes comme si nous étions devenus immortels.

Tout près de là sont les livres d'anatomie, qui contiennent bien moins la description des parties du corps humain que les noms barbares qu'on leur a donnés; chose qui ne guérit ni le malade de son mal, ni le médecin de son ignorance.

Voici la chimie qui habite tantôt l'hôpital, et tantôt les petites maisons, comme des demeures qui lui sont également propres.

Voici les livres de science, ou plutôt d'ignorance occulte; tels sont ceux qui contiennent quelque espèce de diablerie : exécrables selon la plupart des gens, pitoyables selon moi. Tels sont encore les livres d'astrologie judiciaire. Que dites-vous, mon père? Les livres d'astrologie judiciaire! repartis-je avec feu; et ce sont ceux dont nous faisons le plus de cas en Perse. Ils règlent toutes les actions de notre vie, et nous déterminent dans toutes nos entreprises : les astrologues sont proprement nos directeurs; ils font plus, ils entrent dans le gouvernement de l'état. Si cela est, me dit-il, vous vivez sous un joug bien plus dur que celui de la raison : voilà le plus étrange de tous les

empires : je plains bien une famille, et encore plus une nation qui se laisse si fort dominer par les planètes. Nous nous servons, lui repartis-je, de l'astrologie comme vous vous servez de l'algèbre. Chaque nation a sa science, selon laquelle elle règle sa politique. Tous les astrologues ensemble n'ont jamais fait tant de sottises en notre Perse qu'un seul de vos algébristes en a fait ici. Croyez-vous que le concours fortuit des astres ne soit pas une règle aussi sûre que les beaux raisonnements de votre faiseur de système? Si l'on comptoit les voix là dessus en France et en Perse, ce seroit un beau sujet de triomphe pour l'astrologie; vous verriez les calculateurs bien humiliés; quel accablant corollaire n'en pourroit-on pas tirer contre eux !

Notre dispute fut interrompue, et il fallut nous quitter.

De Paris, le 26 de la lune de Rahmazan, 1719.

LETTRE CXXXVI.

RICA A***.

Dans l'entrevue suivante, mon savant me mena dans un cabinet particulier. Voici les livres d'histoire moderne, me dit-il. Voyez premièrement les historiens de l'église et des papes; livres que je lis

pour m'édifier, et qui font souvent en moi un effet tout contraire.

Là ce sont ceux qui ont écrit de la décadence du formidable empire romain, qui s'étoit formé du débris de tant de monarchies, et sur la chute duquel il s'en forma aussi tant de nouvelles. Un nombre infini de peuples barbares, aussi inconnus que les pays qu'ils habitoient, parurent tout à coup, l'inondèrent, le ravagèrent, le dépecèrent, et fondèrent tous les royaumes que vous voyez à présent en Europe. Ces peuples n'étoient point proprement barbares, puisqu'ils étoient libres; mais ils le sont devenus depuis que, soumis pour la plupart à une puissance absolue, ils ont perdu cette douce liberté si conforme à la raison, à l'humanité et à la nature.

Vous voyez ici les historiens de l'empire d'Allemagne, qui n'est qu'une ombre du premier empire; mais qui est, je crois, la seule puissance qui soit sur la terre que la division n'a point affoiblie; la seule, je crois encore, qui se fortifie à mesure de ses pertes, et qui, lente à profiter des succès, devient indomptable par ses défaites.

Voici les historiens de France, où l'on voit d'abord la puissance des rois se former, mourir deux fois, renaître de même, languir ensuite pendant plusieurs siècles; mais, prenant insensiblement des forces, accrue de toutes parts, monter à son

dernier période, semblable à ces fleuves qui, dans leur course, perdent leurs eaux ou se cachent sous terre, puis, reparoissant de nouveau, grossis par les rivières qui s'y jettent, entraînent avec rapidité tout ce qui s'oppose à leur passage.

Là vous voyez la nation espagnole sortir de quelques montagnes; les princes mahométans subjugués aussi insensiblement qu'ils avoient rapidement conquis; tant de royaumes réunis dans une vaste monarchie, qui devint presque la seule; jusqu'à ce qu'accablée de sa propre grandeur et de sa fausse opulence, elle perdit sa force et sa réputation même, et ne conserva que l'orgueil de sa première puissance.

Ce sont ici les historiens d'Angleterre, où l'on voit la liberté sortir sans cesse des feux de la discorde et de la sédition; le prince toujours chancelant sur un trône inébranlable; une nation impatiente, sage dans sa fureur même, et qui, maîtresse de la mer (chose inouïe jusqu'alors), mêle le commerce avec l'empire.

Tout près de là sont les historiens de cette autre reine de la mer, la république de Hollande, si respectée en Europe, et si formidable en Asie, où ses négociants voient tant de rois prosternés devant eux.

Les historiens d'Italie vous représentent une nation autrefois maîtresse du monde, aujourd'hui

esclave de toutes les autres ; ses princes divisés et foibles, et sans autre attribut de souveraineté qu'une vaine politique.

Voilà les historiens des républiques ; de la Suisse, qui est l'image de la liberté ; de Venise, qui n'a de ressources qu'en son économie ; et de Gênes, qui n'est superbe que par ses bâtiments.

Voici ceux du Nord, et entre autres de la Pologne, qui use si mal de sa liberté et du droit qu'elle a d'élire ses rois, qu'il semble qu'elle veuille consoler par là les peuples ses voisins, qui ont perdu l'un et l'autre.

Là dessus nous nous séparâmes jusqu'au lendemain.

<div style="text-align:right">De Paris, le 2 de la lune de Chalval, 1719.</div>

LETTRE CXXXVII.

RICA A ***.

Le lendemain il me mena dans un autre cabinet. Ce sont ici les poëtes, me dit-il, c'est-à-dire ces auteurs dont le métier est de mettre des entraves au bon sens, et d'accabler la raison sous les agréments, comme on ensevelissoit autrefois les femmes sous leurs ornements et leurs parures. Vous les connoissez ; ils ne sont pas rares chez les Orien-

taux, où le soleil, plus ardent, semble échauffer les imaginations mêmes.

Voilà les poëmes épiques. Eh! qu'est-ce que les poëmes épiques? En vérité, me dit-il, je n'en sais rien : les connoisseurs disent qu'on n'en a jamais fait que deux, et que les autres qu'on donne sous ce nom ne le sont point : c'est aussi ce que je ne sais pas. Ils disent de plus qu'il est impossible d'en faire de nouveaux; et cela est encore plus surprenant.

Voici les poëtes dramatiques, qui, selon moi, sont les poëtes par excellence, et les maîtres des passions. Il y en a de deux sortes; les comiques, qui nous remuent si doucement; et les tragiques, qui nous troublent et nous agitent avec tant de violence.

Voici les lyriques, que je méprise autant que j'estime les autres, et qui font de leur art une harmonieuse extravagance.

On voit ensuite les auteurs des idylles et des églogues, qui plaisent même aux gens de cour par l'idée qu'ils leur donnent d'une certaine tranquillité qu'ils n'ont pas, et qu'ils leur montrent dans la condition des bergers.

De tous les auteurs que nous avons vus, voici les plus dangereux; ce sont ceux qui aiguisent les épigrammes, qui sont de petites flèches déliées qui font une plaie profonde et inaccessible aux remèdes.

Vous voyez ici les romans, dont les auteurs sont des espèces de poëtes, et qui outrent également le langage de l'esprit et celui du cœur : ils passent leur vie à chercher la nature, et la manquent toujours ; leurs héros y sont aussi étrangers que les dragons ailés et les hippocentaures.

J'ai vu, lui dis-je, quelques uns de vos romans ; et, si vous voyiez les nôtres, vous en seriez encore plus choqué : ils sont aussi peu naturels, et d'ailleurs extrêmement gênés par nos mœurs : il faut dix années de passion avant qu'un amant ait pu voir seulement le visage de sa maîtresse. Cependant les auteurs sont forcés de faire passer les lecteurs dans ces ennuyeux préliminaires. Or il est impossible que les incidents soient variés : on a recours à un artifice pire que le mal même qu'on veut guérir ; c'est aux prodiges. Je suis sûr que vous ne trouverez pas bon qu'une magicienne fasse sortir une armée de dessous terre ; qu'un héros lui seul en détruise une de cent mille hommes. Cependant voilà nos romans : ces aventures froides et souvent répétées nous font languir, et ces prodiges extravagants nous révoltent.

De Paris, le 6 de la lune de Chalval, 1719.

LETTRE CXXXVIII.

RICA A IBBEN.

A Smyrne.

Les ministres se succèdent et se détruisent ici comme les saisons. Depuis trois ans j'ai vu changer quatre fois de système sur les finances. On lève aujourd'hui les tributs en Turquie et en Perse comme les levoient les fondateurs de ces empires : il s'en faut bien qu'il en soit ici de même. Il est vrai que nous n'y mettons pas tant d'esprit que les Occidentaux. Nous croyons qu'il n'y a pas plus de différence entre l'administration des revenus du prince et celle des biens d'un particulier, qu'il y en a entre compter cent mille tomans ou en compter cent : mais il y a ici bien plus de finesse et de mystère. Il faut que de grands génies travaillent nuit et jour; qu'ils enfantent sans cesse, et avec douleur, de nouveaux projets; qu'ils écoutent les avis d'une infinité de gens qui travaillent pour eux sans en être priés; qu'ils se retirent et vivent dans le fond d'un cabinet impénétrable aux grands, et sacré aux petits; qu'ils aient toujours la tête remplie de secrets importants, de desseins miraculeux, de systèmes nouveaux; et

qu'absorbés dans les méditations, ils soient privés de l'usage de la parole, et quelquefois même de celui de la politesse.

Dès que le feu roi eut fermé les yeux, on pensa à établir une nouvelle administration. On sentoit qu'on étoit mal ; mais on ne savoit comment faire pour être mieux. On ne s'étoit pas bien trouvé de l'autorité sans bornes des ministres précédents ; on l'a voulu partager. On créa pour cet effet six ou sept conseils ; et ce ministère est peut-être celui de tous qui a gouverné la France avec plus de sens : la durée en fut courte, aussi bien que celle du bien qu'elle produisit.

La France, à la mort du feu roi, étoit un corps accablé de mille maux : Noailles prit le fer à la main, retrancha les chairs inutiles, appliqua quelques remèdes topiques. Mais il restoit toujours un vice intérieur à guérir. Un étranger est venu qui a entrepris cette cure : après bien des remèdes violents, il a cru lui avoir rendu son embonpoint ; et il l'a seulement rendue bouffie.

Tous ceux qui étoient riches il y a six mois sont à présent dans la pauvreté ; et ceux qui n'avoient pas de pain regorgent de richesses. Jamais ces deux extrémités ne se sont touchées de si près. L'étranger a tourné l'état comme un fripier tourne un habit : il fait paroître dessus ce qui étoit dessous ; et ce qui étoit dessus il le met à l'envers. Quelles

fortunes inespérées, incroyables même à ceux qui les ont faites! Dieu ne tire pas plus rapidement les hommes du néant. Que de valets servis par leurs camarades, et peut-être demain par leurs maîtres!

Tout ceci produit souvent des choses bizarres. Les laquais, qui avoient fait fortune sous le règne passé, vantent aujourd'hui leur naissance : ils rendent à ceux qui viennent de quitter leur livrée dans une certaine rue, tout le mépris qu'on avoit pour eux il y a six mois : ils crient de toutes leurs forces : La noblesse est ruinée! quel désordre dans l'état! quelle confusion dans les rangs! on ne voit que des inconnus faire fortune! Je te promets que ceux-ci prendront bien leur revanche sur ceux qui viendront après eux, et que dans trente ans ces gens de qualité feront bien du bruit.

<div style="text-align:center">De Paris, le premier de la lune de Zilcadé, 1720.</div>

LETTRE CXXXIX.

RICA A IBBEN.

Voici un grand exemple de la tendresse conjugale, non seulement dans une femme, mais dans une reine. La reine de Suède voulant à toute force associer le prince son époux à la couronne, pour aplanir toutes les difficultés, a envoyé aux états

une déclaration par laquelle elle se désiste de la régence en cas qu'il soit élu.

Il y a soixante et quelques années qu'une autre reine, nommée *Christine*, abdiqua la couronne pour se donner tout entière à la philosophie. Je ne sais lequel de ces deux exemples nous devons admirer davantage.

Quoique j'approuve assez que chacun se tienne ferme dans le poste où la nature l'a mis, et que je ne puisse louer la foiblesse de ceux qui, se trouvant au dessous de leur état, le quittent comme par une espèce de désertion; je suis cependant frappé de la grandeur d'ame de ces deux princesses, et de voir l'esprit de l'une et le cœur de l'autre supérieurs à leur fortune. Christine a songé à connoître dans le temps que les autres ne songent qu'à jouir; et l'autre ne veut jouir que pour mettre tout son bonheur entre les mains de son auguste époux.

De Paris, le 27 de la lune de Maharram, 1720.

LETTRE CXL.

RICA A USBEK.

A ***.

Le parlement de Paris vient d'être relégué dans une petite ville qu'on appelle *Pontoise*. Le conseil lui a envoyé enregistrer ou approuver une déclaration qui le déshonore; et il l'a enregistrée d'une manière qui déshonore le conseil.

On menace d'un pareil traitement quelques parlements du royaume.

Ces compagnies sont toujours odieuses : elles n'approchent des rois que pour leur dire de tristes vérités; et pendant qu'une foule de courtisans leur représentent sans cesse un peuple heureux sous leur gouvernement, elles viennent démentir la flatterie, et apporter au pied du trône les gémissements et les larmes dont elles sont dépositaires.

C'est un pesant fardeau, mon cher Usbek, que celui de la vérité, lorsqu'il faut la porter jusqu'aux princes! Ils doivent bien penser que ceux qui s'y déterminent y sont contraints, et qu'ils ne se résoudroient jamais à faire des démarches si tristes et si affligeantes pour ceux qui les font, s'ils n'y

étoient forcés par leur devoir, leur respect, et même leur amour.

<div style="text-align:right">De Paris, le 21 de la lune de Gemmadi, 1, 1720.</div>

LETTRE CXLI.

RICA A USBEK.

J'irai te voir sur la fin de la semaine. Que les jours couleront agréablement avec toi!

Je fus présenté il y a quelques jours à une dame de la cour, qui avoit quelque envie de voir ma figure étrangère. Je la trouvai belle, digne des regards de notre monarque et d'un rang auguste dans le lieu sacré où son cœur repose.

Elle me fit mille questions sur les mœurs des Persans et sur la manière de vivre des Persanes. Il me parut que la vie du sérail n'étoit pas de son goût, et qu'elle trouvoit de la répugnance à voir un homme partagé entre dix ou douze femmes. Elle ne put voir sans envie le bonheur de l'un, et sans pitié la condition des autres. Comme elle aime la lecture, surtout celle des poëtes et des romans, elle souhaita que je parlasse des nôtres. Ce que je lui en dis redoubla sa curiosité: elle me pria de lui faire traduire un fragment de quelques uns de ceux que j'ai apportés. Je le fis, et je lui envoyai

quelques jours après un conte persan. Peut-être seras-tu bien aise de le voir travesti :

Du temps de Cheik-Ali-Can, il y avoit en Perse une femme nommée *Zuléma* : elle savoit par cœur tout le saint Alcoran : il n'y avoit point de dervis qui entendît mieux qu'elle les traductions des saints prophètes ; les docteurs arabes n'avoient rien dit de si mystérieux qu'elle n'en comprît tous les sens ; et elle joignoit à tant de connoissances un certain caractère d'esprit enjoué qui laissoit à peine deviner si elle vouloit amuser ceux à qui elle parloit, ou les instruire.

Un jour qu'elle étoit avec ses compagnes dans une des salles du sérail, une d'elles lui demanda ce qu'elle pensoit de l'autre vie, et si elle ajoutoit foi à cette ancienne tradition de nos docteurs, que le paradis n'est fait que pour les hommes.

C'est le sentiment commun, leur dit-elle : il n'y a rien que l'on n'ait fait pour dégrader notre sexe. Il y a même une nation répandue par toute la Perse, qu'on appelle la *nation juive*, qui soutient par l'autorité de ses livres sacrés que nous n'avons point d'ame.

Ces opinions si injurieuses n'ont d'autre origine que l'orgueil des hommes, qui veulent porter leur supériorité au delà même de leur vie, et ne pensent pas que dans le grand jour toutes les créatures pa-

roîtront devant Dieu comme le néant, sans qu'il y ait entre elles de prérogatives que celles que la vertu y aura mises.

Dieu ne se bornera point dans ses récompenses; et comme les hommes qui auront bien vécu et bien usé de l'empire qu'ils ont ici bas sur nous seront dans un paradis plein de beautés célestes et ravissantes, et telles que, si un mortel les avoit vues, il se donneroit aussitôt la mort dans l'impatience d'en jouir : aussi les femmes vertueuses iront dans un lieu de délices, où elles seront enivrées d'un torrent de voluptés, avec des hommes divins qui leur seront soumis : chacune d'elles aura un sérail dans lequel ils seront enfermés, et des eunuques, encore plus fidèles que les nôtres, pour les garder.

J'ai lu, ajouta-t-elle, dans un livre arabe, qu'un homme nommé *Ibrahim* étoit d'une jalousie insupportable. Il avoit douze femmes extrêmement belles, qu'il traitoit d'une manière très dure : il ne se fioit plus à ses eunuques ni aux murs de son sérail; il les tenoit presque toujours sous la clef, enfermées dans leur chambre, sans qu'elles pussent se voir ni se parler; car il étoit même jaloux d'une amitié innocente : toutes ses actions prenoient la teinture de sa brutalité naturelle; jamais une douce parole ne sortit de sa bouche, et jamais il ne fit le moindre signe qui n'ajoutât quelque chose à la rigueur de leur esclavage.

Un jour qu'il les avoit toutes assemblées dans une salle de son sérail, une d'entre elles, plus hardie que les autres, lui reprocha son mauvais naturel. Quand on cherche si fort les moyens de se faire craindre, lui dit-elle, on trouve toujours auparavant ceux de se faire haïr. Nous sommes si malheureuses que nous ne pouvons nous empêcher de désirer un changement : d'autres à ma place souhaiteroient votre mort; je ne souhaite que la mienne; et ne pouvant espérer d'être séparée de vous que par là, il me sera encore bien doux d'en être séparée. Ce discours, qui auroit dû le toucher, le fît entrer dans une furieuse colère ; il tira son poignard et le lui plongea dans le sein. Mes chères compagnes, dit-elle d'une voix mourante, si le ciel a pitié de ma vertu, vous serez vengées. A ces mots, elle quitta cette vie infortunée pour aller dans le séjour des délices, où les femmes qui ont bien vécu jouissent d'un bonheur qui se renouvelle toujours.

D'abord elle vit une prairie riante dont la verdure étoit relevée par les peintures des fleurs les plus vives : un ruisseau, dont les eaux étoient plus pures que le crystal, y faisoit un nombre infini de détours. Elle entra ensuite dans des bocages charmants, dont le silence n'est interrompu que par le doux chant des oiseaux. De magnifiques jardins se présentèrent ensuite; la nature les avoit ornés

avec sa simplicité et toute sa magnificence. Elle trouva enfin un palais superbe préparé pour elle, et rempli d'hommes célestes destinés à ses plaisirs.

Deux d'entre eux se présentèrent aussitôt pour la déshabiller; d'autres la mirent dans le bain, et la parfumèrent des plus délicieuses essences: on lui donna ensuite des habits infiniment plus riches que les siens; après quoi on la mena dans une grande salle où elle trouva un feu fait avec des bois odoriférants, et une table couverte des mets les plus exquis. Tout sembloit concourir au ravissement de ses sens: elle entendoit d'un côté une musique d'autant plus divine qu'elle étoit plus tendre; de l'autre, elle ne voyoit que des danses de ces hommes divins, uniquement occupés à lui plaire. Cependant tant de plaisirs ne devoient servir qu'à la conduire insensiblement à des plaisirs plus grands. On la mena dans sa chambre; et après l'avoir encore une fois déshabillée, on la porta dans un lit superbe, où deux hommes d'une beauté charmante la reçurent dans leurs bras. C'est pour lors qu'elle fut enivrée, et que ses ravissements passèrent même ses désirs. Je suis toute hors de moi, leur disoit-elle: je croirois mourir si je n'étois sûre de mon immortalité. C'en est trop, laissez-moi; je succombe sous la violence des plaisirs. Oui, vous rendez un peu le calme à mes sens; je commence à respirer, et à revenir à moi-même. D'où vient

que l'on a ôté les flambeaux? Que ne puis-je à présent considérer votre beauté divine! que ne puis-je voir!... Mais pourquoi voir? Vous me faites rentrer dans mes premiers transports. O dieux! que ces ténèbres sont aimables! Quoi! je serai immortelle, et immortelle avec vous! je serai... Non, je vous demande grace; car je vois bien que vous êtes gens à n'en demander jamais.

Après plusieurs commandements réitérés, elle fut obéie; mais elle ne le fut que lorsqu'elle voulut l'être bien sérieusement. Elle se reposa languissamment, et s'endormit dans leurs bras. Deux moments de sommeil réparèrent sa lassitude: elle reçut deux baisers qui l'enflammèrent soudain et lui firent ouvrir les yeux. Je suis inquiète, dit-elle; je crains que vous ne m'aimiez plus. C'étoit un doute dans lequel elle ne vouloit pas rester long-temps: aussi eut-elle avec eux tous les éclaircissements qu'elle pouvoit désirer. Je suis désabusée, s'écriat-elle; pardon, pardon; je suis sûre de vous. Vous ne me dites rien; mais vous prouvez mieux que tout ce que vous me pourriez dire: oui, oui, je vous le confesse, on n'a jamais tant aimé. Mais quoi! vous vous disputez tous deux l'honneur de me persuader! Ah! si vous vous disputez, si vous joignez l'ambition au plaisir de ma défaite, je suis perdue; vous serez tous deux vainqueurs, il n'y

aura que moi de vaincue : mais je vous vendrai bien cher la victoire.

Tout ceci ne fut interrompu que par le jour. Ses fidèles et aimables domestiques entrèrent dans sa chambre, et firent lever ces deux jeunes hommes, que deux vieillards ramenèrent dans les lieux où ils étoient gardés pour ses plaisirs. Elle se leva ensuite, et parut d'abord à cette cour idolâtre dans les charmes d'un déshabillé simple, et ensuite couverte des plus somptueux ornements. Cette nuit l'avoit embellie ; elle avoit donné de la vie à son teint et de l'expression à ses graces. Ce ne fut pendant tout le jour que danses, que concerts, que festins, que jeux, que promenades; et l'on remarquoit qu'Anaïs se déroboit de temps en temps, et voloit vers ses deux jeunes héros. Après quelques précieux instants d'entrevue, elle revenoit vers la troupe qu'elle avoit quittée, toujours avec un visage plus serein. Enfin sur le soir on la perdit tout-à-fait : elle alla s'enfermer dans le sérail, où elle vouloit, disoit-elle, faire connoissance avec ces captifs immortels qui devoient à jamais vivre avec elle. Elle visita donc les appartements de ces lieux les plus reculés et les plus charmants, où elle compta cinquante esclaves d'une beauté miraculeuse : elle erra toute la nuit de chambre en chambre, recevant partout des hommages toujours différents et toujours les mêmes.

Voilà comment l'immortelle Anaïs passoit sa vie, tantôt dans des plaisirs éclatants, tantôt dans des plaisirs solitaires; admirée d'une troupe brillante, ou bien aimée d'un amant éperdu : souvent elle quittoit un palais enchanté pour aller dans une grotte champêtre : les fleurs sembloient naître sous ses pas, et les jeux se présentoient en foule au devant d'elle.

Il y avoit plus de huit jours qu'elle étoit dans cette demeure heureuse, que, toujours hors d'elle-même, elle n'avoit pas fait une seule réflexion : elle avoit joui de son bonheur sans le connoître, et sans avoir eu un seul de ces moments tranquilles où l'ame se rend pour ainsi dire compte à elle-même, et s'écoute dans le silence des passions.

Les bienheureux ont des plaisirs si vifs qu'ils peuvent rarement jouir de cette liberté d'esprit : c'est pour cela qu'attachés invinciblement aux objets présents, ils perdent entièrement la mémoire des choses passées, et n'ont plus aucun souci de ce qu'ils ont connu ou aimé dans l'autre vie.

Mais Anaïs, dont l'esprit étoit vraiment philosophe, avoit passé presque toute sa vie à méditer : elle avoit poussé ses réflexions beaucoup plus loin qu'on n'auroit dû l'attendre d'une femme laissée à elle-même. La retraite austère que son mari lui avoit fait garder ne lui avoit laissé que cet avantage.

C'est cette force d'esprit qui lui avoit fait mépri-

ser la crainte dont ses compagnes étoient frappées, et la mort, qui devoit être la fin de ses peines et le commencement de sa félicité.

Ainsi elle sortit peu à peu de l'ivresse des plaisirs, et s'enferma seule dans un appartement de son palais. Elle se laissa aller à des réflexions bien douces sur sa condition passée et sur sa félicité présente ; elle ne put s'empêcher de s'attendrir sur le malheur de ses compagnes : on est sensible à des tourments que l'on a partagés. Anaïs ne se tint pas dans les simples bornes de la compassion ; plus tendre envers ces infortunées, elle se sentit portée à les secourir.

Elle donna ordre à un de ces jeunes hommes qui étoient auprès d'elle de prendre la figure de son mari, d'aller dans son sérail, de s'en rendre maître, de l'en chasser, et d'y rester à sa place jusqu'à ce qu'elle le rappelât.

L'exécution fut prompte : il fendit les airs, arriva à la porte du sérail d'Ibrahim, qui n'y étoit pas : il frappe, tout lui est ouvert : les eunuques tombent à ses pieds. Il vole vers les appartements où les femmes d'Ibrahim étoient enfermées. Il avoit, en passant, pris les clefs dans la poche de ce jaloux, à qui il s'étoit rendu invisible. Il entre, et les surprend d'abord par son air doux et affable; et bientôt après il les surprend davantage par ses empressements et par la rapidité de ses entreprises. Toutes

eurent leur part de l'étonnement; et elles l'au-
roient pris pour un songe s'il y eût eu moins de
réalité.

Pendant que ces nouvelles scènes se jouent dans
le sérail, Ibrahim heurte, se nomme, tempête et
crie. Après avoir essuyé bien des difficultés, il
entre, et jette les eunuques dans un désordre
extrême. Il marche à grands pas; mais il recule en
arrière, et tombe des nues quand il voit le faux
Ibrahim, sa véritable image, dans toutes les li-
bertés d'un maître. Il crie au secours; il veut que
les eunuques lui aident à tuer cet imposteur; mais
il n'est pas obéi. Il n'a plus qu'une bien foible
ressource, c'est de s'en rapporter au jugement de
ses femmes. Dans une heure, le faux Ibrahim
avoit séduit tous ses juges. L'autre est chassé et
traîné indignement hors du sérail; et il auroit
reçu la mort mille fois, si son rival n'avoit or-
donné qu'on lui sauvât la vie. Enfin le nouvel
Ibrahim, resté maître du champ de bataille, se
montra de plus en plus digne d'un tel choix, et se
signala par des miracles jusqu'alors inconnus. Vous
ne ressemblez pas à Ibrahim, disoient ces femmes.
Dites plutôt que cet imposteur ne me ressemble
pas, disoit le triomphant Ibrahim : comment faut-il
faire pour être votre époux, si ce que je fais ne
suffit pas?

Ah! nous n'avons garde de douter, dirent les

femmes : si vous n'êtes pas Ibrahim, il nous suffit que vous ayez si bien mérité de l'être : vous êtes plus Ibrahim en un jour qu'il ne l'a été dans le cours de dix années. Vous me promettez donc, reprit-il, que vous vous déclarerez en ma faveur contre cet imposteur? N'en doutez pas, dirent-elles d'une commune voix : nous vous jurons une fidélité éternelle : nous n'avons été que trop long-temps abusées : le traître ne soupçonnoit point notre vertu, il ne soupçonnoit que sa foiblesse : nous voyons bien que les hommes ne sont point faits comme lui ; c'est à vous sans doute qu'ils ressemblent : si vous saviez combien vous nous le faites haïr! Ah! je vous donnerai souvent de nouveaux sujets de haine, reprit le faux Ibrahim; vous ne connoissez point encore tout le tort qu'il vous a fait. Nous jugeons de son injustice par la grandeur de votre vengeance, reprirent-elles. Oui, vous avez raison, dit l'homme divin ; j'ai mesuré l'expiation au crime : je suis bien aise que vous soyez contentes de ma manière de punir. Mais, dirent ces femmes, si cet imposteur revient, que ferons-nous? Il lui seroit, je crois, difficile de vous tromper, répondit-il : dans la place que j'occupe auprès de vous, on ne se soutient guère par la ruse ; et d'ailleurs je l'enverrai si loin que vous n'entendrez plus parler de lui. Pour lors je prendrai sur moi le soin de votre bonheur. Je ne serai

point jaloux; je saurai m'assurer de vous sans vous gêner; j'ai assez bonne opinion de mon mérite pour croire que vous me serez fidèles: si vous n'étiez pas vertueuses avec moi, avec qui le seriez-vous? Cette conversation dura long-temps entre lui et ces femmes, qui, plus frappées de la différence des deux Ibrahims que de leur ressemblance, ne songeoient pas même à se faire éclaircir de tant de merveilles. Enfin le mari, désespéré, revint encore les troubler: il trouva toute sa maison dans la joie, et ses femmes plus incrédules que jamais. La place n'étoit pas tenable pour un jaloux; il sortit furieux; et un instant après le faux Ibrahim le suivit, le prit, le transporta dans les airs et le laissa à deux mille lieues de là.

O dieux! dans quelle désolation se trouvèrent ces femmes dans l'absence de leur cher Ibrahim! Déja leurs eunuques avoient repris leur sévérité naturelle; toute la maison étoit en larmes; elles s'imaginoient quelquefois que tout ce qui leur étoit arrivé n'étoit qu'un songe; elles se regardoient toutes les unes les autres, et se rappeloient les moindres circonstances de ces étranges aventures. Enfin le céleste Ibrahim revint, toujours plus aimable: il leur parut que son voyage n'avoit pas été pénible. Le nouveau maître prit une conduite si opposée à celle de l'autre, qu'elle surprit tous les voisins. Il congédia tous les eunuques,

rendit sa maison accessible à tout le monde : il ne voulut pas même souffrir que ses femmes se voilassent. C'étoit une chose singulière de les voir dans les festins parmi des hommes, aussi libres qu'eux. Ibrahim crut, avec raison, que les coutumes du pays n'étoient pas faites pour des citoyens comme lui. Cependant il ne se refusoit aucune dépense : il dissipa avec une immense profusion les biens du jaloux, qui, de retour trois ans après des pays lointains où il avoit été transporté, ne trouva plus que ses femmes et trente-six enfants.

De Paris, le 26 de la lune de Gemmadi, 1720.

LETTRE CXLII.

RICA A USBEK.

A ***.

Voici une lettre que je reçus hier d'un savant ; elle te paroîtra singulière.

« Monsieur,

« Il y a six mois que j'ai recueilli la succession
« d'un oncle très riche qui m'a laissé cinq ou
« six cent mille livres, et une maison superbe-
« ment meublée. Il y a plaisir d'avoir du bien
« lorsqu'on en sait faire un bon usage. Je n'ai

« point d'ambition, ni de goût pour les plaisirs : je
« suis presque toujours enfermé dans un cabinet,
« où je mène la vie d'un savant. C'est dans ce lieu
« que l'on trouve un curieux amateur de la véné-
« rable antiquité.

« Lorsque mon oncle eut fermé les yeux, j'au-
« rois fort souhaité de le faire enterrer avec les
« cérémonies observées par les anciens Grecs et
« Romains ; mais je n'avois pour lors ni lacryma-
« toires, ni urnes, ni lampes antiques.

« Mais depuis je me suis bien pourvu de ces pré-
« cieuses raretés. Il y a quelques jours que je
« vendis ma vaisselle d'argent pour acheter une
« lampe de terre qui avoit servi à un philosophe
« stoïcien. Je me suis défait de toutes les glaces
« dont mon oncle avoit couvert presque tous les
« murs de ses appartements, pour avoir un petit
« miroir un peu fêlé, qui fut autrefois à l'usage de
« Virgile : je suis charmé d'y voir ma figure repré-
« sentée au lieu de celle du cygne de Mantoue. Ce
« n'est pas tout : j'ai acheté cent louis d'or cinq
« ou six pièces d'une monnoie de cuivre qui avoit
« cours il y a deux mille ans. Je ne sache pas avoir
« à présent dans ma maison un seul meuble qui
« n'ait été fait avant la décadence de l'empire. J'ai
« un petit cabinet de manuscrits fort précieux et
« fort chers : quoique je me tue la vue à les lire,
« j'aime beaucoup mieux m'en servir que des

« exemplaires imprimés, qui ne sont pas si cor-
« rects, et que tout le monde a entre les mains.
« Quoique je ne sorte presque jamais, je ne laisse
« pas d'avoir une passion démesurée de connoître
« tous les anciens chemins qui étoient du temps
« des Romains. Il y en a un qui est près de chez
« moi, qu'un proconsul des Gaules fit faire il y a
« environ douze cents ans : lorsque je vais à ma
« maison de campagne, je ne manque jamais d'y
« passer, quoiqu'il soit très incommode et qu'il
« m'allonge de plus d'une lieue ; mais ce qui me
« fait enrager, c'est qu'on y a mis des poteaux de
« bois de distance en distance pour marquer l'éloi-
« gnement des villes voisines. Je suis désespéré de
« voir ces misérables indices au lieu des colonnes
« milliaires qui y étoient autrefois : je ne doute pas
« que je ne les fasse rétablir par mes héritiers, et
« que je ne les engage à cette dépense par mon
« testament. Si vous avez, monsieur, quelque ma-
« nuscrit persan, vous me ferez plaisir de m'en
« accommoder ; je vous le paierai tout ce que vous
« voudrez, et je vous donnerai par dessus le
« marché quelques ouvrages de ma façon par les-
« quels vous verrez que je ne suis point un membre
« inutile de la république des lettres. Vous y re-
« marquerez entre autres une dissertation où je
« fais voir que la couronne dont on se servoit au-
« trefois dans les triomphes étoit de chêne, et non

« pas de laurier : vous en admirerez une autre où
« je prouve, par de doctes conjectures tirées des
« plus graves auteurs grecs, que Cambyse fut blessé
« à la jambe gauche, et non pas à la droite ; une
« autre où je démontre qu'un petit front étoit une
« beauté très recherchée chez les Romains. Je vous
« enverrai encore un volume in-quarto en forme
« d'explication d'un vers du sixième livre de l'*Énéide*
« de Virgile. Vous ne recevrez tout ceci que dans
« quelques jours ; et quant à présent je me con-
« tente de vous envoyer ce fragment d'un ancien
« mythologiste grec, qui n'avoit point paru jus-
« ques ici, et que j'ai découvert dans la poussière
« d'une bibliothèque. Je vous quitte pour une
« affaire importante que j'ai sur les bras : il s'agit
« de restituer un beau passage de Pline le natura-
« liste, que les copistes du cinquième siècle ont
« étrangement défiguré.

« Je suis, etc. »

FRAGMENT D'UN ANCIEN MYTHOLOGISTE.

« Dans une île près des Orcades il naquit un
« enfant qui avoit pour père Éole, dieu des vents,
« et pour mère une nymphe de Calédonie. On dit
« de lui qu'il apprit tout seul à compter avec ses
« doigts, et que dès l'âge de quatre ans il distin-
« guoit si parfaitement les métaux, que sa mère
« ayant voulu lui donner une bague de laiton au

« lieu d'une d'or, il reconnut la tromperie et la
« jeta par terre.

« Dès qu'il fut grand, son père lui apprit le se-
« cret d'enfermer les vents dans des outres, qu'il
« vendoit ensuite à tous les voyageurs; mais comme
« la marchandise n'étoit pas fort prisée dans son
« pays, il le quitta, et se mit à courir le monde en
« compagnie de l'aveugle dieu du hasard.

« Il apprit dans ses voyages que dans la Bétique
« l'or reluisoit de toutes parts; cela fit qu'il y pré-
« cipita ses pas. Il y fut fort mal reçu de Saturne,
« qui régnoit pour lors; mais ce dieu ayant quitté
« la terre, il s'avisa d'aller dans tous les carrefours,
« où il crioit sans cesse d'une voix rauque: Peuples
« de Bétique, vous croyez être riches parce que
« vous avez de l'or et de l'argent! votre erreur me
« fait pitié; croyez-moi, quittez le pays des vils
« métaux; venez dans l'empire de l'imagination,
« et je vous promets des richesses qui vous éton-
« neront vous-mêmes. Aussitôt il ouvrit une grande
« partie des outres qu'il avoit apportées, et il dis-
« tribua de sa marchandise à qui en voulut.

« Le lendemain il revint dans les mêmes carre-
« fours, et il s'écria : Peuples de Bétique, voulez-
« vous être riches? Imaginez-vous que je le suis
« beaucoup, et que vous l'êtes beaucoup aussi:
« mettez-vous tous les matins dans l'esprit que
« votre fortune a doublé pendant la nuit; levez-

« vous ensuite ; et si vous avez des créanciers, allez
« les payer de ce que vous aurez imaginé, et dites-
« leur d'imaginer à leur tour.

« Il reparut quelques jours après, et il parla
« ainsi : Peuples de Bétique, je vois bien que votre
« imagination n'est pas si vive que les premiers
« jours, laissez-vous conduire à la mienne : je met-
« trai tous les matins devant vos yeux un écriteau
« qui sera pour vous la source des richesses : vous
« n'y verrez que quatre paroles; mais elles seront
« bien significatives, car elles régleront la dot de
« vos femmes, la légitime de vos enfants, le nombre
« de vos domestiques. Et quant à vous, dit-il à ceux
« de la troupe qui étoient le plus près de lui, quant
« à vous, mes chers enfants (je puis vous appeler
« de ce nom, car vous avez reçu de moi une seconde
« naissance), mon écriteau décidera de la magni-
« ficence de vos équipages, de la somptuosité de
« vos festins, du nombre et de la pension de vos
« maîtresses.

« A quelques jours de là, il arriva dans le carre-
« four, tout essoufflé ; et, tout transporté de co-
« lère, il s'écria : Peuples de Bétique, je vous avois
« conseillé d'imaginer, et je vois que vous ne le
« faites pas; hé bien, à présent je vous l'ordonne.
« Là dessus il les quitta brusquement : mais la ré-
« flexion le rappela sur ses pas. J'apprends que
« quelques uns de vous sont assez détestables pour

« conserver leur or et leur argent. Encore passe
« pour de l'argent; mais pour de l'or... pour de
« l'or... Ah! cela me met dans une indignation!...
« Je jure par mes outres sacrées que, s'ils ne
« viennent me l'apporter, je les punirai sévère-
« ment. Puis il ajouta d'un air tout-à-fait persuasif:
« Croyez-vous que ce soit pour garder ces misé-
« rables métaux que je vous les demande? Une
« marque de ma candeur, c'est que, lorsque vous
« me les apportâtes il y a quelques jours, je vous
« en rendis sur-le-champ la moitié.

« Le lendemain on l'aperçut de loin, et on le
« vit s'insinuer avec une voix douce et flatteuse :
« Peuples de Bétique, j'apprends que vous avez
« une partie de vos trésors dans les pays étrangers;
« je vous prie, faites-les-moi venir, vous me ferez
« plaisir, et je vous en aurai une reconnoissance
« éternelle.

« Le fils d'Éole parloit à des gens qui n'avoient
« pas grande envie de rire ; ils ne purent pourtant
« s'en empêcher; ce qui fit qu'il s'en retourna bien
« confus. Mais, reprenant courage, il hasarda en-
« core une petite prière : Je sais que vous avez des
« pierres précieuses; au nom de Jupiter, défaites-
« vous-en ; rien ne vous appauvrit comme ces
« sortes de choses ; défaites-vous-en, vous dis-je.
« Si vous ne le pouvez pas par vous-même, je vous
« donnerai des hommes d'affaires excellents. Que

« de richesses vont couler chez vous si vous faites
« ce que je vous conseille! Oui, je vous promets
« tout ce qu'il y a de plus pur dans mes outres.

« Enfin il monta sur un tréteau, et, prenant une
« voix plus assurée, il dit : Peuples de Bétique, j'ai
« comparé l'heureux état dans lequel vous êtes
« avec celui où je vous trouvai lorsque j'arrivai
« ici; je vous vois le plus riche peuple de la terre :
« mais, pour achever votre fortune, souffrez que
« je vous ôte la moitié de vos biens. A ces mots,
« d'une aile légère, le fils d'Éole disparut, et laissa
« ses auditeurs dans une consternation inexpri-
« mable; ce qui fit qu'il revint le lendemain, et
« parla ainsi : Je m'aperçus hier que mon discours
« vous déplut extrêmement; eh bien! prenez que
« je ne vous aie rien dit. Il est vrai, la moitié c'est
« trop. Il n'y a qu'à prendre d'autres expédients
« pour arriver au but que je me suis proposé.
« Assemblons nos richesses dans un même endroit;
« nous le pouvons facilement, car elles ne tiennent
« pas un gros volume. Aussitôt il en disparut les
« trois quarts. »

De Paris, le 9 de la lune de Chahban, 1720.

LETTRE CXLIII.

RICA A NATHANAEL LÉVI, MÉDECIN JUIF.

A Livourne.

Tu me demandes ce que je pense de la vertu des amulettes et de la puissance des talismans. Pourquoi t'adresses-tu à moi? Tu es juif, et je suis mahométan; c'est-à-dire que nous sommes tous deux bien crédules.

Je porte toujours sur moi plus de deux mille passages du saint Alcoran; j'attache à mes bras un petit paquet où sont écrits les noms de plus de deux cents dervis : ceux d'Hali, de Fatmé et de tous les purs, sont cachés en plus de vingt endroits de mes habits.

Cependant je ne désapprouve point ceux qui rejettent cette vertu que l'on attribue à de certaines paroles. Il nous est bien plus difficile de répondre à leurs raisonnements, qu'à eux de répondre à nos expériences.

Je porte tous ces chiffons sacrés par une longue habitude pour me conformer à une pratique universelle : je crois que s'ils n'ont pas plus de vertu que les bagues et les autres ornements dont on se pare, ils n'en ont pas moins. Mais toi, tu mets

toute ta confiance sur quelques lettres mystérieuses, et sans cette sauve-garde tu serois dans un effroi continuel.

Les hommes sont bien malheureux! ils flottent sans cesse entre de fausses espérances et des craintes ridicules; et, au lieu de s'appuyer sur la raison, ils se font des monstres qui les intimident, ou des fantômes qui les séduisent.

Quel effet veux-tu que produise l'arrangement de certaines lettres? quel effet veux-tu que leur dérangement puisse troubler? quelle relation ont-elles avec les vents pour apaiser les tempêtes, avec la poudre à canon pour en vaincre l'effort, avec ce que les médecins appellent l'humeur peccante et la cause morbifique des maladies, pour les guérir?

Ce qu'il y a d'extraordinaire, c'est que ceux qui fatiguent leur raison pour lui faire rapporter de certains événements à des vertus occultes, n'ont pas un moindre effort à faire pour s'empêcher d'en voir la véritable cause.

Tu me diras que de certains prestiges ont fait gagner une bataille; et moi je te dirai qu'il faut que tu t'aveugles pour ne pas trouver dans la situation du terrain, dans le nombre ou dans le courage des soldats, dans l'expérience des capitaines, des causes suffisantes pour produire cet effet dont tu veux ignorer la cause.

Je te passe pour un moment qu'il y ait des prestiges ; passe-moi à mon tour pour un moment qu'il n'y en ait point ; car cela n'est pas impossible. Ce que tu m'accordes n'empêche pas que deux armées ne puissent se battre : veux-tu que dans ce cas-là aucune des deux ne puisse remporter la victoire ?

Crois-tu que leur sort restera incertain jusqu'à ce qu'une puissance invisible vienne le déterminer, que tous les coups seront perdus, toute la prudence vaine, et tout le courage inutile ?

Penses-tu que la mort, dans ces occasions, rendue présente de mille manières, ne puisse pas produire dans les esprits ces terreurs paniques que tu as tant de peine à expliquer ? Veux-tu que dans une armée de cent mille hommes il ne puisse pas y avoir un seul homme timide ? Crois-tu que le découragement de celui-ci ne puisse pas produire le découragement d'un autre ; que le second, qui quitte un troisième, ne lui fasse pas bientôt abandonner un quatrième ? Il n'en faut pas davantage pour que le désespoir de vaincre saisisse soudain toute une armée, et la saisisse d'autant plus facilement qu'elle se trouve plus nombreuse.

Tout le monde sait et tout le monde sent que les hommes, comme toutes les créatures qui tendent à conserver leur être, aiment passionné-

ment la vie : on sait cela en général ; et on cherche pourquoi dans une certaine occasion particulière ils ont craint de la perdre.

Quoique les livres sacrés de toutes les nations soient remplis de ces terreurs paniques ou surnaturelles, je n'imagine rien de si frivole ; parce que, pour s'assurer qu'un effet qui peut être produit par cent mille causes naturelles est surnaturel, il faut avoir auparavant examiné si aucune de ces causes n'a agi : ce qui est impossible.

Je ne t'en dirai pas davantage, Nathanael : il me semble que la matière ne mérite pas d'être si sérieusement traitée.

De Paris, le 20 de la lune de Chahban, 1720.

P. S. Comme je finissois, j'ai entendu crier dans la rue une lettre d'un médecin de province à un médecin de Paris (car ici toutes les bagatelles s'impriment, se publient, et s'achètent). J'ai cru que je ferois bien de te l'envoyer, parce qu'elle a du rapport à notre sujet [1].

[1] L'auteur, dans le manuscrit qu'il avoit confié de son vivant aux libraires, a jugé à propos de faire des retranchements. On n'a pas cru devoir en priver le lecteur, qui les trouvera ici en notes.

« Il y a bien des choses que je n'entends pas ; mais toi, qui es médecin, tu dois entendre le langage de tes confrères. »

LETTRE D'UN MÉDECIN DE PROVINCE
A UN MÉDECIN DE PARIS.

Il y avoit dans notre ville un malade qui ne dormoit pas depuis trente-cinq jours. Son médecin lui ordonna l'opium : mais il ne pouvoit se résoudre à le prendre ; et il avoit la coupe à la main, qu'il étoit plus indéterminé que jamais. Enfin il dit à son médecin : Monsieur, je vous demande quartier seulement jusqu'à demain : je connois un homme qui n'exerce pas la médecine, mais qui a chez lui un nombre innombrable de remèdes contre l'insomnie ; souffrez que je l'envoie quérir ; et, si je ne dors pas cette nuit, je vous promets que je reviendrai à vous. Le médecin congédié, le malade fit fermer les rideaux, et dit à un petit laquais : Tiens, va-t'en chez M. Anis, et dis-lui qu'il vienne me parler. M. Anis arrive. Mon cher monsieur Anis, je me meurs ; je ne puis dormir : n'auriez-vous point dans votre boutique la C. du G., ou bien quelque livre de dévotion composé par un révérend père jésuite, que vous n'ayez pas pu vendre, car souvent les remèdes les plus gardés sont les meilleurs? Monsieur, dit le libraire, j'ai chez moi la Cour sainte du père Caussin, en six volumes, à votre service ; je vais vous l'envoyer : je souhaite que vous vous en trouviez bien. Si vous voulez les œuvres du révérend père Rodriguez, jésuite espagnol, ne vous en faites point faute.

Mais, croyez-moi, tenons-nous-en au père Caussin : j'espère, avec l'aide de Dieu, qu'une période du père Caussin vous fera autant d'effet qu'un feuillet tout entier de la C. du G. Là dessus M. Anis sortit, et courut chercher le remède à sa boutique. La Cour sainte arrive, on en secoue la poudre : le fils du malade, jeune écolier, commence à la lire. Il en sentit le premier l'effet; à la seconde page il ne prononçoit plus que d'une voix mal articulée, et déja toute la compagnie se sentoit affoiblie : un instant après, tout ronfla, excepté le malade, qui, après avoir été long-temps éprouvé, s'assoupit à la fin.

Le médecin arrive de grand matin. Eh bien! a-t-on pris mon opium? On ne lui répond rien : la femme, la fille, le petit garçon, tous transportés de joie, lui montrent le père Caussin. Il demande ce que c'est; on lui dit : Vive le père Caussin! il faut l'envoyer relier. Qui l'eût dit? qui l'eût cru? c'est un miracle! Tenez, monsieur, voyez donc le père Caussin; c'est ce volume-là qui a fait dormir mon père. Et là dessus on lui expliqua la chose comme elle s'étoit passée[1].

[1] *Voyez* la note précédente, page 373.
Le médecin étoit un homme subtil, rempli des mystères de la cabale, et de la puissance des paroles et des esprits : cela le frappa; et, après plusieurs réflexions, il résolut de changer absolument sa pratique. Voilà un fait bien singulier! disoit-il. Je tiens une expérience, il faut la pousser plus loin. Eh! pourquoi un esprit ne pour-

roit-il pas transmettre à son ouvrage les mêmes qualités qu'il a lui-même? Ne le voyons-nous pas tous les jours? Au moins cela vaut-il bien la peine de l'essayer. Je suis las des apothicaires; leurs sirops, leurs juleps, et toutes les drogues galéniques, ruinent les malades et leur santé. Changeons de méthode; éprouvons la vertu des esprits. Sur cette idée, il dressa une nouvelle pharmacie, comme vous allez voir par la description que je vous vais faire des principaux remèdes qu'il mit en pratique.

Tisane purgative.

Prenez trois feuilles de la logique d'Aristote en grec; deux feuilles d'un traité de théologie scolastique le plus aigu, comme par exemple, du subtil Scot; quatre de Paracelse; une d'Avicenne; six d'Averroès; trois de Porphyre; autant de Plotin; autant de Jamblique. Faites infuser le tout pendant vingt-quatre heures, et prenez-en quatre prises par jour.

Purgatif plus violent.

Prenez dix A. du C. concernant la B. et la C. des J.[1]; faites-les distiller au bain-marie; mortifiez une goutte de l'humeur âcre et piquante qui en viendra, dans un verre d'eau commune; avalez le tout avec confiance.

Vomitif.

Prenez six harangues; une douzaine d'oraisons funèbres indifféremment, prenant garde pourtant de ne point se servir de celles de M. de N.; un recueil de nouveaux opéras; cinquante romans; trente mémoires nouveaux: mettez le tout dans un matras; laissez-le en digestion pendant deux jours; puis faites-le distiller au feu de sable. Et si tout cela ne suffit pas,

Autre plus puissant.

Prenez une feuille de papier marbré qui ait servi à couvrir un recueil des pièces des J. F.; faites-la infuser l'espace de trois minutes, faites chauffer une cuillerée de cette infusion, et avalez.

Remède très simple pour guérir de l'asthme.

Lisez tous les ouvrages du révérend père Maimbourg, ci-devant jésuite, prenant garde de ne vous arrêter qu'à la fin de chaque période; et vous sentirez la faculté de respirer vous revenir peu à peu, sans qu'il soit besoin de réitérer le remède.

[1] Il est probable que l'auteur a voulu indiquer par ces lettres initiales dix arrêts du conseil concernant la bulle et la constitution des jésuites; par les lettres M. de N., M. Fléchier, évêque de Nîmes, et par celles de J. F. les jésuites françois.

Pour préserver de la gale, gratelle, teigne, farcin des chevaux.

Prenez trois catégories d'Aristote, deux degrés métaphysiques, une distinction, six vers de Chapelain, une phrase tirée des lettres de M. l'abbé de Saint-Cyran : écrivez le tout sur un morceau de papier que vous plierez, attacherez à un ruban, et porterez au cou.

Miraculum chimicum, de violenta fermentatione, cum fumo, igne, et flamma.

Misce Quesnellianam infusionem cum infusione Lallemaniana; fiat fermentatio cum magna vi, impetu et tonitru, acidis pugnantibus, et invicem penetrantibus alcalinos sales : fiet evaporatio ardentium spirituum. Pone liquorem fermentatum in alambico : nihil inde extrahes, et nihil invenies, nisi caput mortuum.

Lenitivum.

Recipe Molinæ anodini chartas duas; Escobaris relaxativi paginas sex; Vasquii emollientis folium unum : infunde in aquæ communis libras iv : ad consumptionem dimidiæ partis colentur et exprimantur; et, in expressione, dissolve Bauni detersivi et Tamburini abluentis folia iij.

Fiat clyster.

In chlorosim, quam vulgus pallidos colores, aut febrim amatoriam, apellat.

Recipe Aretini figuras iv : R. Thomæ Sanchii de matrimonio fol. ij. Infundantur in aquæ communis libras quinque.

Fiat ptisana aperiens.

Voilà les drogues que notre médecin mit en pratique avec un succès imaginable. Il ne vouloit pas, disoit-il, pour ne pas ruiner ses malades, employer des remèdes rares et qui ne se trouvent presque point; comme, par exemple, une épître dédicatoire qui n'ait fait bâiller personne; une préface trop courte; un mandement fait par un évêque; et l'ouvrage d'un janséniste méprisé par un janséniste, ou bien admiré par un jésuite. Il disoit que ces sortes de remèdes ne sont propres qu'à entretenir la charlatanerie, contre laquelle il avoit une antipathie insurmontable.

LETTRE CXLIV.

RICA A USBEK.

Je trouvai il y a quelques jours dans une maison de campagne où j'étois allé deux savants qui ont ici une grande célébrité. Leur caractère me parut admirable. La conversation du premier, bien appréciée, se réduisoit à ceci : Ce que j'ai dit est vrai, parce que je l'ai dit. La conversation du second portoit sur autre chose : Ce que je n'ai pas dit n'est pas vrai, parce que je ne l'ai pas dit.

J'aimois assez le premier : car qu'un homme soit opiniâtre, cela ne me fait absolument rien ; mais qu'il soit impertinent, cela me fait beaucoup. Le premier défend ses opinions ; c'est son bien : le second attaque les opinions des autres ; et c'est le bien de tout le monde.

O mon cher Usbek! que la vanité sert mal ceux qui en ont une dose plus forte que celle qui est nécessaire pour la conservation de la nature! Ces gens là veulent être admirés à force de déplaire. Ils cherchent à être supérieurs, et ils ne sont pas seulement égaux.

Hommes modestes, venez, que je vous embrasse! vous faites la douceur et le charme de la vie. Vous croyez que vous n'avez rien ; et moi je vous dis

que vous avez tout. Vous pensez que vous n'humiliez personne et vous humiliez tout le monde. Et quand je vous compare dans mon idée avec ces hommes absolus que je vois partout, je les précipite de leur tribunal et je les mets à vos pieds.

<p style="text-align:center">De Paris, le 22 de la lune de Chahban, 1720.</p>

LETTRE CXLV.

USBEK A ***.

Un homme d'esprit est ordinairement difficile dans les sociétés. Il choisit peu de personnes : il s'ennuie avec tout ce grand nombre de gens qu'il lui plaît appeler mauvaise compagnie : il est impossible qu'il ne fasse un peu sentir son dégoût : autant d'ennemis.

Sûr de plaire quand il voudra, il néglige très souvent de le faire.

Il est porté à la critique parce qu'il voit plus de choses qu'un autre, et les sent mieux.

Il ruine presque toujours sa fortune, parce que son esprit lui fournit pour cela un plus grand nombre de moyens.

Il échoue dans ses entreprises, parce qu'il hasarde beaucoup. Sa vue, qui se porte toujours loin, lui fait voir des objets qui sont à de trop

grandes distances; sans compter que dans la naissance d'un projet il est moins frappé des difficultés qui viennent de la chose que des remèdes qui sont de lui, et qu'il tire de son propre fonds.

Il néglige les menus détails, dont dépend cependant la réussite de presque toutes les grandes affaires.

L'homme médiocre au contraire cherche à tirer parti de tout : il sent bien qu'il n'a rien à perdre en négligences.

L'approbation universelle est plus ordinairement pour l'homme médiocre. On est charmé de donner à celui-ci; on est enchanté d'ôter à celui-là. Pendant que l'envie fond sur l'un, et qu'on ne lui pardonne rien, on supplée tout en faveur de l'autre; la vanité se déclare pour lui.

Mais si un homme d'esprit a tant de désavantages, que dirons-nous de la dure condition des savants?

Je n'y pense jamais que je ne me rappelle une lettre d'un d'eux à un de ses amis. La voici :

« Monsieur,

« Je suis un homme qui m'occupe toutes les
« nuits à regarder avec des lunettes de trente pieds
« ces grands corps qui roulent sur nos têtes; et,
« quand je veux me délasser, je prends mes petits
« microscopes, et j'observe un ciron ou une mite.

« Je ne suis point riche, et je n'ai qu'une seule
« chambre; je n'ose même y faire du feu parce que
« j'y tiens mon thermomètre, et que la chaleur
« étrangère le feroit hausser. L'hiver dernier je
« pensai mourir de froid; et quoique mon ther-
« momètre, qui étoit au plus bas degré, m'avertît
« que mes mains alloient se geler, je ne me déran-
« geai point. Et j'ai la consolation d'être instruit
« exactement des changements de temps les plus
« insensibles de toute l'année passée.

« Je me communique fort peu; et de tous les
« gens que je vois je n'en connois aucun. Mais il y
« a un homme à Stockholm, un autre à Leipsick,
« un autre à Londres, que je n'ai jamais vus, et
« que je ne verrai sans doute jamais, avec lesquels
« j'entretiens une correspondance si exacte que je
« ne laisse pas passer un courrier sans leur écrire.

« Mais quoique je ne connoisse personne dans
« mon quartier, j'y suis dans une si mauvaise ré-
« putation, que je serai à la fin obligé de le quitter.
« Il y a cinq ans que je fus rudement insulté par
« une de mes voisines pour avoir fait la dissection
« d'un chien qu'elle prétendoit lui appartenir. La
« femme d'un boucher, qui se trouva là, se mit
« de la partie; et, pendant que celle-là m'accabloit
« d'injures, celle-ci m'assommoit à coups de pierres,
« conjointement avec le docteur*** qui étoit avec
« moi, et qui reçut un coup terrible sur l'os frontal

« et occipital, dont le siége de sa raison fut très
« ébranlé.

« Depuis ce temps-là, dès qu'il s'écarte quelque
« chien au bout de la rue, il est aussitôt décidé
« qu'il a passé par mes mains. Une bonne bour-
« geoise qui en avoit perdu un petit, qu'elle aimoit,
« disoit-elle, plus que ses enfants, vint l'autre
« jour s'évanouir dans ma chambre; et, ne le trou-
« vant pas, elle me cita devant le magistrat. Je crois
« que je ne serai jamais délivré de la malice im-
« portune de ces femmes, qui, avec leurs voix
« glapissantes, m'étourdissent sans cesse de l'o-
« raison funèbre de tous les automates qui sont
« morts depuis dix ans.

« Je suis, etc. »

Tous les savants étoient autrefois accusés de magie. Je n'en suis point étonné. Chacun disoit en lui-même : J'ai porté les talents naturels aussi loin qu'ils peuvent aller; cependant un certain savant a des avantages sur moi : il faut bien qu'il y ait là quelque diablerie.

A présent que ces sortes d'accusations sont tombées dans le décri, on a pris un autre tour ; et un savant ne sauroit guère éviter le reproche d'irréligion ou d'hérésie. Il a beau être absous par le peuple : la plaie est faite ; elle ne se fermera jamais bien; c'est toujours pour lui un endroit malade.

Un adversaire viendra, trente ans après, lui dire modestement : A Dieu ne plaise que je dise que ce dont on vous accuse soit vrai! mais vous avez été obligé de vous défendre. C'est ainsi qu'on tourne contre lui sa justification même.

S'il écrit quelque histoire, et qu'il ait de la noblesse dans l'esprit et quelque droiture dans le cœur, on lui suscite mille persécutions. On ira contre lui soulever le magistrat sur un fait qui s'est passé il y a mille ans; et on voudra que sa plume soit captive si elle n'est pas vénale.

Plus heureux cependant que ces hommes lâches qui abandonnent leur foi pour une médiocre pension; qui, à prendre toutes leurs impostures en détail, ne les vendent pas seulement une obole; qui renversent la constitution de l'empire, diminuent les droits d'une puissance, augmentent ceux d'une autre, donnent aux princes, ôtent aux peuples, font revivre des droits surannés, flattent les passions qui sont en crédit de leur temps, et les vices qui sont sur le trône, imposant à la postérité d'autant plus indignement, qu'elle a moins de moyens de détruire leur témoignage.

Mais ce n'est point assez pour un auteur d'avoir essuyé toutes ces insultes; ce n'est point assez pour lui d'avoir été dans une inquiétude continuelle sur le succès de son ouvrage : il voit le jour enfin cet ouvrage qui lui a tant coûté; il

lui attire des querelles de toutes parts. Et comment les éviter ? Il avoit un sentiment; il l'a soutenu par ses écrits : il ne savoit pas qu'un homme à deux cents lieues de lui avoit dit tout le contraire. Voilà cependant la guerre qui se déclare.

Encore s'il pouvoit espérer d'obtenir quelque considération ! Non; il n'est tout au plus estimé que de ceux qui se sont appliqués au même genre de science que lui. Un philosophe a un mépris souverain pour un homme qui a la tête chargée de faits, et il est à son tour regardé comme un visionnaire par celui qui a une bonne mémoire.

Quant à ceux qui font profession d'une orgueilleuse ignorance, ils voudroient que tout le genre humain fût enseveli dans l'oubli où ils seront eux-mêmes.

Un homme à qui il manque un talent se dédommage en le méprisant : il ôte cet obstacle qu'il rencontroit entre le mérite et lui, et par là se trouve au niveau de celui dont il redoute les travaux.

Enfin, il faut joindre à une réputation équivoque la privation des plaisirs et la perte de la santé.

De Paris, le 26 de la lune de Chahban, 1720.

LETTRE CXLVI.

USBEK A RHÉDI.

A Venise.

Il y a long-temps que l'on a dit que la bonne foi étoit l'ame d'un grand ministre.

Un particulier peut jouir de l'obscurité où il se trouve; il ne se décrédite que devant quelques gens, il se tient couvert devant les autres : mais un ministre qui manque à la probité a autant de témoins, autant de juges qu'il y a de gens qu'il gouverne.

Oserai-je le dire? le plus grand mal que fait un ministre sans probité n'est pas de desservir son prince et de ruiner son peuple : il y en a un autre, à mon avis, mille fois plus dangereux; c'est le mauvais exemple qu'il donne.

Tu sais que j'ai long-temps voyagé dans les Indes. J'y ai vu une nation, naturellement généreuse, pervertie en un instant, depuis le dernier des sujets jusqu'aux plus grands, par le mauvais exemple d'un ministre : j'y ai vu tout un peuple, chez qui la générosité, la probité, la candeur et la bonne foi, ont passé de tout temps pour les qualités naturelles, devenir tout à coup le dernier des peuples; le mal se communiquer, et n'épar-

gner pas même les membres les plus sains; les hommes les plus vertueux faire des choses indignes, et violer les principes de la justice, sur ce vain prétexte qu'on la leur avoit violée.

Ils appeloient des lois odieuses en garantie des actions les plus lâches, et nommoient nécessité l'injustice et la perfidie.

J'ai vu la foi des contrats bannie, les plus saintes conventions anéanties, toutes les lois des familles renversées. J'ai vu des débiteurs avares, fiers d'une insolente pauvreté, instruments indignes de la fureur des lois et de la rigueur des temps, feindre un paiement au lieu de le faire, et porter le couteau dans le sein de leurs bienfaiteurs.

J'en ai vu d'autres, plus indignes encore, acheter presque pour rien, ou plutôt ramasser de terre des feuilles de chêne pour les mettre à la place de la substance des veuves et des orphelins.

J'ai vu naître soudain dans tous les cœurs une soif insatiable des richesses. J'ai vu se former en un moment une détestable conjuration de s'enrichir, non par un honnête travail et une généreuse industrie, mais par la ruine du prince, de l'état et des concitoyens.

J'ai vu un honnête citoyen, dans ces temps malheureux, ne se coucher qu'en disant : J'ai ruiné une famille aujourd'hui; j'en ruinerai une autre demain.

Je vais, disoit un autre, avec un homme noir qui porte une écritoire à la main et un fer pointu à l'oreille, assassiner tous ceux à qui j'ai de l'obligation.

Un autre disoit : Je vois que j'accommode mes affaires : il est vrai que, lorsque j'allai il y a trois jours faire un certain paiement, je laissai toute une famille en larmes, que je dissipai la dot de deux honnêtes filles, que j'ôtai l'éducation à un petit garçon : le père en mourra de douleur, la mère périt de tristesse ; mais je n'ai fait que ce qui est permis par la loi.

Quel plus grand crime que celui que commet un ministre lorsqu'il corrompt les mœurs de toute une nation, dégrade les ames les plus généreuses, ternit l'éclat des dignités, obscurcit la vertu même, et confond la plus haute naissance dans le mépris universel ?

Que dira la postérité lorsqu'il lui faudra rougir de la honte de ses pères ? Que dira le peuple naissant lorsqu'il comparera le fer de ses aïeux avec l'or de ceux à qui il doit immédiatement le jour ? Je ne doute pas que les nobles ne retranchent de leurs quartiers un indigne degré de noblesse qui les déshonore, et ne laissent la génération présente dans l'affreux néant où elle s'est mise.

De Paris, le 11 de la lune de Rahmazan, 1720.

LETTRE CXLVII.

LE GRAND EUNUQUE A USBEK.

A Paris.

Les choses sont venues à un état qui ne se peut plus soutenir : tes femmes se sont imaginé que ton départ leur laissoit une impunité entière : il se passe ici des choses horribles : je tremble moi-même au cruel récit que je vais te faire.

Zélis, allant il y a quelques jours à la mosquée, laissa tomber son voile, et parut presque à visage découvert devant tout le peuple.

J'ai trouvé Zachi couchée avec une de ses esclaves, chose si défendue par les lois du sérail.

J'ai surpris, par le plus grand hasard du monde, une lettre que je t'envoie : je n'ai jamais pu découvrir à qui elle étoit adressée.

Hier au soir un jeune garçon fut trouvé dans le jardin du sérail, et il se sauva par dessus les murailles.

Ajoute à cela ce qui n'est pas parvenu à ma connoissance ; car sûrement tu es trahi. J'attends tes ordres ; et, jusqu'à l'heureux moment que je les recevrai, je vais être dans une situation mortelle. Mais si tu ne mets toutes ces femmes à ma dis-

crétion, je ne te réponds d'aucune d'elles, et j'aurai tous les jours des nouvelles aussi tristes à te mander.

<small>Du sérail d'Ispahan, le premier de la lune de Rhégeb, 1717.</small>

LETTRE CXLVIII.

USBEK AU PREMIER EUNUQUE.

Au sérail d'Ispahan.

Recevez par cette lettre un pouvoir sans bornes sur tout le sérail : commandez avec autant d'autorité que moi-même ; que la crainte et la terreur marchent avec vous : courez d'appartements en appartements porter les punitions et les châtiments ; que tout vive dans la consternation ; que tout fonde en larmes devant vous : interrogez tout le sérail ; commencez par les esclaves ; n'épargnez pas mon amour ; que tout subisse votre tribunal redoutable : mettez au jour les secrets les plus cachés ; purifiez ce lieu infame, et faites-y rentrer la vertu bannie. Car dès ce moment je mets sur votre tête les moindres fautes qui se commettront. Je soupçonne Zélis d'être celle à qui la lettre que vous avez surprise s'adressoit : examinez cela avec des yeux de lynx.

<small>De ***, le 11 de la lune de Zilhagé, 1718.</small>

LETTRE CXLIX.

NARSIT A USBEK.

A Paris.

Le grand eunuque vient de mourir, magnifique seigneur : comme je suis le plus vieux de tes esclaves, j'ai pris sa place jusqu'à ce que tu aies fait connoître sur qui tu veux jeter les yeux.

Deux jours après sa mort on m'apporta une de tes lettres qui lui étoit adressée : je me suis bien gardé de l'ouvrir ; je l'ai enveloppée avec respect, et je l'ai serrée jusqu'à ce que tu m'aies fait connoître tes sacrées volontés.

Hier un esclave vint au milieu de la nuit me dire qu'il avoit trouvé un jeune homme dans le sérail : je me levai, j'examinai la chose, et je trouvai que c'étoit une vision.

Je te baise les pieds, sublime seigneur ; et je te prie de compter sur mon zèle, mon expérience et ma vieillesse.

Du sérail d'Ispahan, le 5 de la lune de Gemmadi, 1, 1718.

LETTRE CL.

USBEK A NARSIT.

Au sérail d'Ispahan.

Malheureux que vous êtes! vous avez dans vos mains des lettres qui contiennent des ordres prompts et violents ; le moindre retardement peut me désespérer : et vous demeurez tranquille sous un vain prétexte!

Il se passe des choses horribles : j'ai peut-être la moitié de mes esclaves qui méritent la mort. Je vous envoie la lettre que le premier eunuque m'écrivit là dessus avant de mourir. Si vous aviez ouvert le paquet qui lui est adressé, vous y auriez trouvé des ordres sanglants. Lisez-les donc, ces ordres ; et vous périrez si vous ne les exécutez pas.

De ***, le 25 de la lune de Chalval, 1718.

LETTRE CLI.

SOLIM A USBEK.

A Paris.

Si je gardois plus long-temps le silence, je serois aussi coupable que tous ces criminels que tu as dans le sérail.

J'étois le confident du grand eunuque, le plus fidèle de tes esclaves. Lorsqu'il se vit près de sa fin, il me fit appeler, et me dit ces paroles : Je me meurs ; mais le seul chagrin que j'aie en quittant la vie, c'est que mes derniers regards ont trouvé les femmes de mon maître criminelles. Le ciel puisse le garantir de tous les malheurs que je prévois ! Puisse, après ma mort, mon ombre menaçante venir avertir ces perfides de leur devoir, et les intimider encore ! Voilà les clefs de ces redoutables lieux ; va les porter au plus vieux des noirs. Mais, si après ma mort, il manque de vigilance, songe à en avertir ton maître. En achevant ces mots, il expira dans mes bras.

Je sais ce qu'il t'écrivit quelque temps avant sa mort sur la conduite de tes femmes. Il y a dans le sérail une lettre qui auroit porté la terreur avec elle, si elle avoit été ouverte. Celle que tu as écrite

depuis a été surprise à trois lieues d'ici. Je ne sais ce que c'est; tout se tourne malheureusement.

Cependant tes femmes ne gardent plus aucune retenue : depuis la mort du grand eunuque, il semble que tout leur soit permis : la seule Roxane est restée dans le devoir, et conserve de la modestie. On voit les mœurs se corrompre tous les jours. On ne trouve plus sur le visage de tes femmes cette vertu mâle et sévère qui y régnoit autrefois : une joie nouvelle répandue dans ces lieux est un témoignage infaillible, selon moi, de quelque satisfaction nouvelle. Dans les plus petites choses, je remarque des libertés jusqu'alors inconnues. Il règne, même parmi tes esclaves, une certaine indolence pour leur devoir et pour l'observation des règles, qui me surprend; ils n'ont plus ce zèle ardent pour ton service qui sembloit animer tout le sérail.

Tes femmes ont été huit jours à la campagne, à une de tes maisons les plus abandonnées. On dit que l'esclave qui en a eu soin a été gagné, et qu'un jour avant qu'elles arrivassent il avoit fait cacher deux hommes dans un réduit de pierre qui est dans la muraille de la principale chambre, d'où ils sortoient le soir lorsque nous étions retirés. Le vieux eunuque qui est à présent à notre tête est un imbécille à qui l'on fait croire tout ce qu'on veut.

Je suis agité d'une colère vengeresse contre tant de perfidies : et si le ciel vouloit pour le bien de ton service que tu me jugeasses capable de gouverner, je te promets que si tes femmes n'étoient pas vertueuses, au moins elles seroient fidèles.

<div style="text-align:right">Du sérail d'Ispahan, le 6 de la lune de Rebiab, 1, 1719.</div>

LETTRE CLII.

NARSIT A USBEK.

A Paris.

Roxane et Zélis ont souhaité d'aller à la campagne : je n'ai pas cru devoir le leur refuser. Heureux Usbek, tu as des femmes fidèles et des esclaves vigilants : je commande en des lieux où la vertu semble s'être choisi un asile. Compte qu'il ne s'y passera rien que tes yeux ne puissent soutenir.

Il est arrivé un malheur qui me met en grande peine. Quelques marchands arméniens, nouvellement arrivés à Ispahan, avoient apporté une de tes lettres pour moi; j'ai envoyé un esclave pour la chercher; il a été volé à son retour, et la lettre est perdue. Écris-moi donc promptement; car je m'imagine que dans ce changement tu dois avoir des choses de conséquence à me mander.

<div style="text-align:right">Du sérail de Fatmé, le 6 de la lune de Rebiab, 1, 1719.</div>

LETTRE CLIII.

USBEK A SOLIM.

Au sérail d'Ispahan.

Je te mets le fer à la main. Je te confie ce que j'ai à présent dans le monde de plus cher, qui est ma vengeance. Entre dans ce nouvel emploi; mais n'y porte ni cœur ni pitié. J'écris à mes femmes de t'obéir aveuglément : dans la confusion de tant de crimes, elles tomberont devant tes regards. Il faut que je te doive mon bonheur et mon repos. Rends-moi mon sérail comme je l'ai laissé. Mais commence par l'expier; extermine les coupables, et fais trembler ceux qui se proposoient de le devenir. Que ne peux-tu pas espérer de ton maître pour des services si signalés! Il ne tiendra qu'à toi de te mettre au dessus de ta condition même, et de toutes les récompenses que tu as jamais désirées.

De Paris, le 4 de la lune de Chahban, 1719.

LETTRE CLIV.

USBEK A SES FEMMES.

Au sérail d'Ispahan.

Puisse cette lettre être comme la foudre qui tombe au milieu des éclairs et des tempêtes! Solim est votre premier eunuque, non pas pour vous garder, mais pour vous punir. Que tout le sérail s'abaisse devant lui. Il doit juger vos actions passées; et, pour l'avenir, il vous fera vivre sous un joug si rigoureux, que vous regretterez votre liberté, si vous ne regrettez pas votre vertu.

De Paris, le 4 de la lune de Chahban, 1719.

LETTRE CLV.

USBEK A NESSIR.

A Ispahan.

Heureux celui qui, connoissant tout le prix d'une vie douce et tranquille, repose son cœur au milieu de sa famille, et ne connoît d'autre terre que celle qui lui a donné le jour!

Je vis dans un climat barbare, présent à tout ce

qui m'importune, absent de tout ce qui m'intéresse. Une tristesse sombre me saisit; je tombe dans un accablement affreux : il me semble que je m'anéantis; et je ne me retrouve moi-même que lorsqu'une sombre jalousie vient s'allumer, et enfanter dans mon ame la crainte, les soupçons, la haine et les regrets.

Tu me connois, Nessir, tu as toujours vu dans mon cœur comme dans le tien. Je te ferois pitié si tu savois mon état déplorable. J'attends quelquefois six mois entiers des nouvelles du sérail; je compte tous les instants qui s'écoulent; mon impatience me les allonge toujours; et, lorsque celui qui a été tant attendu est près d'arriver, il se fait dans mon cœur une révolution soudaine; ma main tremble d'ouvrir une lettre fatale; cette inquiétude qui me désespéroit, je la trouve l'état le plus heureux où je puisse être, et je crains d'en sortir par un coup plus cruel pour moi que mille morts.

Mais, quelque raison que j'aie eue de sortir de ma patrie, quoique je doive ma vie à ma retraite, je ne puis plus, Nessir, rester dans cet affreux exil. Et ne mourrois-je pas tout de même, en proie à mes chagrins? J'ai pressé mille fois Rica de quitter cette terre étrangère : mais il s'oppose à toutes mes résolutions; il m'attache ici par mille prétextes : il semble qu'il ait oublié sa patrie, ou plutôt il semble

qu'il m'ait oublié moi-même, tant il est insensible à mes déplaisirs.

Malheureux que je suis! je souhaite de revoir ma patrie, peut-être pour devenir plus malheureux encore! Eh! qu'y ferai-je? je vais rapporter ma tête à mes ennemis. Ce n'est pas tout: j'entrerai dans le sérail: il faut que j'y demande compte du temps funeste de mon absence; et, si j'y trouve des coupables, que deviendrai-je? Et si la seule idée m'accable de si loin, que sera-ce lorsque ma présence la rendra plus vive? que sera-ce s'il faut que je voie, s'il faut que j'entende ce que je n'ose imaginer sans frémir? que sera-ce enfin s'il faut que des châtiments que je prononcerai moi-même soient des marques éternelles de ma confusion et de mon désespoir?

J'irai m'enfermer dans des murs plus terribles pour moi que pour les femmes qui y sont gardées; j'y porterai tous mes soupçons, leurs empressements ne m'en déroberont rien; dans mon lit, dans leurs bras, je ne jouirai que de mes inquiétudes; dans un temps si peu propre aux réflexions ma jalousie trouvera à en faire. Rebut indigne de la nature humaine, esclaves vils dont le cœur a été fermé pour jamais à tous les sentiments de l'amour, vous ne gémiriez plus sur votre condition, si vous connoissiez le malheur de la mienne.

De Paris, le 4 de la lune de Chahban, 1719.

LETTRE CLVI.

ROXANE A USBEK.

A Paris.

L'horreur, la nuit et l'épouvante règnent dans le sérail; un deuil affreux l'environne: un tigre y exerce à chaque instant toute sa rage. Il a mis dans les supplices deux eunuques blancs qui n'ont avoué que leur innocence: il a vendu une partie de nos esclaves, et nous a obligées de changer entre nous celles qui nous restoient. Zachi et Zélis ont reçu dans leur chambre, dans l'obscurité de la nuit, un traitement indigne; le sacrilége n'a pas craint de porter sur elles ses viles mains. Il nous tient enfermées chacune dans notre appartement; et quoique nous y soyons seules, il nous y fait vivre sous le voile. Il ne nous est plus permis de nous parler; ce seroit un crime de nous écrire: nous n'avons plus rien de libre que les pleurs.

Une troupe de nouveaux eunuques est entrée dans le sérail, où ils nous assiégent nuit et jour: notre sommeil est sans cesse interrompu par leurs méfiances feintes ou véritables. Ce qui me console, c'est que tout ceci ne durera pas long-temps, et que ces peines finiront avec ma vie: elle ne sera

pas longue, cruel Usbek! je ne te donnerai pas le temps de faire cesser tous ces outrages.

<div style="text-align:center">Du sérail d'Ispahan, le 2 de la lune de Maharram, 1720.</div>

LETTRE CLVII.
ZACHI A USBEK.

A Paris.

O ciel! un barbare m'a outragée jusque dans la manière de me punir! Il m'a infligé ce châtiment qui commence par alarmer la pudeur; ce châtiment qui met dans l'humiliation extrême; ce châtiment qui ramène pour ainsi dire à l'enfance.

Mon ame, d'abord anéantie sous la honte, reprenoit le sentiment d'elle-même, et commençoit à s'indigner, lorsque mes cris firent retentir les voûtes de mes appartements. On m'entendit demander grace au plus vil de tous les humains, et tenter sa pitié à mesure qu'il étoit plus inexorable.

Depuis ce temps, son ame insolente et servile s'est élevée sur la mienne. Sa présence, ses regards, ses paroles, tous les malheurs, viennent m'accabler. Quand je suis seule, j'ai du moins la consolation de verser des larmes; mais lorsqu'il s'offre à ma vue, la fureur me saisit; je la trouve impuissante, et je tombe dans le désespoir.

Le tigre ose me dire que tu es l'auteur de toutes

ces barbaries. Il voudroit m'ôter mon amour, et profaner jusqu'aux sentiments de mon cœur. Quand il me prononce le nom de celui que j'aime, je ne sais plus me plaindre, je ne puis plus que mourir.

J'ai soutenu ton absence et j'ai conservé mon amour par la force de mon amour. Les nuits, les jours, les moments, tout a été pour toi. J'étois superbe de mon amour même; et le tien me faisoit respecter ici. Mais à présent... Non, je ne puis plus soutenir l'humiliation où je suis descendue. Si je suis innocente, reviens pour m'aimer : reviens, si je suis coupable, pour que j'expire à tes pieds.

<div style="text-align:center">Du sérail d'Ispahan, le 2 de la lune de Maharram, 1720.</div>

LETTRE CLVIII.

ZÉLIS A USBEK.

A Paris.

A mille lieues de moi, vous me jugez coupable! à mille lieues de moi, vous me punissez!

Qu'un eunuque barbare porte sur moi ses viles mains, il agit par votre ordre : c'est le tyran qui m'outrage, et non celui qui exerce la tyrannie.

Vous pouvez, à votre fantaisie, redoubler vos mauvais traitements. Mon cœur est tranquille

depuis qu'il ne peut plus vous aimer. Votre ame se dégrade, et vous devenez cruel : soyez sûr que vous n'êtes point heureux. Adieu.

<div style="text-align:right">Du sérail d'Ispahan, le 2 de la lune de Maharram, 1720.</div>

LETTRE CLIX.

SOLIM A USBEK.

A Paris.

Je me plains, magnifique seigneur, et je te plains : jamais serviteur fidèle n'est descendu dans l'affreux désespoir où je suis. Voici tes malheurs et les miens ; je ne t'en écris qu'en tremblant.

Je jure par tous les prophètes du ciel que depuis que tu m'as confié tes femmes j'ai veillé nuit et jour sur elles ; que je n'ai jamais suspendu un moment le cours de mes inquiétudes. J'ai commencé mon ministère par les châtiments, et je les ai suspendus sans sortir de mon austérité naturelle.

Mais que dis-je ! Pourquoi te vanter ici une fidélité qui t'a été inutile ? Oublie tous mes services passés ; regarde-moi comme un traître, et punis-moi de tous les crimes que je n'ai pu empêcher.

Roxane, la superbe Roxane... ô ciel ! à qui se fier désormais ? Tu soupçonnois Zélis, et tu avois pour Roxane une sécurité entière : mais sa vertu fa-

rouche étoit une cruelle imposture; c'étoit le voile de sa perfidie. Je l'ai surprise dans les bras d'un jeune homme, qui, dès qu'il s'est vu découvert, est venu sur moi; il m'a donné deux coups de poignard. Les eunuques, accourus au bruit l'ont entouré: il s'est défendu long-temps, en a blessé plusieurs; il vouloit même rentrer dans la chambre pour mourir, disoit-il, aux yeux de Roxane. Mais enfin il a cédé au nombre, et il est tombé à nos pieds.

Je ne sais si j'attendrai, sublime seigneur, tes ordres sévères. Tu as mis ta vengeance en mes mains; je ne dois pas la faire languir.

<div style="text-align:right">Du sérail d'Ispahan, le 8 de la lune de Rebiab, 1, 1720.</div>

LETTRE CLX.

SOLIM A USBEK.

A Paris.

J'ai pris mon parti: tes malheurs vont disparoître; je vais punir.

Je sens déja une joie secrète: mon ame et la tienne vont s'apaiser: nous allons exterminer le crime, et l'innocence va pâlir.

O vous qui semblez n'être faites que pour ignorer tous vos sens et être indignées de vos désirs même,

éternelles victimes de la honte et de la pudeur, que ne puis-je vous faire entrer à grands flots dans ce sérail malheureux, pour vous voir étonnées de tout le sang que j'y vais répandre!

<div style="text-align:right">Du sérail d'Ispahan, le 8 de la lune de Rebiab, 1, 1720.</div>

LETTRE CLXI.

ROXANE A USBEK.

A Paris.

Oui, je t'ai trompé; j'ai séduit tes eunuques; je me suis jouée de ta jalousie, et j'ai su de ton affreux sérail faire un lieu de délices et de plaisirs.

Je vais mourir; le poison va couler dans mes veines; car que ferois-je ici, puisque le seul homme qui me retenoit à la vie n'est plus? Je meurs; mais mon ombre s'envole bien accompagnée: je viens d'envoyer devant moi ces gardiens sacrilèges qui ont répandu le plus beau sang du monde.

Comment as-tu pensé que je fusse assez crédule pour m'imaginer que je ne fusse dans le monde que pour adorer tes caprices; que pendant que tu te permets tout, tu eusses le droit d'affliger tous mes désirs? Non: j'ai pu vivre dans la servitude; mais j'ai toujours été libre. J'ai réformé tes

lois sur celles de la nature, et mon esprit s'est toujours tenu dans l'indépendance.

Tu devrois me rendre graces encore du sacrifice que je t'ai fait; de ce que je me suis abaissée jusqu'à te paroître fidèle; de ce que j'ai lâchement gardé dans mon cœur ce que j'aurois dû faire paroître à toute la terre; enfin de ce que j'ai profané la vertu en souffrant qu'on appelât de ce nom ma soumission à tes fantaisies.

Tu étois étonné de ne point trouver en moi les transports de l'amour : si tu m'avois bien connue, tu y aurois trouvé toute la violence de la haine.

Mais tu as eu long-temps l'avantage de croire qu'un cœur comme le mien t'étoit soumis. Nous étions tous deux heureux : tu me croyois trompée, et je te trompois.

Ce langage sans doute te paroît nouveau. Seroit-il possible qu'après t'avoir accablé de douleurs, je te forçasse encore d'admirer mon courage? Mais c'en est fait, le poison me consume, ma force m'abandonne; la plume me tombe des mains; je sens affoiblir jusqu'à ma haine; je me meurs.

Du sérail d'Ispahan, le 8 de la lune de Rebiab, 1, 1720.

FIN DES LETTRES PERSANES.

TABLE DES MATIÈRES

CONTENUES DANS CE VOLUME.

ÉLOGE DE MONTESQUIEU, mis à la tête du cinquième volume de l'*Encyclopédie*, par d'Alembert. Page j
LETTRES PERSANES. 1
Lettre I^{re}. Usbek à son ami Rustan. Ibid.
Lettre II. Usbek au premier eunuque noir. 2
Lettre III. Zachi à Usbek. 4
Lettre IV. Zéphis à Usbek. 6
Lettre V. Rustan à Usbek. 7
Lettre VI. Usbek à son ami Nessir. 8
Lettre VII. Fatmé à Usbek. 10
Lettre VIII. Usbek à son ami Rustan. 13
Lettre IX. Le premier eunuque à Ibbi. 15
Lettre X. Mirza à son ami Usbek. 21
Lettre XI. Usbek à Mirza. 22
Lettre XII. Au même. 27
Lettre XIII. Au même. 31
Lettre XIV. Au même. 34
Lettre XV. Le premier eunuque à Jaron, eunuque noir. 36
Lettre XVI. Usbek au mollak Mehemet Ali, gardien des trois tombeaux. 37
Lettre XVII. Usbek au même. 39
Lettre XVIII. Mehemet Ali, serviteur des prophètes, à Usbek. 41
Lettre XIX. Usbek à son ami Rustan. 44
Lettre XX. Usbek à Zachi, sa femme. 46
Lettre XXI. Usbek au premier eunuque blanc. 49
Lettre XXII. Jaron au premier eunuque. 51

TABLE DES MATIÈRES. 407

Lettre XXIII. Usbek à son ami Ibben.	Page 52
Lettre XXIV. Rica à Ibben.	54
Lettre XXV. Usbek à Ibben.	58
Lettre XXVI. Usbek à Roxane.	59
Lettre XXVII. Usbek à Nessir.	64
Lettre XXVIII. Rica à ***.	65
Lettre XXIX. Rica à Ibben.	69
Lettre XXX. Rica au même.	72
Lettre XXXI. Rhédi à Usbek.	74
Lettre XXXII. Rica à ***.	75
Lettre XXXIII. Usbek à Rhédi.	76
Lettre XXXIV. Usbek à Ibben.	78
Lettre XXXV. Usbek à Gemchid, son cousin, dervis du brillant monastère de Tauris.	81
Lettre XXXVI. Usbek à Rhédi.	83
Lettre XXXVII. Usbek à Ibben.	85
Lettre XXXVIII. Rica à Ibben.	87
Lettre XXXIX. Hagi Ibbi au juif Ben Josué, prosélyte mahométan.	90
Lettre XL. Usbek à Ibben.	93
Lettre XLI. Le premier eunuque noir a Usbek.	94
Lettre XLII. Pharan à Usbek, son souverain seigneur.	95
Lettre XLIII. Usbek à Pharan.	97
Lettre XLIV. Usbek à Rhédi.	Ibid.
Lettre XLV. Rica à Usbek.	99
Lettre XLVI. Usbek à Rhédi.	102
Lettre XLVII. Zachi à Usbek.	105
Lettre XLVIII. Usbek à Rhédi.	107
Lettre XLIX. Rica à Usbek.	116
Lettre L. Rica à ***.	117
Lettre LI. Nargum, envoyé de Perse en Moscovie, à Usbek.	119
Lettre LII. Rica à Usbek.	123
Lettre LIII. Zélis à Usbek.	125
Lettre LIV. Rica à Usbek.	127
Lettre LV. Rica à Ibben.	131

Lettre LVI. Usbek à Ibben.	Page 134
Lettre LVII. Usbek à Rhédi.	136
Lettre LVIII. Rica à Rhédi.	139
Lettre LIX. Rica à Usbek.	141
Lettre LX. Usbek à Ibben.	143
Lettre LXI. Usbek à Rhédi.	145
Lettre LXII. Zélis à Usbek.	148
Lettre LXIII. Rica à Usbek.	150
Lettre LXIV. Le chef des eunuques noirs à Usbek.	152
Lettre LXV. Usbek à ses femmes.	157
Lettre LXVI. Rica à ***.	158
Lettre LXVII. Ibben à Usbek.	160
Histoire d'Aphéridon et d'Astarté.	161
Lettre LXVIII. Rica à Usbek.	174
Lettre LXIX. Usbek à Rhédi.	176
Lettre LXX. Zélis à Usbek.	180
Lettre LXXI. Usbek à Zélis.	181
Lettre LXXII. Rica à Usbek.	182
Lettre LXXIII. Rica à ***.	183
Lettre LXXIV. Usbek à Rica.	185
Lettre LXXV. Usbek à Rhédi.	187
Lettre LXXVI. Usbek à son ami Ibben.	189
Lettre LXXVII. Ibben à Usbek.	192
Lettre LXXVIII. Rica à Usbek.	193
Lettre LXXIX. Le grand eunuque noir à Usbek.	198
Lettre LXXX. Usbek à Rhédi.	199
Lettre LXXXI. Narcum, envoyé de Perse en Moscovie, à Usbek.	202
Lettre LXXXII. Rica à Ibben.	203
Lettre LXXXIII. Usbek à Rhédi.	205
Lettre LXXXIV. Rica à ***.	208
Lettre LXXXV. Usbek à Mirza.	209
Lettre LXXXVI. Rica à ***.	212
Lettre LXXXVII. Rica au même.	214
Lettre LXXXVIII. Usbek à Rhédi.	217

TABLE DES MATIÈRES.

Lettre LXXXIX. Usbek à Ibben.	Page 218
Lettre XC. Au même.	221
Lettre XCI. Usbek à Rustan.	223
Lettre XCII. Usbek à Rhédi.	224
Lettre XCIII. Usbek à son frère, santon au monastère de Cassin.	226
Lettre XCIV. Usbek à Rhédi.	228
Lettre XCV. Au même.	229
Lettre XCVI. Le premier eunuque à Usbek.	233
Lettre XCVII. Usbek à Hassein, dervis de la montagne de Jaron.	236
Lettre XCVIII. Usbek à Ibben.	239
Lettre XCIX. Rica à Rhédi.	241
Lettre C. Au même.	243
Lettre CI. Usbek à ***.	246
Lettre CII. Usbek à Ibben.	247
Lettre CIII. Au même.	251
Lettre CIV. Au même.	253
Lettre CV. Rhédi à Usbek.	255
Lettre CVI. Usbek à Rhédi.	257
Lettre CVII. Rica à Ibben.	262
Lettre CVIII. Usbek à ***.	265
Lettre CIX. Rica à ***.	267
Lettre CX. Au même.	268
Lettre CXI. Usbek à ***.	270
Lettre CXII. Rhédi à Usbek.	272
Lettre CXIII. Usbek à Rhédi.	275
Lettre CXIV. Au même.	279
Lettre CXV. Au même.	282
Lettre CXVI. Au même.	284
Lettre CXVII. Au même.	288
Lettre CXVIII. Au même.	291
Lettre CXIX. Au même.	293
Lettre CXX. Au même.	295
Lettre CXXI. Au même.	296

410 TABLE DES MATIÈRES.

Lettre CXXII. Usbek à Rhédi. Page 301
Lettre CXXIII. Usbek au mollak Méhémet Ali, gardien des trois tombeaux. 304
Lettre CXXIV. Usbek à Rhédi. 305
Lettre CXXV. Rica à ***. 308
Lettre CXXVI. Rica à Usbek. 310
Lettre CXXVII. Rica à Ibben. 312
Lettre CXXVIII. Rica à Usbek. 314
Lettre CXXIX. Usbek à Rhédi. 318
Lettre CXXX. Rica à ***. 320
 Lettre d'un nouvelliste au ministre. 324
Lettre CXXXI. Rhédi à Rica. 325
Lettre CXXXII. Rica à ***. 330
Lettre CXXXIII. Au même. 333
Lettre CXXXIV. Au même. 334
Lettre CXXXV. Au même. 337
Lettre CXXXVI. Au même. 339
Lettre CXXXVII. Au même. 342
Lettre CXXXVIII. Rica à Ibben. 345
Lettre CXXXIX. Au même. 347
Lettre CXL. Rica à Usbek. 349
Lette CXLI. Au même. 350
Lettre CXLII. Au même. 362
 Fragment d'un ancien mythologiste. 365
Lettre CXLIII. Rica à Nathanael Lévi, médecin juif. 370
 Lettre d'un médecin de province à un médecin de Paris. 374
Lettre CXLIV. Rica à Usbek. 378
Lettre CXLV. Usbek à ***. 379
Lettre CXLVI. Usbek à Rhédi. 385
Lettre CXLVII. Le grand eunuque à Usbek. 388
Lettre CXLVIII. Usbek au premier eunuque. 389
Lettre CXLIX. Narsit à Usbek. 390
Lettre CL. Usbek à Narsit. 391
Lettre CLI. Solim à Usbek. 392
Lettre CLII. Narsit à Usbek. 394

TABLE DES MATIÈRES.

Lettre CLIII. Usbek à Solim.	Page 395
Lettre CLIV. Usbek à ses femmes.	396
Lettre CLV. Usbek à Nessir.	Ibid.
Lettre CLVI. Roxane à Usbek.	399
Lettre CLVII. Zachi à Usbek.	400
Lettre CLVIII. Zélis à Usbek.	401
Lettre CLIX. Solim à Usbek.	402
Lettre CLX. Au même.	403
Lettre CLXI. Roxane à Usbek.	404

FIN DE LA TABLE.

IMPRIMERIE DE RIGNOUX,
rue des Francs-Bourgeois-S.-Michel, n° 8.

www.ingramcontent.com/pod-product-compliance
Lightning Source LLC
Chambersburg PA
CBHW072126220426
43664CB00013B/2144